国家社科基金
后期资助项目
GUOJIA SHEKE JIJIN HOUQI ZIZHU XIANGMU

建构社区治理共同体

——社会网络视角下社区共治路径与机制研究

Constructing Community Governance Community
Research on the Path and Mechanism of Community
Co-governance from the Perspective of Social Network

王 杨 著

社会科学文献出版社
SOCIAL SCIENCES ACADEMIC PRESS (CHINA)

国家社科基金后期资助项目
出版说明

　　后期资助项目是国家社科基金设立的一类重要项目，旨在鼓励广大社科研究者潜心治学，支持基础研究多出优秀成果。它是经过严格评审，从接近完成的科研成果中遴选立项的。为扩大后期资助项目的影响，更好地推动学术发展，促进成果转化，全国哲学社会科学工作办公室按照"统一设计、统一标识、统一版式、形成系列"的总体要求，组织出版国家社科基金后期资助项目成果。

全国哲学社会科学工作办公室

序　一

认识王杨至今已经 8 个年头了，从她进入清华大学公共管理学院博士后流动站，到现在她这本国家社科基金后期资助的著作即将出版，作为合作导师，我见证了她在社区治理研究方面的努力和成长。自从事社会组织与社会治理方向的博士后研究以来，王杨一直深耕这一领域。除了大量阅读文献之外，无论严寒还是酷暑，她都经常深入基层，反复到书中提及的几个案例社区进行访谈和参与式观察。她积极参与这些社区的活动，为社区发展提供咨询。我想，当她在研究这些案例的时候，里面每一个被匿名化的对象都是她再熟悉不过的老朋友，她对学术的执着和扎根基层的精神令我感到非常欣慰。

我国的社区治理经历了多个发展阶段的历史变迁，各个城市都有多元而丰富的创新实践，为学术界提供了理论研究的"富矿"。我国的社区治理既符合社区治理的一般规律，又具有明显的中国特色，是需要不断进行本土化理论探索的重要议题，更为学者们构建中国社区治理理论学派提供了机遇。王杨的这本《建构社区治理共同体——社会网络视角下社区共治路径与机制研究》，就是以中国社区治理共同建构的过程与机制为研究对象，尝试构建基于中国实践的理论解释，这足以看出她对探究中国之治的勇气和决心。

我从事社会组织和社会创新的研究多年，社会组织和社会创新的实践场域通常在基层、在社区。从我个人的观察来看，我国社区治理共同体的建构是个长期的治理结构与功能调适过程，并不存在一蹴而就的干预方法，也无法套用西方的理论进行解释。在中国特色的社会变迁背景下，社区治理共同体的构建必然需要坚持党建引领和相关利益主体共建共治共享，需要同向同行的努力，其路径与机制一定会区别于西方现有的社区治理理论。王杨这本书非常敏锐地看到了这一过程的特殊性和重要性，并运用多案例比较研究的科学方法对这一过程进行了细致入微的理论阐释。我认为本书至少包括以下理论价值和应用价值。

从理论价值来看，本书拓展了社区治理的研究视角，建构了社区共治的中层理论。从网络分析出发，建立社区共治网络有效性的评估维度，以网络生命周期为脉络，分析了重构社区治理网络的三条进路及相关机制。运用社会网络分析方法，分析了组织间网络结构特征对网络有效性的影响，深化了对社区共治网络的理性认识。基于社区治理创新的丰富实践，运用实证研究方法，建立了关于社区社会组织培育绩效、"三社联动"有效性和党建引领社区治理有效性的影响因素和机制模型，建构了社区共治的中层理论，突破了社区治理研究的"西方中心主义"，促进了本土化的理论建构和理论更新。

从应用价值来看，本书在全面、客观地认识全国各地社区治理体系建设的现状的基础上，通过对北京市六个典型案例的研究，总结有效的社区共治路径、模式和经验，为社区治理体系建设和完善提供方案参考。本书基于社区共治网络有效性的影响因素和机制模型，为各级党组织和政府进一步优化社区治理结构、加强社区治理体系建设提供了有针对性的政策建议和政策工具，为各社区治理主体提高合作能力和治理绩效提供了行动指南。

本书得出了具有启发性的结论：中国特色的社区共同体建构过程，是一个自上而下与自下而上相结合的过程，致力于运用党政整合机制撬动社会自治机制，形成一种有领导、有统筹、有参与、有自主的社区共治结构，建构社区共同体。这一结论不仅具有理论价值，也具有一定的政策意涵。当然，这种社区共同体结构的可持续性和再生产能力还需要进一步在实践中予以检验。我非常期待看到这本书问世，也希望王杨能够继续坚持对社区治理中国经验的研究，立足中国大地、讲好中国故事。

邓国胜于清华园

2022 年 12 月

序　二

王杨是社区治理研究领域的一位青年学者，近年来一直深耕社区相关领域的研究。其发表的一些见解新颖，具有创新性。最近，她持续开展了近8年的研究且获得国家社科基金后期资助的成果，将作为专著出版。她邀我为其作序，我由衷地为她感到高兴。

《建构社区治理共同体——社会网络视角下社区共治路径与机制研究》一书，之所以引起近三十年来从事社区研究的我本人的兴趣，主要是因为该书研究的内容恰是目前党中央特别重视且正在发展进程中的社区治理的重要课题。

我自20世纪90年代中期即开始关注社区方面的问题并进行相关学术研究，1997年开始在中国人民大学开设"社区研究"的本科生课程，后曾经在国内几十个城市以及多个国家和社区进行社会学调查、实地考察和研究。多年的研究让我深感一个社会建设社区管理或治理制度的重要性。我认为，自改革开放后我国的社区经历了社区服务、社区建设和社区治理三个阶段。目前正在进行的社区治理阶段，最重要的就是两个方面。一是党的十九届四中全会指出的"党委领导、政府负责、社会协同、公众参与、法治保障、科技支撑"的"六位一体"思路，即从一个主体变为党委、政府、企业和社会组织以及公民个人多个主体共同参与社会公共事务的治理，同时用法治进行规范、用科技进行支持。二是党的十九大报告首次提出的"打造共建共治共享的社会治理格局"和党的二十大报告再次重申的"完善社会治理体系，健全共建共治共享的社会治理制度，提升社会治理效能"。治理的目标是，建设人人有责、人人尽责、人人享有的社会和社区治理共同体。

既然是多元主体参与的社区治理，就需要依托党委、政府、企业和社会组织以及公民个人多主体通过协商、合作、参与的方式，应对社区内的公共问题。社区内的各主体尤其是居民通过合作、参与的方式，建立、形成并发展社会资本的主要要素——网络联系、规范和信任。而王杨的这本专著正是关注到政府与社会在社区治理网络构建过程中的积极行动，并运用过程行动的研究视角，进行了细致入微的观察，归纳出具有启发作用的机制性结论。书中作为研究重点的社区社会组织培育、"三社联动"和党建引领社区治理也正是本土化实践探索中的普遍路径，本书在对大量已有研究进行系统梳理的基础上，从社会网络视角出发，将这些实践过程联系起来，并总结了各种路径的有效性机制，进行了建构中层理论的尝试，为致力于推进社区治理体系和治理能力现代化的中国道路和中国经验提供了独特的视角。

本书的难能可贵之处至少包括两个方面。一是对中国特色社区治理实践的长期跟踪关注。虽然本书的研究时间跨度大，但是她始终坚持对多个案例的历时性观察，经研究得出的观点饱含着她个人嵌入式的深度体验。二是理解中国特色社区治理的理论创新与范式转变。社会学领域的多案例比较研究较其他学科难度更大，王杨坚持运用实证研究方法来解释中国社区治理共同体构建的过程与有效性机制，可以反映出她对探究中国之治、讲好中国故事的学术执着。

我期待本书的出版，并相信读者也会从中获得学术上的启发与共鸣。

中国人民大学社会与人口学院社会学教授夏建中
2022 年 12 月于北京

目　录

第一章 导论
——社区共治问题的提出

社区不仅是现代社会的基本单元，也是事实上的"国家治理单元"。有效的社区治理是推进国家治理体系和治理能力现代化的微观基础，而"推进国家治理体系和治理能力现代化，关键在于推进基层治理体系和治理能力现代化"。① 完善社区治理体系是各级地方政府致力解决的关键问题和各学科持续研究的领域。自党的十八届三中全会明确提出创新社会治理体制以来，社区治理从单一管理向多元共治转变已成为共识。党的十九大报告指出，要"加强社区治理体系建设，推动社会治理重心向基层下移，发挥社会组织作用，实现政府治理和社会调节、居民自治良性互动"。党的十九届四中全会提出"必须加强和创新社会治理，完善党委领导、政府负责、民主协商、社会协同、公众参与、法治保障、科技支撑的社会治理体系，建设人人有责、人人尽责、人人享有的社会治理共同体"。基于全国各地的丰富实践，深入分析中国特色社区治理共同体建设的社区共治结构，总结提炼影响社区共治有效性的路径、机制和工具，推动社区治理体系进一步完善，已成为重要的理论和现实议题。

第一节 社区共治的相关意涵与内容

一 界定社区

在社区研究领域，有关社区的概念始终缺乏统一的定义，研究者从不同的研究视角、根据不同需要对社区做出了不同侧重的定义。Hillery

---

① 何绍辉：《政策演进与城市社区治理70年（1949—2019）》，《求索》2019年第3期，第79~87页。

认为，存在 94 种不同的社区定义，按照三个基础性概念元素分别为地理区域、居民之间互动构成的社会关系及共同意识。① 因此，有研究将社区分为地理社区、利益社区、价值社区等。

　　滕尼斯在对比共同体与社会的研究中指出，与处于分离状态的社会相比，共同体具有三种形态，分别是血缘共同体、地缘共同体和精神共同体，"与第一种共同体相联系的一般是一种共同的关系和参与，这就是人的活动所创造的财产本身，与另一种共同体相联系的一般也是同样的东西，但是建立在占有土地的基础之上，与最后的这种共同体联系的一般还是共同的东西，不过所涉及的是被视为神圣的场所或被崇拜的神"。② 当时，这一概念并没有突出"地域性"内涵，构成共同体的内核在于共同的、有约束力的思想信念，即共同体成员具有关系亲密、守望相助和富有人情味等共同的价值趋向。当"Gemeinschaft"被翻译成"Community"以后，其含义就与滕尼斯的原意有了一定的差别。受芝加哥学派的影响，"Community"的内涵开始具有了地域性特征。芝加哥学派的代表人物帕克在《人文生态学》一文中把"Community"看作以区域组织起来的人群，他们不同程度地扎根居住地的地盘上，生活在多种多样的依赖关系中，这种相互依存关系与其说是社会的，不如说是共生的。而当中国学者将"Community"翻译成新创的"社区"一词时，则更加突出了具体的地域性特征。从"Gemeinschaft"到"Community"再到"社区"的转换，表明了人们对"社区"含义理解的变化过程，而回顾这个变化过程则启示我们至少应该从两个方面来理解社区的本质属性：一是地域性，即具有一定边界（通常以居民能经常地进行直接互动从而能相互熟识为限）的时空坐落；二是社会性，即人们在共同生活中存在和形成的功能上的、组织上的、心理情感上的联系。社区是存在于"具有一定边界的地域中的、其成员有着各种稳定的社会和心理的联

---

① 转引自李斌《迈向"共建共治共享"的中国社区治理》，《中南大学学报》（社会科学版）2018 年第 6 期，第 140~146 页。

② 滕尼斯：《共同体与社会：纯粹社会学的基本概念》，林荣远译，商务印书馆，1999，第 65 页。

系的人类生活共同体"。① 而中国台湾地区的社区研究专家徐震则认为社区具有三重含义，即"地域的：指社区为地理界限的人口集团；体系的：指社区为互相关联的社会体系；行动的：指社区为基层自治的行动单位"。②

与此相对应，在我国，"社区"的概念是建立在"自上而下"建构的基础上的。1982 年，党的十二大首次提出"发展基层社会生活的群众自治"，同年五届全国人大五次会议通过新宪法，规定城市居民委员会和农村村委会是基层群众自治性组织。这为推进我国社区建设做了法律和政策方面的准备。③ 1986 年，民政部第一次提出"社区"的概念，明确提出了开展社区服务、完善社区服务体系的要求。1993 年 8 月，党中央、国务院十四部委联合下发了《关于加快发展社区服务业的意见》，提出要"加快建立健全社会保障体系和社会化服务体系，推动社区服务业全面、快速地发展"。1995 年 12 月，民政部印发了《全国社区服务示范城区标准》，随之在全国推行。2000 年，在《民政部关于在全国推进城市社区建设的意见》的通知中，社区被定义为"是指聚居在一定地域范围内的人们所组成的社会生活共同体"。从最初的"社区服务"逐步发展到"社区建设"，我国的社区概念具有明显的建构痕迹。"第一，群体性人群；第二，拥有一个地理范围；第三，拥有一套组织结构和相应制度；第四，拥有必备的公共基础设施；第五，社区内的居民拥有共同利益。"④ 目前，城市社区的范围一般是指经过社区体制改革后做了规模调整的居民委员会辖区。根据多数城市社区体制改革的实践来看，大多数社区居民委员会辖区的规模为 1000～1500 户。这里所说的"社区"实际上是一个类行政区划概念，除有市民居住外，还有机关、企事业单位等机构驻于其中，并非单纯的居民区。据此，唐忠新结合我国现阶段的

---

① 王小章：《何谓社区与社区何为》，《浙江学刊》2002 年第 2 期，第 20～24 页。
② 徐震：《社区与社区发展》，台北：正中书局，1994，第 32～33 页。
③ 邱梦华、秦莉、李晗、孙莉莉编著《城市社区治理》，清华大学出版社，2013，第 13 页。
④ 颜真：《我国城市社区治理多元主体互动机制研究》，中共重庆市委党校，2015，第 7 页。

社会特点，特别是城市社区发展的特点，把我国基层社区划分为基层自然社区和基层法定社区两大类。"基层自然社区的主要表现形式有居住生活单元、居民小区、居住区，包括传统的居民大院、里巷等。基层法定社区是指在自然社区的基础上出于社会管理的需要而设置的，具有明确的社区边界和法定的社区组织管理机构。"① 基层自然社区是基层法定社区的自然基础。我国城市的居民委员会辖区共同体大多是在基层自然社区的基础上形成的。有时候，一个基层法定社区（类行政区）可以包括几个不同的基层自然社区。

从实践来看，目前的社区建设大多以"基层法定社区"为运行单位。在当前的语境中，地域是确定社区实体的首选标准，社区成员的归属感则是次要标准。换言之，地域的基础是预先规定的，而社会心理的基础则要靠后期培育。应该说，民政部将"社区"定位于城市社区居民委员会辖区，能够完整、贴切地体现社区特征，即地域性和社会性。居民委员会辖区共同体是城市最基层的单位，与人们的日常生活联系最为密切。如果将社区的范围界定到街道办事处辖区一级，则范围过大，人与人之间会缺乏实质性交往，这有违社区的本质。需要特别说明的是，强调社区作为居民社会生活共同体、强调社区居民对共同体的归属感与认同感，对于社区建设来说十分重要。"只有正视社区这一特征，并充分利用这一特性，才能充分挖掘社区内部资源，形成社区的良性治理，促进社区的发展。而社区建设的目标，就是立足于地域性和社会性这两个社区的本质特性，通过各种硬件和软件的建设来促成和改善这样一种人类生活的共同体。"②

由此可以看出，随着时代的发展，社区的意涵日益丰富。社区作为一种行动者网络，与政府和市场产生互动，具备了工具性功能。例如，过去政府以维护国家社会的整体福祉为中心，借由社会准则规范国民的行为，是一种经由社会的统治方式，但是治理技术所寻求的是不经由社

---

① 唐忠新主编《构建和谐社区》，中国社会出版社，2006，第6～7页。
② 邱梦华、秦莉、李晗、孙莉莉编著《城市社区治理》，清华大学出版社，2013，第5～6页。

会的统治方式，结果社区取代社会成为政府介入的目标。[1] 随着治理理论的出现，社区的意涵变得更加丰富。

二　"社区" + "治理"的新意涵

治理理论的出现，为政府改革提供了选择路径。在新自由主义理论指导下，市场理论的导入成为政府改革的选择，但是面对市场失败的局面，治理理论有效填补了政府与市场之间的空白。治理理论强调自下而上的公民参与、市民社会的治理基础、自组织的多中心治理及社会合作网络体系的构建。[2] Rhodes 将治理看作一种比政府行为适用性更广的现象，其中非政府组织同政府一样在治理中发挥着重要作用。在此基础上，Rhodes 将治理定义为"自我管理的组织间网络"，并指出治理所具有的四个特点，即"组织间的相互依赖、持续的互动、博弈的互动关系及自主性"。[3] 相对于传统的政府管理，治理的优势体现在三个方面。第一，治理主体的多元化。相对于政府作为单一管理主体的传统政府管理，治理主体既可以是政府机构，也可以是私人机构，且多元化的主体之间可以实现政社互动、社社互动。第二，多向度的权力运行。政府统治权力的运行向度是自上而下，透过政府权威，对社会公共事业进行管理，而治理强调权力运行的多向度，即在政府自上而下的运行向度基础上，增加自下而上的向度，进而通过上下权力的互动，对社会公共事务进行治理。第三，治理重视国家与市民社会间的相互依赖，为目标的达成彼此信赖与合作，但各自享有自主性。[4]

在我国社区建设背景下，"社区治理是指在法制化、规范化的前提下，由政府行政组织、社区党组织、社区自治组织、社区非营利组织、

---

[1] Neil Ward & Kate McNicholas, "Reconfiguring Rural Development in the UK: Objective 5b and the New Rural Governance," *Journal of Rural Studies* 14 (1) (1998): 27 – 39.

[2] 夏建中:《治理理论的特点与社区治理研究》,《黑龙江社会科学》2010 年第 2 期, 第 127 ~ 128 页。

[3] R. A. W. Rhodes, "The New Governance: Governing Without Government," *Political Studies* 44 (4) (1996): 652 – 667.

[4] 俞可平:《中国公民社会的兴起及其治理的意义》,《中国社会科学季刊》1999 年第 27 期, 第 106 ~ 107 页。

辖区单位以及社区居民等多元主体共同管理社区公共事务的活动"。① 社区治理从治理理论出发,强调政府应是社区治理的主体之一,并不是社区治理中的唯一主体,其发挥作用的方式应该是引导和服务等新手段,而不是行政性的强制,使社区逐步过渡为"自我教育、自我管理、自我服务、自我约束"的状态。社区治理的目标就是通过多元主体对社区治理的参与,在多元主体格局职责分明而又相互依赖的基础上促进社区的良治,最终达到发扬民主、整合资源、促进社区建设的目的。这既是政治体制改革的过程,也是发扬民主的过程,还是社区建设和提高居民生活质量的过程。②

首先,社区治理改变了传统的政府单一治理格局。在以"单位制"为主、"街居制"为辅的时代,政府通过单位和作为自身代理人的社区成为社区管理的单一权力主体。随着"社区制"的建立,政府、居民组织、社会组织及市场组织等作为社区治理的合法治理主体参与社区权力配置的博弈,从而为实现社区善治提供了可能。其次,在传统政府单一管理模式下,社区公共产品和服务具有同质性,难以满足不同群体的不同需求,而随着社区治理主体的多元化,不同主体通过互动关系、根据自身的角色定位和功能分别提供差异化的社区产品与服务。最后,处在政府管理下的社区,行政命令、规制、计划性资源配置等都是社区治理的主要工具,而在社区治理模式下,企业社会责任、企业公民、志愿服务、集体行动等作为新的治理工具日益受到关注。如果从国家－市场－社会的视角出发,可以将社区治理场域中多元治理主体划分为政府主体、市场主体和社会主体。

因此,社区与治理的结合,为社区带来了新的意涵,并为社区行动提供了新的框架。结构功能主义、冲突学派以及行动主义三大理论体系对社区研究产生了非常重要的影响,指向社区行动的理论越来越受到重视。③

---

① 陈晓春、肖雪:《共建共治共享:中国城乡社区治理的理论逻辑与创新路径》,《湖湘论坛》2018 年第 3 期,第 41~49 页。
② 邱梦华、秦莉、李晗、孙莉莉编著《城市社区治理》,清华大学出版社,2013,第 22 页。
③ 转引自李斌《迈向"共建共治共享"的中国社区治理》,《中南大学学报》(社会科学版)2018 年第 6 期,第 140~146 页。

研究认为，社区行动理论体现了一种自上而下的社会发展干预模式，这契合了"二战"以后民族国家的发展逻辑；社区行动可以提升全民共识的认同水平；社区行动有助于实现社会整合和社会团结；社区行动回应人们的本质诉求，能够帮助进入社区的人找到身份、角色和安全感；社区行动是一种促进基层民主建设的积极的政治行动。有效的、良好的社区行动可以形成新的社区治理结构，构建"一种由共同的目标支持的社区公共事务方面的活动或管理机制，从而增强社区凝聚力、提高社区自治能力、增进社区成员福利、推进社区经济和社会进步"。①

社区治理中的参与主体包含来自政府的、社会的、市场的各类主体以及社区成员自身。主体的多样性与复杂性决定了社区治理既非单纯的国家治理，也非单纯的市场治理，而是兼有政府与市场"两只手"，并联结着社区成员尤其是个体成员家庭生活和社会生活两个"场域"。因此，社区治理参与主体具有多元性，治理的内容和结构具有复合性。②

社区治理主体是"社区利益相关者，即与社区需求和满足存在直接或间接利益关联的个人和组织的总称，包括党政组织、社区组织、社会中介组织、驻社区单位、居民等"。③社区利益相关者的多元性和复杂性是由社区公共事务属性决定的。社区公共事务是公共产品的组合而不是某些公共产品，它不是某一家庭或某一组织的需求，而是涉及多个家庭和多个组织的共同需求，是个体需求的集合。它涉及多个行为主体之间复杂的关系，需要建立一种集体选择机制来解决个体需求表达与整合问题。治理社区公共事务需要社区利益相关者贡献资源、分摊成本、共享利益，同时需要建立一种平等协商机制，以实现资源倍增效应。④

---

① 转引自李斌《迈向"共建共治共享"的中国社区治理》，《中南大学学报》（社会科学版）2018年第6期，第140~146页。
② 陈光、方媛：《论社区治理参与主体的利益追求与规制》，《武汉科技大学学报》（社会科学版）2013年第5期，第541~547页。
③ 邱梦华、秦莉、李晗、孙莉莉编著《城市社区治理》，清华大学出版社，2013，第22页。
④ 陈伟东、李雪萍：《社区治理主体：利益相关者》，《当代世界与社会主义》2004年第2期，第71~73页。

三　理解社区共治

社区共治是社区治理主体多元化背景下的一种治理形态。社区治理一般包括社区治理结构和社区治理过程，其中社区治理结构是指社区治理中的主体关系，既包括社区组织与外部组织（政府或市场）所结成的关系，也包括社区内部的主体关系。从世界范围来看，社区治理结构一般有三种模式：其一，强调社区自治的美国模式，主要分布在欧美、澳洲等地区；其二，强调政府主导的新加坡模式，主要分布在部分新兴工业化国家和地区；其三，强调政府与社区相结合的混合模式，以日本、以色列为代表，一般以社区力量为主、政府力量为辅。亚洲的传统社区治理模式多是以政府为主导，即由政府及其派出机构为社区治理掌舵，从中协调组织关系。近年来，随着公民意识的崛起，世界范围内社区治理权力下沉的理论竞相涌现。例如，奥斯本和盖布勒提出"社区授权"概念，倡导社区自治，认为社区事务应由社区居民自己把握。① 又如，Bellefeuille 认为应当塑造一种"基于社区"（community-based）的治理网络，以引入社会组织的参与，创造"结构－反应"机制，以更好地整合优化资源使用、增强回应性。② 再如，Kabir 等强调公民的社区参与可以发出不同的声音，对做出公平的决策起到更加有效和更有影响力的作用。③ 总之，"小政府、大社会"理念获得发展，城市社区自组织的重要作用逐渐凸显。

在这一背景下，研究将社区多元主体充分互动、博弈、协调，从而达成共识、合作与集体行动的过程称为"社区共治"。贺善侃、许妙红认为，不同于以往"管理"的主体单一化、手段刚性化，"共治"强调

---

① 戴维·奥斯本、特德·盖布勒：《改革政府：企业家精神如何改革着公共部门》，周敦仁等译，上海译文出版社，2006，第 21 页。

② Gerard Bellefeuille, "The New Politics of Community-based Governance Requires a Fundamental Shift in the Nature and Character of the Administrative Bureaucracy," *Children and Youth Services Review* 27 (5) (2005)：491 – 498.

③ G. M. Shamsul Kabir, Tai Shzee Yew, Kusairi Mohd. Noh, and Law Siong Hook, "Assessment of Governance of Fisher Communities of Inland Openwater Fisheries in Bangladesh," *Ocean & Coastal Management* 80 (2013)：20 – 28.

主体多元化、手段柔性化，需要社区领导力的引领、统领作用。① 在政策层面，2017 年，党的十九大报告提出"打造共建共治共享的社会治理格局"，并指出要加强社区治理体系建设，推动社会治理重心向基层下移。2019 年，党的十九届四中全会提出完善社会治理共同体。"共建共治共享"和社会治理共同体的提出，为"社区共治"附加了政策意涵，中国特色的社区共治丰富了社区治理的本土化叙事。"共建共治共享"和社会治理共同体更强调"共"性，构成一个"共同体"，内化公共价值于其中，共同治理、共享利益、共生发展。"共建共治共享"中的"社区共治"不仅仅强调一般意义上的治理主体多元化，更强调主体间的利益共享、风险共担、协同共进，是对各治理主体进行的结构性力量的整合。②

第二节　社区共治成为发展方向
——社区治理模式的演进逻辑

"后'单位制'"时期，国家推动的社区建设运动带来了社区管理体制和治理模式的不断转变。最初，"社区自治"是社区建设的主要目标，但是在实践过程中，政府在社区治理中的重要作用仍然难以忽略，同时学界不断质疑"社区自治"的可能性。在社区建设过程中，政府、市场和社会的力量都得到增强，因此，当社区居民自治依然停留在理想图景中时，以多个治理主体并存的"社区共治"格局却越来越被人们真切地感知。③

一　城市基层社会管理体制沿革

新中国成立以来，我国城市基层社会管理体制经历了从新中国成立

---

① 贺善侃、许妙红：《社区治理创新呼唤柔性领导力》，《中国浦东干部学院学报》2014年第 1 期，第 95～101 页。

② 陈晓春、肖雪：《共建共治共享：中国城乡社区治理的理论逻辑与创新路径》，《湖湘论坛》2018 年第 3 期，第 41～49 页。

③ 徐琴：《社区"共治"中的冲突与协调》，《江海学刊》2010 年第 6 期，第 116～121 页。

之初的"单位制"到改革开放之初的"街居制"再到目前的"社区制"的变迁。①

社会管理体制发展的第一个阶段（新中国成立至改革开放初期），全国城市实行以"单位制"为主的社会管理体制。在这一阶段，我国正处于高度集中的计划经济时代，政府几乎垄断了所有资源，成为社会管理的唯一主体。简而言之，国家通过单位这一组织形式对企事业单位进行直接管理，并通过各类单位组织对资源进行调控和配置，从而使单位成为国家控制社会的基本单元。这种社会管理体制以行政性、封闭性、单一性为特征，集政治、经济、社会功能于一体。有学者将这种"单位制"的国家与社会的关系称作"社会被国家高度同构"。1954 年 12 月，《城市街道办事处组织条例》和《城市居民委员会组织条例》在第一届全国人民代表大会常务委员会第四次会议上审议通过，我国城市街道办事处和居民委员会的任务、地位、性质和作用得以在法律上明确，标志着城市基层组织正式建立。到 1956 年，我国城市地区基本完成了街道办事处、社区居民委员会的组建工作，城市社区基层管理体制确立。② 然而，"单位制"下的社会子系统缺乏独立运转的条件，社会缺乏自由流动的资源和自主活动的空间；同时，单位以外的社会成员被边缘化，国家"通过街居体系管理社会闲散人员、民政救济和社会优抚对象等，从而实现了对城市全体社会成员的控制和整合，达到了稳定社会和巩固政权的目的"。③ 虽然国家通过以户籍为基础的居民委员会将其组织了起来，但是居民委员会在社会中影响甚微，隶属于街道办事处，最终导致整个社会缺乏活力。

社会管理体制发展的第二个阶段（改革开放初期至 20 世纪 90 年代），全国城市实行以"街居制"为主的管理体制。在这一阶段，传统

---

① 夏建中：《从"街居制"到"社区制"：我国城市社区 30 年的变迁》，《黑龙江社会科学》2008 年第 5 期，第 14～19 页。
② 何绍辉：《政策演进与城市社区治理 70 年（1949—2019）》，《求索》2019 年第 3 期，第 79～87 页。
③ 何绍辉：《政策演进与城市社区治理 70 年（1949—2019）》，《求索》2019 年第 3 期，第 79～87 页。

社会管理体制走向解体，现代社会管理体制逐步确立。"'街居制'是以基层地域管理为主，通过街道办事处与社区居委会，将城市基层民众有效组织的管理体制。"① 随着经济转轨和社会转型，我国的所有制结构出现了变化，社会流动越来越频繁，尤其是社会主义市场经济体制的确立，取代了高度集中的计划经济体制，"单位制"逐渐被打破，单位管理模式趋于失效。1982 年，《宪法》规定 "城市和农村按居民居住地区设立的居民委员会或者村民委员会是基层群众性自治组织"。社区居民委员会的性质在《宪法》中得到确立，基层群众性自治组织被写入《宪法》，基层社会管理体制有了法治基础。1986 年，民政部首次提出开展社区服务，以顺应改革开放以来社会结构的变化，适应城市基层政权建设需要，满足广大人民群众的需求。1989 年，《城市居民委员会组织法》在第七届全国人民代表大会常务委员会第十一次会议上通过，其进一步明确 "居民委员会是居民自我管理、自我教育、自我服务的基层群众性自治组织"。② 随着改革开放和市场经济的不断发展，"单位制"逐渐弱化，"单位人"开始向 "市场人" 和 "社会人" 转变，原来由单位承担的社会职能逐渐向街道社区转移，以街道办事处和社区居委会为管理组织的 "街居制"取代了"单位制"。街道办事处和社区居委会除承担行政职能外，还承接了大量经济职能和社会职能，许多现代企业剥离了计划经济体制下承担的社会服务、社会管理、社会保障等功能。但这样的管理体制在运行中逐步暴露出严重的问题。一是社区治理仍将政府组织及其派出机构作为社区治理的唯一主体，其他组织很难成为社区内的治理主体之一，街居体系不仅承接了单位剥离出来的职能，还增加了很多新的管理领域。它不仅要承担行政功能，还要承担社会功能，甚至有些街居还要承担部分经济功能。街居职能大大超载，不堪重负。二是街道办事处权力有限。对于街道办事处来说，由于法律规定街道办事处只是政府的派出机构，当区级政府及各职能部门的大量行政事务下沉到街道一级时，街道办事

---

① 陈辉：《新中国成立 60 年来城市基层治理的结构与变迁》，《政治学研究》2010 年第 1 期，第 47～58 页。

② 何绍辉：《政策演进与城市社区治理 70 年（1949—2019）》，《求索》2019 年第 3 期，第 79～87 页。

处没有承接这些下沉事务的法定权力，在人、财、物上受制于基层政府，只能充当行政职能"传递者"的角色，因此许多任务下达到街道办事处，往往会出现"看得见，摸得着，管不了"的情况。同时，社区居委会又受制于街道办事处，其工作人员的津贴、办公经费、活动开支等都经由街道办事处，开展工作较为被动。三是街居角色被动，街居组织处于政府和居民之间，但又倾向于政府一边，变成了政府的"腿"，只是被动地执行市、区级政府下派的任务。社区居委会的尴尬地位更加突出，行政化色彩严重，完全背离了其自治功能，而是主要承担区、街道各部门交办的名目繁多的工作任务，整日忙于应付，过分依赖上级政府部门，不能真正深入居民，无法体现居民的主体意识和参与意识，因而很难得到居民的认同。

社会管理体制发展的第三个阶段（20 世纪 90 年代至今），全国实行"社区制"管理。这一阶段主要是适应"单位制"解体后，由单位承担的社会保障职能的外移和城市管理重心的下移带来的基层社会治理问题，因此，"社区制"逐渐成为我国城市基层社会管理体制创新的目标模式。1991 年，民政部明确提出"社区建设"的概念。随后，民政部相继在天津、杭州等地开展全国社区建设的试点工作，推进社区建设实践。1998年，民政部专门设置基层政权和社区建设司，社区建设得以在全国自上而下地强力推动。① 2000 年 11 月，中共中央办公厅、国务院办公厅转发了《民政部关于在全国推进城市社区建设的意见》，其中指出，"社区建设是指在党和政府的领导下，依靠社区力量，利用社区资源，强化社区功能，解决社区问题，促进社区政治、经济、文化、环境协调和健康发展，不断提高社区成员生活水平和生活质量的过程"。社区建设开始在全国范围内开展起来。这一阶段，国家自愿或不得不从一些社会领域中撤离，从实质意义上向社会放权和释放空间，社会的自主权和自由空间逐渐增大，国家与社会之间开始出现模糊的边界。国家不再是统一管理和垄断所有社会资源的绝对主体，社会资源开始流动，单位制度逐渐解体，

---

① 何绍辉：《政策演进与城市社区治理 70 年（1949—2019）》，《求索》2019 年第 3 期，第 79～87 页。

以基层政权选举为代表的政治民主化稳步推进，社会开始自我培育和成长。企业与社会组织逐渐接替政府在微观领域的管控，"一部分非单位组织出现并取代单位组织的职能，多样化的利益表达组成了相对独立的民间社会"。① 社区建设在《民政部关于在全国推进城市社区建设的意见》中得到制度化确立之后，各地本着"便于服务管理、便于开发资源、便于自治"的原则，结合考虑地域性和认同感等社区要素，对原有社区居委会规模进行了调整并冠名为"××社区"。这时的社区组织体系主要由社区党组织、社区居委会和其他一些社区自治组织构成。政府公共组织与社区组织的关系由原来的领导、控制向指导、协调、对话的方向发展，社区自治组织的法定权利逐渐得到体现，自治功能开始显现。在这一阶段初期，以社区居委会为代表的社区组织，总体上以半自治、半行政化为特征。随着社区建设和社区治理改革的逐步推进，社区组织逐步提高了自治能力和自我发展能力，社区居委会、业主委员会等大量社区自治组织逐步成为社区治理的主体。社会组织发展迅速，越来越多地参与各种社会公共事务，并发挥了越来越大的作用。②

二　"社区制"下的不同治理模式

2001年，由民政部牵头的社区建设在全国范围内铺开。为推动社区建设中的地方创新，"民政部在北京、上海、天津、沈阳、武汉、青岛等城市设立了26个'全国社区建设实验区'"。③ 自此，各地区结合实际先试先行，进行了大胆的社区治理改革创新，并取得了很多实践经验。在"社区制"的总体制度框架下，社区治理实践形成了三种模式：政府主导的行政型治理模式、社区主导的自治型治理模式和政府推动与社区自治相结合的合作型治理模式。

---

① 唐兴军、刘永泽：《国家与社会关系调适：行业组织变迁发展的动因论析》，《社会主义研究》2017年第5期，第124~132页。

② 王名、贾西津：《中国非营利组织：定义、发展与政策建议》，载范丽珠主编《全球化下的社会变迁与非政府组织（NGO）》，上海人民出版社，2003，第269页。

③ 郭小建主编《社区治理》，西南交通大学出版社，2018，第75页。

（一）政府主导的行政型治理模式

行政型治理模式强调基层政府的作用，主张基层政府应向街道办事处赋权，强化街道办事处的权力，使街道办事处成为地方公共事务管理的具体策划者、直接领导者和指挥执行者，运用政府及其控制的资源进行"自上而下"的社会整合，社区成为城市基层政府行政权力的运行空间。20世纪90年代上海提出的"两级政府、三级管理、四级落实"正是这种模式的典型实践。面对越加复杂的社会事务，基层行政机构特别是街道缺少相应的行政权力，导致政府的行政管理与政策难以落实到基层，为此上海市通过一系列改革，强化基层政权组织的权力。例如，政府首先赋予区级政府更多的权力，其次由区级政府进一步为街道赋权，由此形成"两级政府（市、区政府）、三级管理（市、区、街道管理）、四级网络（市、区、街道管理加上社区网络）"的治理格局。"上海模式把市、区两级政府相当一部分管理职能分离出来，向街道层面延伸，加强第三级管理。随着权力的下放，街道办事处具有以下权限：部分城区规划的参与权、分级管理权、综合协调权、属地管理权。街道办事处成为街道行政权力的中心，'以块为主、条块结合'。"①

行政型治理模式有三个可资借鉴之处。一是转变政府职能，在街道建立"大部制"，找准区街的角色定位。二是以居民自治为目标，培养职业化、专业化的社会工作人才。三是调整结构、理顺关系，建立科学的决策、执行、监督、协商行政运行机制。将社区定位于街道的上海社区治理模式试图透过建设"街道社区"整合政府与社会资源，实现资源的优化配置，推动在建设国际化大都市过程中，解决社区资源不足的困境，实现经济发展与基层社会的调适。虽然这种街道社区模式能够在一定程度上缓解社区资源不足的问题，但是社区被嵌入政府建构的行政性组织架构中，这弱化了社区自主性，模糊了政府行政主体与社区自治主体的行为边界，混淆了两者的定位与功能，从长远来看，更容易导致社

① 郭小建主编《社区治理》，西南交通大学出版社，2018，第75页。

区对政府的全面依赖。

行政型治理模式在城市社会管理转型初期具有合理性，但有悖于社区未来的发展方向。这种模式虽然快速填补了"单位制"解体所留下的组织和管理真空，实现了社会整合，为经济发展创造了稳定的社会环境，但也导致社会仍然吸附在政府体制下，社区组织体系的主要任务仍是落实政府的管理工作，不利于社会力量的生长和发育。这一模式所体现的刚性、规模性和制度化无法有效应对社区公共事务的琐碎、多样化和差异化，也就无法保证社区的可持续发展。在这里，政府放权空间有限并且其与社会的权力边界并未进行制度性划分，并不能很好地促进"强社会"目标的实现。

（二）社区主导的自治型治理模式

自治型治理模式强调政府向社会赋权，认为社区自治组织和社会组织应是社区治理的重要主体，是社区建设的"内源性动力"，并在社区治理中发挥着根本作用，能够克服社区行政化导致的不可持续性发展。在这种模式下，政府的功能仅限于提供博弈规则和基础性、普适性公共产品。

沈阳模式为自治型治理模式在实践中的代表，其特色在于参照了国家的政权组织形式，实行"议行分离、相互制约"的原则，通过新型的社区组织体系建设，促进了社区民主自治的体制完善。选择社区自治的模式进行改革，与政府、社区资源的缺乏分不开。在市场经济体制改革的冲击下，作为一个老工业基地，沈阳的社会经济发展水平无法和上海这样的沿海经济发达城市相比，政府和社区的资源十分有限。为了弥补资源的不足，重新合并划分社区可以使社区结构更合理、资源配置更优化。沈阳模式之所以会引起普遍关注，主要是因为政府主动向下赋权，如赋予社区内部事务决策权、社区财务自主权、社区工作者选免权、日常工作管理权等权限，由此改变权力配置单极化的状态。沈阳模式在基层社会管理中注入了社区治理和现代民主的新观念，在实践中走出单纯依靠政府管理来实现对社会公共生活进行整合与管理的道路，"认为社区作为独立的社会生活共同体可发挥积极作用，民众有自我组织、自我管理的能力，体现了基层社区自治的本质"。①

社区主导的自治型治理模式重视公民个体表达权利的自主权和共同体管理自身事务的自主权，符合现代中国的发展方向，对社区建设的发展方向具有积极的引导作用，为构建新型社区治理体制提供了经验和参考，是一种管理成本较低的体制创新。有学者认为，"从普遍价值和长远目标来看，在社区建设中应该强化社区居民自治的导向"。②

但是，该模式忽略了社区治理主体的多元化（除了社区社会组织之外，还有政府组织、专业社会组织、邻里组织、辖区单位等）以及多元治理主体之间的协调对话机制。当前的中国社区建设实践表明，基层社会治理不可能脱离政府自发地从无序走向有序，因为中国还没有建立起足够成熟的市民社会，也没有培育出足够庞大的社会组织，因此不具备让社会组织自发运行的环境。③ 因而，社区主导的自治型治理模式，在现阶段仍然缺乏充分的实施条件和社会环境。

（三） 政府推动与社区自治相结合的合作型治理模式

政府推动下的合作型治理模式"主张政府组织通过向社会赋权，把原先由政府组织承担的社会职能交由社区内的社会组织来承担，在政府职能转变的同时，不失时机地强化社区组织的自我管理、自我教育、自我服务职能"。④ 政府从过去的基层管理包办角色，开始转变为城市社区建设的推动力量，注重发挥居民群众的主动性，注重发挥社区一级的自治功能，把政府行政性管理与居民自治性管理有机结合起来，也就形成了政府推动与社区自治相结合的合作型治理模式。合作型治理模式与行政型治理模式的核心区别在于：政府扮演的角色不同，其不再是唯一的治理主体；政府发挥的作用不同，不是主导而是推动。合作型治理模式

---

① 付春华：《政府推进社区多元共治的体系与过程：重构社区认同》，中国政法大学出版社，2015，第 13～14 页。
② 丁元竹：《社区与社区建设：理论、实践与方向》，《学习与实践》2007 年第 1 期，第 16～27 页。
③ 叶笑云、许义平、李慧凤：《社区协同治理：招宝山街道基层社区治理模式研究》，浙江大学出版社，2015，第 18 页。
④ 邱梦华、秦莉、李晗、孙莉莉编著《城市社区治理》，清华大学出版社，2013，第 93 页。

出现的客观原因是"单位制"解体，城市社会管理重心下移，以及由人口流动、老龄化等带来的对街道、社区职能要求。正是在这种大背景之下，政府推动、社区自治的合作型治理模式应运而生。实践中，江汉模式被认为以政府职能转变为核心，明晰街道、职能部门与居委会的职能分工，创造出一种政府与社区合作共赢、政府行政调控机制与社区自治机制相结合、政府功能与社区组织功能互补的典型的合作型治理模式。

认同这一模式的学者认为，在建设初期，社区缺乏自治的内在动力，居民缺乏自我管理和自我服务意识，欠缺社区归属感和认同感，社区社会资源开发有限，社区社会组织网络匮乏。因此，只能由政府充当社区发展的推动力量，其以管理和培育社区为主要职责。[①] 然而，当社区建设发展到一定阶段后，仅靠政府"自上而下"的培育和引导已经无法推动社区的深化发展，必须得到社区"自下而上"的自我发育的配合，既需要高效的政府行政力量，也需要成熟的群众自治力量。于是，随着社区建设的深入，"政府在培育和引导自治的过程中，必须下放权力、转变职能和领导方式，重构国家和社会的关系，建立权责清楚、功能分化、协同治理、良性互动的新型社区治理模式。合作型治理模式看到了社区治理主体的多元化以及主体之间协商合作的关系"。[②] 但是，政府推动与社区自治相结合的合作型治理模式仍然存在一定不足：低程度的社区居民参与与社区自治发展的要求不相适应。虽然这一模式设计兼顾了政府管理和社区自治，但是在实践中，社区居民与社区各类组织大多游离于社区公共事务和公共活动之外，在社区建设中参与的广度和深度不足，影响了社区建设的深入发展。

（四）社区共治是社区治理的发展方向

1. 社区共治是社区治理改革的必然趋势

2012 年，党的十八大报告提出，加快形成"党委领导、政府负责、

---

① 邱梦华、秦莉、李晗、孙莉莉编著《城市社区治理》，清华大学出版社，2013，第963 页。

② 付春华：《政府推进社区多元共治的体系与过程：重构社区认同》，中国政法大学出版社，2015，第15～16 页。

社会协同、公众参与、法治保障"的社会管理体制，并强调"在城乡社区治理、基层公共服务和公益事业中实行群众自我管理、自我服务、自我教育、自我监督是人民依法直接行使民主权利的重要方式"。"社区治理"的概念第一次被写入党的纲领性文件。党的十八届三中全会提出推进国家治理体系和治理能力现代化的目标，而城乡社区治理则被纳入国家治理体系和治理能力现代化的改革布局。2017年《中共中央、国务院关于加强和完善城乡社区治理的意见》的颁布，推动了城乡社区建设正式转向城乡社区治理。随后，党的十九大报告明确提出，"加强社区治理体系建设，推动社会治理重心向基层下移，发挥社会组织作用，实现政府治理和社会调节、居民自治良性互动"。从"管理"到"治理"，体现了传统领导理念的根本转变，标志着我国社区治理从单一管理向多元共治转变。

从行政主导、社区自治到政府与社区合作治理，我国社区治理经历了多种模式的探索，但是政府在治理中的主导地位始终未发生改变，"自上而下"的行政渗透影响着社区的发展，使社区治理面临诸多挑战、呈现碎片化状态。[1] 面对社区组织割据、资源耗散[2]，自治主体分化[3]，动员机制羸弱[4]等难题，传统行政整合方式因政府部门的体制分割[5]而归于失败。向西方学习的"舶来"理论视角和治理模式难以解决中国特色社区治理中的难题，"'共建共治共享'的提出，为我国城乡社区治理提供了本土化的理论体系与行动策略，社区共治本身具有显著的理论创新和丰富的内涵特征"。[6]

---

① 李强、葛天任：《社区的碎片化——Y市社区建设与城市社会治理的实证研究》，《学术界》2013年第12期，第40~50、306页。
② 吴晓林：《治权统合、服务下沉与选择性参与：改革开放四十年城市社区治理的"复合结构"》，《中国行政管理》2019年第7期，第54~61页。
③ 闵学勤：《社区自治主体的二元区隔及其演化》，《社会学研究》2009年第1期，第162~183、245页。
④ 吴晓林：《治权统合、服务下沉与选择性参与：改革开放四十年城市社区治理的"复合结构"》，《中国行政管理》2019年第7期，第54~61页。
⑤ 渠敬东、周飞舟、应星：《从总体支配到技术治理——基于中国30年改革经验的社会学分析》，《中国社会科学》2009年第6期，第104~127、207页。
⑥ 陈晓春、肖雪：《共建共治共享：中国城乡社区治理的理论逻辑与创新路径》，《湖湘论坛》2018年第6期，第41~49页。

　　已有研究指出，社区共治是对已有的行政型、自治型和合作型治理模式的反思与超越。行政型治理模式的问题在于加剧了政府与社区之间的张力，居民利益诉求难以有效表达，政府无力及时全面回应社区多元化需求。自治型治理模式一度被认为可以有效培育居民"自下而上"的自组织能力，并激发社区居民的参与和权利意识。然而，长期以来，由于社区社会资本匮乏、内生动力不足，我国社区自治实践常常陷入"内卷化"困境，产生"社区自治是否可能"的质疑。同时，仅有居民自治，社区内部的需求却缺乏多元主体的服务响应，会使社区的整体利益难以得到有效满足，社区的深入发展难以得到有效保障。由政府主导的合作型治理模式一度被认为是解决社区治理问题的创新模式，但是"自下而上"的治理主体在实践中缺乏有效的赋权，社区治理主体之间的关系缺乏协调，主动参与社区治理、与政府合作治理的动力和能力不足。"'共建共治共享'的社区多元共治模式，在合作治理理念的基础上，同时强调赋权、赋能多元治理主体，治理主体间的权责关系的对等和利益协调，居民需求的回应，将社区打造成生活共同体、利益共同体和价值共同体，从而促进社区的均衡发展、共生发展。"①

表 1 - 1　社区共治与其他社区治理模式的对比

治理模式	主体是否多元	主体间权责是否对等	社区居民需求是否得到有效回应	利益分配是否均衡
行政型	否	否	否	否
自治型	否	否	否	否
合作型	是	否	否	否
共治型	是	是	是	是

　　资料来源：陈晓春、肖雪《共建共治共享：中国城乡社区治理的理论逻辑与创新路径》，《湖湘论坛》2018 年第 6 期，第 41～49 页。

　　有研究指出，"社区共治是在对传统行政型和自治型两种治理模式的反思基础上，对合作型治理模式的新的超越，是一种更加有效的社区治

　　①　陈晓春、肖雪：《共建共治共享：中国城乡社区治理的理论逻辑与创新路径》，《湖湘论坛》2018 年第 6 期，第 41～49 页。

理模式"。① 社区共治模式对政府过度干预的行政倾向、社区自治主体的自主性和能力不足、社区治理主体间合作的协同困难进行了深刻反思,提供了一种更具弹性和互助性的社区治理模式。这一模式强调"权威的多元化、分散化,要求国家改变管理方式,与其他治理主体共享治理权力资源,同时主张建立在各自利益基础上的互动合作和协同治理,以及制度化的目标和争议解决过程,因而具有强烈的后现代色彩"。②

2. 社区共治是社区治理创新的现实需要

社区共治是社区治理实现善治目标的必然取向。这一结论主要基于以下几方面。

首先,从社区治理目标达成方面来看,多元共治可以促进社区公共产品和公共服务的有效供给。社区的主要功能在于公共产品生产和公共服务供给,面向社区内的全体成员。然而,在社区空间内,成员的需求是多元的、异质的、多层次的、与日常生活息息相关且具有一定程度的动态变化性,政府"自上而下"的运作模式无法及时发现社区的差异化、琐碎化需求,且政府提供的公共产品必然是规模性、制度性的,导致政府对不同社区多样、分散、异质性的需求表现出供给的低效率和非专业性。在公共产品生产和公共服务供给方面,政府、市场和社会各具自身优势与局限。于是,在社区公共空间内,建立政府、市场和社会力量的广泛参与及协同合作,发挥各自优势,实现功能互补和合作共赢,有助于提高公共产品和公共服务的供给效率和质量。"多元共治本身表现出来的弹性化、互助性、反思理性等特征,更好地应对了日益增长的公共服务问题和政策议题的复杂性、多样性和动态性的特征。"③ 政府在这里的职能定位应是"引导、保障、监督、控制",而不是"具体生产",政府与社会力量要在公共产品供给上再次放权,合理让渡公共服务

---

① 蒋俊杰:《从传统到智慧:我国城市社区公共服务模式的困境与重构》,《浙江学刊》2014 年第 4 期,第 117~123 页。

② 郁建兴:《治理与国家建构的张力》,《马克思主义与现实》2008 年第 1 期,第 86~93 页。

③ 徐金燕、蒋利平:《社区公共服务的多元合作供给:机制与绩效》,《学海》2013 年第 4 期,第 107~114 页。

空间。我国城市社区服务供给机制正在向多元合作供给模式转型①，"政府、社区自治组织、市场组织、社会组织等利益相关者均应成为社区服务供给的重要主体"②，多元主体形成合作伙伴关系，共同提供社区公共服务③。

其次，从社区自治和社区参与来看，社区共治推动了社区主体的公共参与，提高了社区自治能力。目前，我国社区建设仍然以政府"自上而下"的运动式推动、精英主导的动员式参与为主④。由于社区组织割据、资源耗散，自治主体分化，动员机制屡弱等难题，社区居民自主参与的积极性较低，主要是个体的分散参与，"选择性参与"、"被动参与"和"消极参与"的现象明显。社区自治性的成长要求社区公共权力体系接纳社区各类自治主体的权力诉求。有效发挥社区自治效用，最重要的是提高社区成员素质、促进社区成员公民性的成长。如果没有现代公民，就不会有真正意义上的社区自治，社区也不可能成为"生活共同体"。社区多元共治治理模式强调对治理主体的赋权、赋能，即通过与社区成员利益相关的议题设置，在开放社区成员参与空间和协商决策权力的基础上，不断提高其社区参与和自治能力。只有"通过多元参与促进社区公共生活的发育与发展、提升社区成员的信任和社区认同、增强社区居民的民主意识和公共精神、增进社区社会资本累积，才能最终形成自下而上的、支撑社区治理乃至社会治理不断深化的社会文化价值观"⑤。

最后，从社区治理结构来看，社区多元共治有助于进一步完善社区

---

① 蒋俊杰：《从传统到智慧：我国城市社区公共服务模式的困境与重构》，《浙江学刊》2014年第4期，第117～123页。

② 于燕燕：《社区公共服务模式的思考——百步亭社区公共服务的启示》，《学习与实践》2007年第7期，第119～125页；夏志强、王建军：《论社区公共服务的有效供给》，《社会科学研究》2012年第2期，第44～47页；黄家亮、郑杭生：《社会资源配置模式变迁与社区服务发展新趋势——基于北京市社区服务实践探索的分析》，《社会主义研究》2012年第3期，第70～74页。

③ 吕方：《从"街居制"到"社区制"：变革过程及其深层意涵》，《福建论坛·人文社会科学版》2010年第11期，第185～188页。

④ 陈晓春、肖雪：《共建共治共享：中国城乡社区治理的理论逻辑与创新路径》，《湖湘论坛》2018年第6期，第41～49页。

⑤ 付春华：《政府推进社区多元共治的体系与过程：重构社区认同》，中国政法大学出版社，2015，第21～23页。

治理结构。在以往的社区治理模式中，社区政社合作平台并未对多元治理主体充分赋权，社区治理的实际主导权仍然掌握在街道办事处和相关政府职能部门手中，社区治理的多元主体仅享有部分参与权和监督权，并没有实质性的议题设置、决策和行动权。相比之下，在社区共治的过程中，多元治理主体不是简单的合作关系，而是通过持续性联结形成"共同体"，明确各主体的权责，做到权责对应，通过融合性的共同治理，有效解决社区问题，提高社区治理绩效。这种治理模式从根本上明确了各类治理主体间的关系，有助于形成权责对应的社区多主体关系。在已有的社区治理模式中，社区治理绩效被认为受到社会成员构成复杂化的负面影响，使治理难以获得有效性。一个潜在的结论在于，多元主体协调、协同的共同治理和社会多元力量的有效整合，可以激发社会的整体优势。"治理理论虽然也倡导多元主体的参与，但是没有明确界定各主体的权责利以及相互之间的关系。社会作为多个个体之间的组合，促发其生机勃勃、持续发展的价值所在应是打造社会共同体。"[①] 社区共治模式通过打造社区共同体，有效完善社区治理结构。

第三节　研究的现实面向与意义

如今，社区共治成为社区治理的发展方向，社区共治网络的建构面向社区治理中存在的结构性问题，致力于提出有针对性的路径与机制，实现社区共治善治。长期以来，社区治理中存在诸多问题，已有研究表明，"通过网络来实施和管理公共项目已经成为普遍规律，而非例外情形，因为网络化的治理可以降低公共服务的碎片化程度，提高服务的协调性，从而达成更佳的网络治理绩效"。[②]

---

① 陈晓春、肖雪：《共建共治共享：中国城乡社区治理的理论逻辑与创新路径》，《湖湘论坛》2018 年第 6 期，第 41～49 页。

② H. Brinton Milward and Judith Smyth, "Symposium on the Hollow State: Capacity, Control, and Performance in Interorganizational Settings," *Journal of Public Administration Research and Theory* 6 (2) (1996): 193 – 196.

一　社区治理中存在的结构性问题

如上文所述，在当前及今后一段时期，我国社区治理的发展方向必然是社区共治。然而，社区治理主体的多元性意味着不同主体间存在冲突和张力。目前，社区治理中存在的诸多结构性问题已被相关研究广泛关注，是走向社区共治中必然面对的"断裂"问题。

（一）治理理念张力

相关研究普遍认为社区治理中存在双重理念，李友梅称其为"基层政权建设"取向和"基层社会发育"取向并行，反映在国家行动与社区内源性力量的张力上。一方面，国家行动通过各种制度安排，向基层社会深层次渗透，完善和强化基层行政管理，重建基层社区中的行政协调系统。另一方面，随着国家与社会关系的调整，社会出现了自由流动的资源和空间，促使基层社会出现民主参与和自我生长的冲动，通过基层社区自我再组织的过程，逐渐形成具有自主性和自治性的内源性支持系统。在社区治理过程中，国家基层社会政权建设和基层社会自我发育的过程相互叠加，带来了"自上而下"加强行政管理和"自下而上"培育社区自治之间的理念张力。①

行政力量与自治力量之间的交互作用并非均衡分布，使基层社会运作难以形成一种协调、稳定的状态。② 这种理念和制度张力形塑了社区行政共同体和文化共同体特征的分离，也提出了社区治理中社会整合的需要，就是必须通过"调整和协调系统内部的各套结构，防止任何严重的紧张关系和不一致对系统的瓦解"。③ 这种社会整合需要融合社区建设中"自上而下"和"自下而上"的双向逻辑，使国家行动与自治行动相互补充、相互支持，实现"治理"。目前，有不少研究开始关注国家行为体和社会行为体在社区建设中的微观互动，见微知著地探索社区治理

---

① 李友梅：《社区治理：公民社会的微观基础》，《社会》2007年第2期，第159~169页。

② 田毅鹏、薛文龙：《"后单位社会"基层社会治理及运行机制研究》，《学术研究》2015年第2期，第48~55页。

③ 安东尼·M.奥勒姆：《政治社会学导论：对政治实体的社会剖析》，董云虎、李云龙译，浙江人民出版社，1989，第114页。

中社会整合的实践逻辑。

(二) 治理权责分离

广为研究和实践诟病的社区居委会行政化问题,既有如前所述的历史性成因,也与街居治理中权责的长期分离与失衡密切相关。有研究表明,权责分离已经成为社区治理的突出问题,是社区治理绩效的内源性负相关因素。以街道办事处与社区居委会为例,街道办事处作为政府的派出机构掌握着行政权力,而社区居委会则成为街道办事处的"腿",服从安排和落实责任。街道各部门给社区居委会布置任务却不赋予资源、权力和能力建设的现象成为常态,形成上级给任务不给政策、经费和人员,给要求不给指导、支持的普遍性现象。部分社区居委会沦为政府推卸责任以保持自身为居民负责形象的首选对象。"这一街居体制本质上是一种行政科层体制,它注重的是自上而下的'命令－服从',对权责关系的关注也多是单向的而不是双向的。所以,在街居之间延续而来的是权力不断向上,责任却逐渐向下,形成行政压倒自治的状态。"[1] 正如部分学者观察到的,在社区居委会中,以行政任务为主要工作的"执行层"力压"议事层",成为强势的社区事务管理者和行政意志执行者,经民主选举产生的"议事层"基本成为"配角或摆设"。[2]

这种权责失衡在社区治理的结构中扩散,从动员居民主体参与社区活动却不赋予居民在社区事务中的决定权,到吸引社会力量参与社区服务却不提供集体行动的真实空间。由于权责分离,多元主体参与的社区治理成为"命名政治"的产物,其在创造一个新的社区建设方案的同时,带来社区居民理念改造和现实改造的巨大落差,以及社区治理实践对变革软环境的软弱无力。[3]

社区治理权责分离对社会整合提出了迫切需求,尤其是社区治理的

---

① 陈朋:《从任务型自治到民主合作型治理——基于上海市社区调研的分析》,《中国行政管理》2010 年第 2 期,第 116~120 页。

② 程秀英、孙柏瑛:《社会资本视角下社区治理中的制度设计再思考》,《中国行政管理》2017 年第 4 期。

③ 吴越菲、文军:《作为"命名政治"的中国社区建设:问题、风险及超越》,《江苏行政学院学报》2015 年第 5 期,第 64~70 页。

制度整合机制，通过一个自我调节系统生产公正的制度环境，发挥其特殊的控制能力，以克服和改造社区治理的复杂环境而维持其实存的能力。

（三）自治主体分化

研究和实践表明，我国城市社区行政化的出身，使其成员初始性地丧失了自治的理念和技能，导致国家默认的社区居委会惯性地占据社区自治主体的位置，却将职能实质定位于为政府服务，这无疑加剧了社区自治主体之间的分化。虽然在理论上，社区自治群体包括社区居委会、社区成员代表大会、社区议事委员会（或业主委员会）以及其他中介组织①，但是无数研究和经验证明，社区居委会在社区自治主体网络中处于压倒性的中心位置，无论社区属于何种类型，社区居委会主任都是社区权力的核心②。社区居委会的权力优势使社区内成员逐渐分化成两类截然不同的自治主体：一类以社区居委会为核心，包括社区居委会成员、楼门组长、社区党员和社区积极分子等；另一类则是远离社区居委会，对社区仅保留地域归属感，"独自打保龄"的以自我为核心的分散主体。这两类群体在共同体生活、自治理念以及社会行动方案上都存在明显的二元区隔。③ 这种社区自治主体的分化也使中国的社区参与呈现一种功利化、单一化、非精英主体参与的独特图景。

居民参与的社区自治是传统而有效的社区治理路径，在我国也具备法律和政策认可的合法性，然而，主体的分化使社区自治难以实现其增进大多数成员利益的目标。以社区居委会为核心的群体自治行为往往是以完成政府派给的行政绩效为出发点、以政府关注的社区部分弱势群体的利益为目标，无法使大多数社区成员获益。而以自我为核心的分散群体的自治行动则面临着有观念、无行动，有意愿、无条件的现实困难。社区自治主体的分化也再次提出了社区治理中的社会整合问题，即如何

---

① 韦克难：《论社区自治》，《四川大学学报》（哲学社会科学版）2003 年第 5 期，第 48 ~ 52 页。

② 郭圣莉：《国家的社区权力结构：基于案例的比较分析》，《上海行政学院学报》2013 年第 6 期，第 80 ~ 93 页。

③ 闵学勤：《社区自治主体的二元区隔及其演化》，《社会学研究》2009 年第 1 期，第 162 ~ 183 页。

避免主体区隔的制度依赖，搭建两大群体可跨越的桥梁，使双方互通合作、携手自治。社区治理需要通过系统整合来实现治理主体间的团结，避免各种角色分化对彼此的分隔，形成治理主体在社区事务中相互融合的分布状况和代表－支持的互动关系①，使社区体系保持和谐，达到均衡状态，实现社区的"善治"。

二　社区共治路径与机制研究的意义

社区共治不仅是一种理念和制度，也体现在社区建设行动中。社区治理中的结构性冲突和张力，要求一种可以协调各方、整合资源的社区领导力，以形成"社区共识"，结成社区共同体。党和政府在社区治理中要充分发挥其引导融合、资源保障、搭建互动平台、监督调控等作用，探索更多的社区共治路径与机制。因此，这项研究具有以下几方面的意义。

（一）科学评价社区共治的实践探索

自民政部明确提出"社区建设"以来，全国各地不断探索社区建设实践，并形成了各种类型的社区治理创新模式，社区共治模式和理念的形成建立在丰富的社区建设实践的基础上。本书在全面、客观地认识全国各地社区治理创新实践发展基础上，通过建立社区共治网络有效性的评估维度，选取典型案例进行长时间跟踪观察。通过对多个典型案例的研究，本书从社区共治网络生成、互动和统筹三个阶段总结有效的社区共治路径、模式与机制，为社区治理体系建设和完善提供方案参考，对如何形成社区共治网络、共治主体如何互动、如何共治更有效等问题予以科学分析和回答。

（二）建构社区共治的中层理论

在社区治理中，异质主体之间的机制一直是研究者和实践者试图解释的难点，本书对社区治理的研究视角进行拓展，从网络分析出发，分

① 朱前星：《社会整合与执政党的功能调适》，《马克思主义与现实》2010 年第 5 期，第 95~98 页。

析社区共治网络形成的过程与机制；通过对组织行动与组织网络结构的过程分析，追溯组织行动之前的组织位置与场力，并对组织间集体行动与新场力进行延展分析，沟通微观与宏观，试图对社区共治规律提出新的理论解释；运用社会网络分析方法，分析组织间网络结构特征对社区共治有效性的影响，通过实证研究建立模型，进而建构中层理论，深化对社区共治的理性认识。本书的研究突破了社区治理研究的"西方中心主义"，促进了本土化的理论建构和理论更新。

（三）提供有针对性的应用方案

有效的社区共治结构，可以经由一系列运行机制和治理工具达成，这些运行机制和治理工具是社区共治实践的重要议题。本书针对实践中通行的社会组织孵化培育、"三社联动"和党建引领等社区共治路径，基于社区共治有效性的影响因素模型，揭示有效的运行机制和工具运用，为各级党组织和政府进一步优化社区治理结构、加强社区治理体系建设提供有针对性的政策建议和政策工具，为各社区治理主体提高合作能力和治理绩效提供行动指南。

第二章　文献综述

第一节　社区共治总体研究述评

随着社区在基层治理与社会生活中的地位日益凸显，社区治理的研究和实践层出不穷，研究者从不同视角对社区治理进行了理论分析和阐述，呈现诸多富有价值的研究成果。

一　社区共治相关理论研究

（一）社区共治成为社区治理研究的结构性共识

社区治理结构是国内外社区研究的重要议题。[①] 社区共治被研究者视为社区治理的普遍机制和发展方向。国外研究者将社区治理视为政府与社会合作治理的一种形式。[②] 合作治理的基本特征是多主体、多部门通过协商的方法解决跨领域、跨部门的公共问题的集体决策过程和结构。[③] "多元主义强调塑造'基于社区'的治理网络，引入社会组织等其他主体的参与，采取'结构－反应'机制以增强回应性。"[④] 国内研究者也认为，社区治理注重政府、社区组织、企业等不同治理主体的协作与

---

① 马全中：《中国社区治理研究：近期回顾与评析》，《新疆师范大学学报》（哲学社会科学版）2017年第2期，第93~104页。

② B. Guy Peters, Pierre Jon, & Tiina Randma-Liiv, "Global Financial Crisis, Public Administration and Governance: Do New Problems Require New Solutions?" *Public Organization Review* 11 (2011): 13 – 27.

③ Chris Ansell & Alison Gash, "Collaborative Governance in Theory and Practice," *Journal of Public Administration Research and Theory* 18 (4) (2008): 543 – 571.

④ Gerard Bellefeuille, "The New Politics of Community-Based Governance Requires a Fundamental Shift in the Nature and Character of The Administrative Bureaucracy," *Children & Youth Services Review* 27 (5) (2004): 491 – 498.

配合①，因此，国内部分学者得出结论，合作治理是我国城市基层社区治理的可行模式。从"自上而下"与"自下而上"的角度来看，虽然我国的社区治理研究始终存在"国家主导说"和"社区自治说"两种观点，但是近期本土化的研究多采纳社区治理应该实现国家主导与社区自治统一的基本观点，并认为这是我国社区治理未来的发展方向。有研究指出，"国家和社区之间的相互影响和依赖关系得到了广泛的认同，研究的重点不再是彼此的对立而是相互的融合"。② 因此，从治理主体的视角来看，社区共治是我国社区治理的发展方向。③

（二）根植于治理理论的宏观社区共治结构与机制讨论是研究重点

改善社区治理结构是实现社区共治的前提，应当界定国家与社会组织之间的职、责、权的制度边界。④ 立足于治理理论，研究者通过"结构－制度"分析，对社区共治体制进行了丰富而深入的探讨。研究重点围绕国家、市场、社会之间的相互合作与相互制衡。⑤ "实际上，治理理论视域下的社区治理更注重政府、企业、社会组织、社区自治组织等不同治理主体在社区治理中的协作与配合。根据协作方式的不同，已有探讨社区的治理理论视角可以主要归纳为'新公共管理''多中心治理''元治理'等理论视角。"⑥ "新公共管理"理论视角致力于对政府角色的变革，研究认为，"应当从政府的有限授权转变为充分授权，变政府推动

① 马全中：《中国社区治理研究：近期回顾与评析》，《新疆师范大学学报》（哲学社会科学版）2017 年第 2 期，第 93～104 页。
② 王汉生、吴莹：《基层社会中"看得见"与"看不见"的国家——发生在一个商品房小区中的几个"故事"》，《社会学研究》2011 年第 1 期，第 63～96 页。
③ 王蔚、王名、蓝煜昕：《引领与统领：社区共治中的社区领导力——武汉百步亭社区个案研究》，载王名主编《中国非营利评论》（第十九卷），社会科学文献出版社，2017，第 117～131 页；林闽钢、尹航：《走向共治共享的中国社区建设——基于社区治理类型的分析》，《社会科学研究》2017 年第 2 期，第 91～97 页。
④ 李友梅：《社区治理：公民社会的微观基础》，《社会》2007 年第 2 期，第 159～169 页。
⑤ 郑杭生、黄家亮：《论我国社区治理的双重困境与创新之维——基于北京市社区管理体制改革实践的分析》，《东岳论丛》2012 年第 1 期，第 23～29 页；李晓壮：《城市社区治理体制改革创新研究——基于北京市中关村街道东升园社区的调查》，《城市发展研究》2015 年第 1 期，第 94～101 页。
⑥ 马全中：《中国社区治理研究：近期回顾与评析》，《新疆师范大学学报》（哲学社会科学版）2017 年第 2 期，第 93～104 页。

型自治为内在生成型自治,形成一种政府与社区互动的参与式治理模式,以解决我国社区治理中长期存在的内生动力不足的问题,提高社会治理有效性"。① "多中心治理"和"元治理"理论视角在治理结构安排上持相异的观点。"多中心治理"理论视角更注重多元主体在社区治理中的协作,特别是发挥物业、业主委员会等社区组织、企业、社会组织等社会力量的作用,强调社区治理应该重视新兴社区主体的治理功能,并注重建立主体之间的合作关系,提高合作理念和完善合作机制。相比之下,有研究指出,"元治理"更适合我国的治理现实,并契合我国历史传统和政治现实。因此,在我国城市社区治理中,"'一核多元'应该是我国社区共治的主要特点,核心是基层党委和政府,应充分发挥其对社区力量的领导作用,在此基础上,不同主体之间通过协作进行社区治理"。② 在多种视角的研究中,社区共治的机制建设也是已有研究关注的重点。已有研究从参与机制、合作机制、协商机制和矛盾化解机制等方面提出了丰富的政策建议。研究者认为,"促进多元主体参与社区治理可以从参与、动力机制设置、主体权能等方面进行建设"。③ 调动多元主体合作机制的重点是"社区主体互动机制的设计,其中包括对话、信任、协商沟通和共享机制等内容,上述机制的有机结合影响社区治理绩效"。④ 针对社区治理中的协商和矛盾化解机制,需要从内向型协商转型为外向型协商⑤,应当将平等合作与协商作为社区治理的主要途径⑥,"需要以民主为前提,以共治为基本思路,在此基础上设计政府、社区自治组织、社

---

① 付诚、王一:《新公共管理视角下的社区社会管理创新研究》,《社会科学战线》2011年第11期,第161~166页。
② 张平、隋永强:《一核多元:元治理视域下的中国城市社区治理主体结构》,《江苏行政学院学报》2015年第5期,第49~55页。
③ 马全中:《中国社区治理研究:近期回顾与评析》,《新疆师范大学学报》(哲学社会科学版)2017年第2期,第93~104页。
④ 黄桂婷、李春成:《合作治理主体间互动机制研究——以宁波市力帮社区为例》,《中共杭州市委党校学报》2014年第1期,第33~39页。
⑤ 张翔:《"内向型协商":对基层政府行政协商的一种阐释——以T社区的"民意表达工作室"为例》,《新视野》2015年第4期,第22~29页。
⑥ 陈朋、洪波:《社区治理中协商民主的应用价值及开发路径》,《中州学刊》2013年第6期,第14~17页。

区经济组织与社会组织、居民共同参与的协商机制"。①

（三）基于网络视角的中观社区治理有效性分析是研究发展方向

近期研究开始从网络视角出发，基于网络视角的研究集中在行动者互动关系和有效性两个方面，研究的一个重点是，把不同类型治理组织之间的关系研究，扩展到全网络的多维关系互动上。因此，实证研究者常常使用"复杂网络分析技术"研究不同网络行动者如何协调、整合他们的活动，通常会强调网络结构和治理的不同。② 研究的另一个重点是，网络的有效性分析。O'Toole 指出，"如果我们认真对待网络合作，我们应该清楚它是否有效，但是对于如何评估网络的有效性却没有达成共识，且主要依赖于一些比较松散的资助方对其合作的非营利组织的评估"。③ "网络的有效性指的是单一的组织或参与者不能独自实现而网络所能实现的积极效果。"④ "网络的有效性随着时间不断变化，体现为网络良好的学习能力、明确的角色分工和解决问题的效率。"⑤ 从网络治理的目标角度来看，网络有效性至关重要，直接体现了网络的治理方式是否达到治理目标，同时，"也意味着网络内部共享利益的相关者的利益是否达成，支持网络的组织是否达到了其支持的目的。因此，网络有效性对于网络

---

① 陈荣卓、颜慧娟：《民生法治视域下农村社区矛盾纠纷治理之道》，《华中农业大学学报》（社会科学版）2016 年第 1 期，第 8 ~ 14 页。

② John Michael Bolland & J. V. Wilson, "Three Faces of Integrative Coordination: A Model of Interorganizational Relations in Community-based Health and Human Services," *Health Services Research* 29 (3) (1994): 341 - 366; Keith G. Provan & H. Brinton Milward, "Do Networks Really Work? A Framework for Evaluating Public-Sector Organizational Networks," *Public Administration Review* 61 (4) (2001): 414 - 423.

③ Laurence J. O'Toole Jr, "Treating Networks Seriously: Practical and Research-Based Agendas in Public Administration," *Public Administration Review* 75 (1) (1997): 45 - 52.

④ Keith G. Provan & H. Brinton Milward, "Do Networks Really Work? A Framework for Evaluating Public-Sector Organizational Networks," *Public Administration Review* 61 (4) (2001): 414 - 423; Keith G. Provan & Patrick Kenis, "Modes of Network Governance: Structure, Management, and Effectiveness," *Journal of Public Administration Research and Theory* 18 (2) (2008): 229 - 252.

⑤ Keith G. Provan, Amy Fish, & Joerg Sydow, "Interorganizational Networks at the Network Level: A Review of the Empirical Literature on Whole Networks," *Journal of Management* 33 (6) (2007): 479 - 516.

而言非常重要"。① 狭义的社区治理网络有效性，将合作网络效果定义为"服务对象对他们所得到的服务的满意程度"。广义的社区治理网络有效性研究则从多个层次测量网络的有效性，Provan 和 Milward 认为对社区服务网络效果的测量可以从社区、网络自身和参与成员三个层次进行。② Saz-Carranza 和 Vernis 则将网络评估分为微观、中观、宏观三个方面。③ 已有对社区治理网络有效性影响因素的研究，将其归纳为网络结构、关系、机制和环境层面等因素。④ 近年来，国内部分研究引入网络视角对地方政府网络化治理效果进行分析⑤，而直接针对社区共治网络有效性及其影响因素的研究则非常少见。

二　已有研究评述

社区共治的总体性研究在理论依据、政社关系、体制与机制等主题上有比较深厚的知识积累，网络视角在社区治理领域应用的成果也日益丰富，这些都为本研究的开展提供了重要基础。但已有研究仍然存在以下不足。

（一）"结构-制度"研究成果丰富，"结构-过程"解释相对乏力

已有研究或透过宏观层面政社关系判断中观社区共治主体之间的互动关系，如国内研究多以"西方视角"来解读本土问题，理论视角与社

---

① Robert Agranoff, "Inside Collaborative Networks: Ten Lessons for Public Managers," *Public Administration Review* 66 (S1) (2006): 56 – 65; Louis Ngamassi, Carleen F. Maitland, & Andrea Tapia, "Humanitarian Interorganizational Information Eexchange Network: How Do Clique Structures Impact Network Effectiveness?" *Voluntas: International Journal of Voluntary and Nonprofit Organizations* 25 (6) (2014): 1483 – 1508.

② Keith G. Provan & H. Brinton Milward, "Do Networks Really Work? A Framework for Evaluating Public-Sector Organizational Networks," *Public Administration Review* 61 (4) (2001): 414 – 423.

③ Angel Saz-Carranza & Alfred Vernis, "The Dynamics of Public Networks: A Critique of Linear Process Models," *International Journal of Public Sector Managemen* 19 (5) (2006): 416 – 427.

④ Keith G. Provan & H. Brinton Milward, "A Preliminary Theory of Network Effectiveness: A Comparative Study of Four Community Mental Health Systems," *Administrative Science Quarterly* 40 (1) (1995): 1 – 33.

⑤ 姚引良、刘波、王少军、祖晓飞、汪应洛：《地方政府网络治理多主体合作效果影响因素研究》，《中国软科学》2010 年第 1 期，第 138 ~ 149 页。

会现实之间存在距离，因此大部分研究仅在理论层面探讨社区治理制度因素，缺少实证，无法解决社区共治中的复杂现实问题，也无法对社区共治提供本土化、可操作的政策建议[1]；或从微观层面关注具体个体行动者之间的复杂网络结构和互动，如国外相关研究虽然有助于观察网络全貌，理解多个网络行动者是如何协调以及整合其活动，进而分析网络结构和治理的不同，但是在聚焦复杂网络的分析时，难以总结治理规律，影响研究结论的普适性，缺乏政策实践启发性。对中观层面社区治理组织间网络结构和互动的考察相对欠缺，会使一些制度性政策建议（如党建引领、多元互动等）的可操作性不强。

（二）社区共治有效性研究易被忽视，且并未形成清晰完整和可操作的测量体系

将社区共治作为一种社区治理机制，一个基本假设是合作治理更有效，但是在这方面一直缺乏研究证据。"组织间网络视角强调在引入多元主体进入治理领域的基础上，注重组织之间的网络结构与功能，认为组织间网络的全方位动态资源整合的过程对于治理有效性有重要作用。"[2] 近年来，国外已有部分研究引入网络视角，然而，网络有效性的测量非常复杂，不同的研究对象和研究领域采用不同的评估框架，且并未形成清晰完整的测量体系。国内研究仍处于起步与探索阶段，已有研究以介绍国外网络有效性的评估层次和网络有效性的影响因素研究为主，个别研究指出可运用组织间网络的有效性框架分析社区社会组织参与社会治理的有效性[3]，但是主要停留在理论介绍和框架探索阶段，尚未形成本土化的操作方案。

（三）研究方法相对单一，多以规范研究为主，实证检验和理论建构不足

已有研究特别是国内相关研究多属于规范研究，经验研究和实证研

---

① 马全中：《中国社区治理研究：近期回顾与评析》，《新疆师范大学学报》（哲学社会科学版）2017 年第 2 期，第 93 ~ 104 页。

② Laurence J. O'Toole Jr, "Treating Networks Seriously: Practical and Research-Based Agendas in Public Administration," *Public Administration Review* 75 (1) (1997): 45 – 52.

③ 张潮、张雪：《组织能力、合作网络和制度环境：社区非营利组织参与社会治理的有效性研究》，《经济社会体制比较》2020 年第 2 期，第 90 ~ 99 页。

究的成果相对缺乏。经验资料仅被用来作为观念分析的佐证，而不是被用来解释、说明制度和社会事实。个别实证研究以个案研究为主，研究方法不够均衡①，难以提出具有信服力且可操作的指标和模型。由于理论框架的多样化和各地经验案例的个性化，研究得出的理论解释和积累的实证经验虽然丰富，但是代表性不足，总体解释力和说服力较弱，造成一定程度的概念爆炸和研究碎片化，缺乏政策实践启发性。

第二节　社区共治路径与机制研究述评

一　社区共治路径与机制探索的实践研究

已有研究对探索社区共治路径的重要性达成基本共识。社区治理是一项复杂的系统工程，社区共治首先涉及社区治理体制的转变，即从"行政化"治理体制向"合作共治型"治理体制转变。这一转变需要国家进行顶层设计，创设推动社区管理体制改革和社区共治实现的各种制度化路径。社会管理体制改革中始终存在理念与实践的悖论，虽然促进多元主体参与社区治理是社区管理体制的主导理念，但是在实践中社区管理体制总是走向反面，即社区的行政化色彩越来越浓。为克服社区的行政化，必须减少行政权力对社区事务的干预，转而建立社区主体广泛参与的合作治理体制。② 可见，理念变革必须与体制改革的具体路径相结合。郑杭生、黄家亮指出，社区管理的关键在于体制创新问题，应该重点改革社区治理的行政化体制，打破政府的垄断地位，而体制创新应当通过引入社会组织、市场组织等社会及市场主体，进而构建社区治理的合作治理体制。③ 根据已有研究，中央和地方在构建社区共治的体制转型中，主要探索了社区社会组织培育、"三社联动"和党建引领三种

---

① 马全中：《中国社区治理研究：近期回顾与评析》，《新疆师范大学学报》（哲学社会科学版）2017 年第 2 期，第 93～104 页。

② 徐道稳：《社会基础、制度环境和行政化陷阱——对深圳市社区治理体制的考察》，《人文杂志》2014 年第 12 期，第 117～124 页。

③ 郑杭生、黄家亮：《当前我国社会管理和社区治理的新趋势》，《甘肃社会科学》2012 年第 2 期，第 1～8 页。

具有普遍意义的社区共治制度化路径。

第一，从中央到地方，营造有利于社区社会组织成长的制度环境，作为推动基层社会共治的重要路径。从党的十八届三中全会强调激发社会组织活力，重点培育和优先发展城乡社区服务类社会组织等四类社会组织开始，多项中央政策将社区社会组织培育作为坚持和完善共建共治共享的社会治理制度的重要路径，强调"大力培育发展社区社会组织"，鼓励各级地方政府采用"降低准入门槛""积极扶持发展"等举措快速培育各类社区社会组织发展。社区社会组织因此成为我国社会力量的重要构成部分①，社区社会组织培育成为推动社区共治的重要制度化路径。

第二，探索"三社联动"的基层社会治理创新模式，打破传统的由政府主导的社区治理格局，向社会让渡空间和资源，从而形成多元的社会治理主体，以实现社区多元服务供给的治理机制和社会动员机制。民政部、财政部联合下发的《关于加快推进社区社会工作服务的意见》中提出，要建立健全社区、社会组织和社会工作专业人才联动服务机制。在这一政策背景下，各地涌现出大量基于"三社联动"的社区治理创新实践。②"三社联动"的提出是党和政府试图引入的一种社会化路径，以探索社区治理体制创新，通过加大公共服务的供给力度，扩展社区治理主体范围，推动各类主体互动合作，促进社区的内生性发展。③

第三，将党建引领作为构建更为完善的社区治理共同体、推动社区治理体制深入转型的重要路径。随着社区治理体制的逐渐转型，多元社区治理主体的出现和参与未能完全解决转型中的多重治理问题，社区党组织的功能与作用得到了政策的不断确认与强化，直到2017年，中共中央、国务院在《关于加强和完善城乡社区治理的意见》中强调"充分发挥基层党组织领导核心作用。把加强基层党的建设、巩固党的执政基础

①　王杰秀、黄晓春：《多重转型交汇中的社区社会组织》，《社会政策研究》2021年第3期，第89～107页。

②　王杨、邓国胜：《社工机构与社区居委会合作机制的理论解释——四个合作案例的比较分析》，《中国行政管理》2017年第11期，第55～60页。

③　陈伟东、吴岚波：《从嵌入到融入：社区三社联动发展趋势研究》，《中州学刊》2019年第1期，第74～80页。

作为贯穿社会治理和基层建设的主线，以改革创新精神探索加强基层党的建设引领社会治理的路径"。党建引领被认为与基层社区治理是一种互动关系①，党建引领城市基层社会治理是要破解由科层制带来的碎片化治理困境，进而促进基层整体性治理的形成②。党组织拥有比行政组织更易伸展的空间，借助组织网络的延伸和不断加强的领导地位，可以发挥党建促进社会建设、政治整合促进社会整合的作用。③

这些社区共治的路径探索被不断地明确于社区治理的国家政策中。中共中央、国务院在《关于加强和完善城乡社区治理的意见》中提出健全完善城乡社区治理体系四个方面的要求，即"充分发挥基层党组织领导核心作用"、"有效发挥基层政府主导作用"、"注重发挥基层群众性自治组织基础作用"和"统筹发挥社会力量协同作用"。其中，在"统筹发挥社会力量协同作用"方面，提出了社区社会组织和其他社会组织孵化培育，"推进社区、社会组织、社会工作'三社联动'"，积极引导驻社区机关企事业单位、其他社会力量和市场主体参与社区治理等实现路径与政策措施。

已有研究也关注到社区共治的机制创新，主要包括社区治理微观层面的参与机制、合作机制、协商机制和矛盾化解机制等。针对参与机制，研究从社区公民和组织参与社区治理的平台、激励和动力机制、文化构建及权利保障等方面提出了参与机制的设计。④针对合作机制，研究指出，社区主体间合作机制主要包括主体对话、信任机制、协商沟通、共

---

① 布成良：《党建引领基层社会治理的逻辑与路径》，《社会科学》2020年第6期，第71～82页。

② 张振洋：《破解科层制困境：党建引领城市基层社会治理研究——以上海市城市基层党建实践为例》，《内蒙古社会科学》2020年第3期，第59～66页。

③ 吴晓林：《治权统合、服务下沉与选择性参与：改革开放四十年城市社区治理的"复合结构"》，《中国行政管理》2019年第7期，第54～61页。

④ 王杨、邓国胜：《社工机构与社区居委会合作机制的理论解释——四个合作案例的比较分析》，《中国行政管理》2017年第11期，第55～60页；魏娜、崔玉开：《城市社区治理的网络参与机制研究》，《教学与研究》2011年第6期，第31～36页；姜晓萍、衡霞：《社区治理中的公民参与》，《湖南社会科学》2007年第1期，第24～28页；郑建君：《公共参与：社区治理与社会自治的制度化——基于深圳市南山区"一核多元"社区治理实践的分析》，《学习与实践》2015年第3期，第69～73页。

享机制等内容，这些机制的有机结合程度决定了合作治理的质量和功效①，并从社区多主体的职能定位、合作机制的设计原则等方面，提出党委领导、社区居委会协商，以及契约化治理与激励性机制等观点②。针对协商机制和矛盾化解机制，研究指出，为实现社区治理转型，需要促使体制内的内向型协商向体制外的外向型协商转型③，建立一种"协商合作型"街居治理体制④。研究指出，可以在法治的框架下，以民主为前提，以共治为基本思路，并在此基础上设计政府、社区社会组织、居民共同参与的协商机制，寻求多元化的解决路径化解社区矛盾。⑤

还有诸多对社区共治机制创新的研究聚焦社区社会组织培育、"三社联动"、党建引领的社区共治路径探索过程，探讨路径实现的机制和有效性（绩效）的影响因素。

二　社区共治路径之社区社会组织培育及其绩效机制研究

在社区共治方向上，政府与社会组织合作已经成为社区治理创新的主要路径，通过政府购买服务将政府职能转移给社会组织使之提供社会化的服务已经成为一种趋势。但是，与西方国家社会组织数量庞大、发

---

① 王杨、邓国胜：《社工机构与社区居委会合作机制的理论解释——四个合作案例的比较分析》，《中国行政管理》2017 年第 11 期，第 55～60 页；黄桂婷、李春成：《合作治理主体间互动机制研究——以宁波市力邦社区为例》，《中共杭州市委党校学报》2014 年第 1 期，第 33～39 页。

② 陈家喜：《反思中国城市社区治理结构——基于合作治理的理论视角》，《武汉大学学报》（哲学社会科学版）2015 年第 1 期，第 71～76 页；佘湘：《城市社区治理中的集体行动困境及其解决——基于理性选择制度主义的视角》，《湖南师范大学社会科学学报》2014 年第 5 期，第 32～38 页。

③ 张翔：《"内向型协商"：对基层政府行政协商的一种阐释——以 T 社区的"民意表达工作室"为例》，《新视野》2015 年第 4 期，第 22～29 页。

④ 陈朋、洪波：《社区治理中协商民主的应用价值及开发路径》，《中州学刊》2013 年第 6 期，第 14～17 页。

⑤ 陈朋、洪波：《社区治理中协商民主的应用价值及开发路径》，《中州学刊》2013 年第 6 期，第 14～17 页；曹建光：《社区"虚拟"公共服务平台创新研究——"福州模式"现状、不足及再造》，《理论导刊》2011 年第 12 期，第 32～34 页；孔娜娜：《社区公共服务碎片化的整体性治理》，《华中师范大学学报》（人文社会科学版）2014 年第 5 期，第 29～35 页。

展成熟的状况相比，我国社会组织特别是社区社会组织数量少、增长缓慢，发育不成熟，缺乏承接政府转移社会服务职能的能力，因此社区治理面临社会力量匮乏的困境。如何培育社会组织、构建社会服务递送网络，成为我国特有的理论和现实问题。

因此，在政策与实践双重层面，社会组织孵化培育被视为推动社区共治网络形成的初始路径之一。为此，地方政府相继出台了创新社会管理的方案，投入大量财政资金，助推社会组织发展壮大。在社区层面，社区社会组织培育的意义和任务在民政部印发的《关于大力培育发展社区社会组织的意见》中得到确立。该意见指出，"社区社会组织是由社区居民发起成立，在城乡社区开展为民服务、公益慈善、邻里互助、文体娱乐和农村生产技术服务等活动的社会组织。培育发展社区社会组织，对加强社区治理体系建设、改善基层社区治理能力和推动社会治理重心向基层下移、打造共建共治共享的社会治理格局，具有重要作用"。大力培育社区社会组织成为政策风向标，很多城市纷纷出台地方政策推动社区社会组织发展，掀起了全国各地孵化培育社区社会组织实践探索的热潮。随着实践的发展，社区社会组织培育及其绩效机制成为一个新兴的研究议题。

（一）培育社区社会组织作为社区组织化的基本渠道

研究表明，社区社会组织的产生不仅源于自身共同的利益诉求，还源于外部的激励性环境。一方面，社区社会组织的原动力来自社区本身；另一方面，社区社会组织规范化发展需要政府的主动培育。"社区社会组织的增长，与制度环境密切相关，国家宏观社会组织发展政策，地方政策创新，以及社区治理中相关政策行动者的创新性政策执行和实践探索，都会影响到社区社会组织的发展。"[①] 目前，社区社会组织发起的形式主要包括社区居委会培育成立、社区居民自发成立和专业人员组织成立。[②]

---

① 段雪辉、李小红：《双向汲取：社区社会组织的行动路径分析》，《求实》2020年第3期，第57～68、111页。

② 董庚：《社区社会组织的发展路径、现实困境与对策建议——以武汉市常青花园社区为例》，《行政科学论坛》2020年第4期，第16～20页。

"社区社会组织发展是一个从萌芽、成长到成熟的过程，因此，对社区社会组织需要进行长期的培育。"① 政府对社区社会组织在培育基础上的领导与合作，是回应社区治理发展需要和群众利益诉求的要求②，也是破解我国当前社区建设难题的关键③。

究其原因，社区社会组织匮乏使社区难以实现组织化。社区治理的居民"参与不足"或"低度参与"的困境导致社区治理模式难以从"他治"模式向"自治"或"共治"模式转变。④ 目前，在社区治理中，居民参与意愿虽强，但较少有效转化为积极的参与行动；以个体离散化的参与为主要方式；缺乏参与的共同议题，并未参与社区公共事务的决策过程。有研究指出，"组织化参与相比个体化参与更有利于居民有序、有效地参与社区治理"。⑤ 因此，"由于社区社会组织为社区居民参与社区治理提供了组织化渠道，社区社会组织的培育发展能够推动居民对社区治理的参与"。⑥

（二）社区社会组织培育效果与机制研究

近年来，各地积极探索培育社区社会组织的地方创新模式和经验，形成了一股社区社会组织孵化培育的热潮。已有经验研究认为，大多数地区培育模式相对单一、培育过程流于形式、培育成效不足，直接体现在社会组织的结构不平衡、资金渠道单一、组织领导多为社区领导兼任或任命、公共性缺失、行政化色彩浓厚、自主性弱和自治

---

① 吴素雄、郑卫荣、杨华：《社区社会组织的培育主体选择：基于公共服务供给二次分工中居委会的局限性视角》，《管理世界》2012 年第 6 期，第 173～174 页。

② 徐丽超：《社区治理中基层政府对社会组织的领导逻辑——基于"情境—目标—策略"分析视角》，《领导科学》2019 年第 22 期，第 55～57 页。

③ 赵罗英、夏建中：《社会资本与社区社会组织培育——以北京市 D 区为例》，《学习与实践》2014 年第 3 期，第 101～107 页。

④ 熊易寒：《从业主福利到公民权利——一个中产阶层移民社区的政治参与》，《社会学研究》2012 年第 6 期，第 77～100 页；陈鹏：《城市社区治理：基本模式及其治理绩效——以四个商品房社区为例》，《社会学研究》2016 年第 3 期，第 125～151 页。

⑤ 黄冬娅：《组织化利益表达：理论假设与经验争论》，《中山大学学报》（社会科学版）2013 年第 1 期，第 176～185 页。

⑥ 方亚琴、申会霞：《社区社会组织在社区治理中的作用》，《城市问题》2019 年第 3 期，第 77～83 页。

能力不足①等方面。从社区社会组织在社区治理中的作用来看，不同地区的社区社会组织参与的有效性存在较大差异②，"有些地区，社区社会组织在提供社区专业化服务的同时，还能动员居民深度参与社区公共事务，增强居民对社区的认同感和社区意识，获得较高的认可度和社会合法性；相反，有些地区的部分社区社会组织却无法获得社区居民认可，甚至可能存在某种形式的'腐败'行为"③。针对一些比较成功的培育案例，赵罗英和夏建中总结了社区社会组织培育的"政府主导、项目带动、合同治理、多方参与、资源整合"的联动培育机制。从建立健全内部治理结构，增强、提升服务意识和能力，促进居民参与，增强独立性与自主性几个方面增强社区社会组织的培育效果。④ 吴素雄、郑卫荣、杨华指出，社区社会组织培育的主体应该进行再选择，在社区居委会之外建构专门化的枢纽型社会组织，有助于避免培育主体的官僚化及政府的过度扩张和低效，增强社区社会组织培育的效果。⑤ 宋利发现，社会工作介入可以成为一种有效的社区社会组织培育模式，可以增强社区社会组织的培育效果。⑥ 段雪辉、李小红提出社区社会组织培育发展的"赋权式"和"去行政化"发展路径，强调"国家赋权"和"社会赋权"，"增强社会组织的行政合法性与社会合法性，以及基层政府为社区社会组织让渡足够的公共空间以促进组织的发展"⑦，相关研究建议聚焦健全政

① 夏建中、张菊枝：《我国城市社区社会组织的主要类型与特点》，《城市观察》2012年第2期，第25～35页；段雪辉、李小红：《双向汲取：社区社会组织的行动路径分析》，《求实》2020年第3期，第57～68、111页。

② 管兵：《竞争性与反向嵌入性：政府购买服务与社会组织发展》，《公共管理学报》2015年第3期，第83～92页。

③ 陈天祥、郑佳斯：《双重委托代理下的政社关系：政府购买社会服务的新解释框架》，《公共管理学报》2016年第3期，第36～48、154页。

④ 赵罗英、夏建中：《社会资本与社区社会组织培育——以北京市D区为例》，《学习与实践》2014年第3期，第101～107页。

⑤ 吴素雄、郑卫荣、杨华：《社区社会组织的培育主体选择：基于公共服务供给二次分工中居委会的局限性视角》，《管理世界》2012年第6期，第173～174页。

⑥ 宋利：《社会工作介入社区社会组织培育的路径探析》，《中国社会工作》2020年第7期，第24～25页；邵任薇、任昱萱：《社会工作介入社区社会组织培育模式研究——以广州市海珠区新港街道为例》，《上海城市管理》2020年第2期，第11～16页。

⑦ 段雪辉、李小红：《双向汲取：社区社会组织的行动路径分析》，《求实》2020年第3期，第57～68、111页。

策法规、完善管理体系、加大扶持力度和加强能力建设等方面①。

（三）简要述评

经过全面的文献阅读和质性分析工作，可以发现，已有研究在社区社会组织培育效果的现状归纳、问题分析和政策建议等主题上已有一定的知识积累，但是在一定程度上忽略了培育的效果，常常以社会组织发展现状予以代替，对主动培育和自发生产的社区社会组织未做区分。因此，聚焦社区社会组织培育效果的影响因素和机制分析的研究多是基于单个案例的定性研究，这使具体的因果关系和因果机制并不多见，研究方法也多以规范研究和个案研究居多，研究多数停留在归纳性判断上，实证检验和理论建构不足。如何理解和评估社区社会组织培育绩效，如何解释社区社会组织培育绩效的影响机制，是需要更多研究关注的理论问题。运用实证研究方法开展相关研究也应成为进一步的研究方向。

三　社区共治路径之社区、社会组织、社会工作联动机制研究

2013 年，民政部和财政部提出"三社联动"机制，意味着"探索建立以社区为平台、社会组织为载体、社会工作专业人才为支撑的新型社区服务管理机制"。"三社联动"被认为是一种建立共建共治共享和良性社会互动的重要社区治理创新模式，也是当代中国社会建设的重要实践。"三社联动"是我国基层社会治理模式的创新，其实践探索要先于政策和理论。"三社联动"的地方实践发端于上海。2004 年，上海民政部门提出"三社互动"的概念，上海、广东、江苏南京等地结合实际情况展开对"三社联动"机制的实践探索。② 针对"三社联动"的实践，已有一些研究提出"三社联动"的概念，并对其模式、路径与经验进行了不同层次的研究和解读。

---

① 王名、张严冰、马建银：《谈谈加快形成现代社会组织体制问题》，《社会》2013 年第 3 期，第 18～28 页；夏建中、特里·H.克拉克等：《社区社会组织发展模式研究：中国与全球经验分析》，社会科学文献出版社，2011，第 42 页；关信平：《社会组织在社会管理中的建设路径》，《人民论坛》2011 年第 11 期，第 24～28 页。
② 曹海军：《"三社联动"的社区治理与服务创新——基于治理结构与运行机制的探索》，《行政论坛》2017 年第 2 期，第 74～79 页。

（一）对"三社联动"的多层次理解

作为社区建设中的政策话语，"三社联动"受到相关学术领域研究者和各级政策制定者的广泛关注。"然而'三社联动'本身包含从宏观到微观多层次政策意涵，'三社联动'在不同实践场域有不同的实践主体、不同的介入方式、不同的实践过程，必然会有多样化的问题论域。"[①]"同时，社区、社会组织、社会工作专业人才作为异质的主体形态，对其主体关系亦有多重理解，相关的研究可以分为宏观、中观和微观三个层次。"[②]

在宏观层面，"三社联动"被理解为社区治理的创新工作体制和机制。对社区建设中"三社联动"宏观视角的研究，主要是对"三社联动"的背景、理论依据、意义、战略与机制创新等进行论述。孙涛认为，"三社联动"从基层社会管理体制改革和机制创新入手，探索政府、市场和社会三个部门合作的基层治理新框架，形成互联、互动、互补的治理格局，有助于进一步推进社会体制改革，使社会治理走出已有的结构性困境。[③]"三社联动"可以促进社会治理功能的拓展，实现多层次治理目标。对于国家来说，"三社联动"通过推动政府转型，从直接干预到搭建平台，重塑了国家在基层的合法性。对于社区来说，"三社联动"是"有效供给社区公共服务，加快基层政府职能转移和社区减负增效的新契机"。[④]"三社联动"体制和机制的创设以公共治理理论、社会资本理论及社会系统理论为认识基础。[⑤]"三社联动"需要"通过政策、领导机制和工作机制建设来推动，实施组织化拉动、社会化运营、多元化发

---

① 刘振、侯利文：《"三社联动"的县域逻辑：内涵、机制与发展路径——以宜兴为例》，《现代城市研究》2018 年第 8 期，第 95～101 页。

② 王杨、邓国胜：《社工机构与社区居委会合作机制的理论解释——四个合作案例的比较分析》，《中国行政管理》2017 年第 11 期，第 55～60 页。

③ 孙涛：《以"三社联动"推进基层社会治理创新》，《理论月刊》2016 年第 10 期，第 148～152 页。

④ 关爽：《城市社区治理中"三社联动"的发展条件与支持体系建设——基于治理情境的分析》，《华东理工大学学报》（社会科学版）2019 年第 6 期，第 1～9 页。

⑤ 叶南客、陈金城：《我国"三社联动"的模式选择与策略研究》，《南京社会科学》2010 年第 12 期，第 75～80 页。

展、项目化支撑、专业化导向等战略"。① 以政府为主导，以多元主体培育和完善联动机制为重点，通过搭建社区工作平台，整合社会资源，培育社会组织，联通政府与社会，建设社工人才队伍，提供专业服务，实现"三社联动"机制的创新。② 在进行理论研究的同时，丰富的地方实践案例和研究也对"三社联动"的管理体制、信息沟通机制、投入机制、激励机制、运行策略等方面提供了实践经验与政策建议。以上研究主要将"三社"视为社区建设的三种工作内容及制度，关注促进社区治理、社会组织培育和社会工作专业人才发展的体制与机制，进行制度分析和经验总结。在研究的基础上，各地纷纷出台加强社区治理、社会组织发展和社会工作人才队伍建设的相关政策措施。然而，随着实践的深入，"三社"的进一步发展使"如何联动"成为研究和实践关注的主题。

在中观层面，社区建设中的主体间合作与互动机制是"互联互动"的关键。"三社联动"机制在运行中主要通过主体间合作实现，开始有部分研究聚焦"三社联动"中社区居委会、社会组织、社工机构合作机制的研究。国外有一些研究讨论社区层面非营利组织之间在提供服务中的合作，组织的竞争和协调之间存在矛盾，服务目标关注服务递送，因此提倡以社区为基础的机构合作，整合它们的服务以及管理操作③，然而，这些组织可能会竞争同一拨款、合同和其区域或国家内的专业劳动④。但是，有证据表明，竞争的非营利组织的合作⑤和信任可以抵消与

① 孙涛：《以"三社联动"推进基层社会治理创新》，《理论月刊》2016 年第 10 期，第 148～152 页。

② 吕青：《创新社会管理的"三社联动"路径探析》，《华东理工大学学报》（社会科学版）2012 年第 6 期，第 7～12 页。

③ Beth A. Stroul & Robert M. Friedman, *A System of Care for Children and Youth with Severe E-motional Disturbances (Revised Edition)* (Washington D. C. : Georgetown University Child Development Center, CASSP Technical Assistance Center, 1986).

④ Wayne E. Baker, Robert R. Faulkner, & Gene A. Fisher, "Hazards of the Market: The Continuity and Dissolutio Interorganizational Market Relationships," *American Sociological Review* 63 (2) (1998): 147 – 177.

⑤ Thomas W. Valente, Kathryn A. Coronges, Gregory D. Stevens, & Michael R. Cousineau, "Collaboration and Competition in a Children's Health Initiative Coalition: A Network Analysis," *Evaluation & Program Planning* 31 (4) (2008): 392 – 402.

竞争对手协调的风险①。也有研究关注什么使社区联盟和组织之间进行协作，认为正式的结构、强有力的领导、活动成员的参与、多元化的成员、协作和团队凝聚力等因素与一个成功的社区联盟有关。② 国内相关研究则主要关注对合作关系的判断和分析。通过对社工机构与社区居委会合作的个案研究，有研究概括了"'三社联动'中社工机构与社区居委会呈现出冲突与合作并存的矛盾特征；影响社工机构与社区居委会的权力关系演变的因素主要包括两者的行动目标、资源约束和外部环境的变化。研究结论提出促进社工机构和社区居委会合作的关键策略在于赋权和权变"。③ 赵秀梅从组织资源依赖理论视角出发，"分析社区公共服务中的国家与社会，即社区居委会和社会组织在一定程度上形成了资源交换基础上的互惠关系"。④ 社区治理中的主体包括社区党组织、社区居委会、社会组织和社工站（机构），社区党组织为社区建设的领导者，社区居委会为主体，社会组织则是重要的参与者。⑤ 李精华、赵珊珊认为，在"三社联动"中，社区居委会、社会组织和社会工作者在社区场域扮演不同的角色。其中，"社区居委会担负着社区建设的主导者和社区资源的整合者的角色。社会组织是开展社区服务的重要载体，一方面是特定居民利益的代表，是居民参与社区生活的基本途径；另一方面是社会工作者所在的'单位'组织；社会工作者是'联动'的倡导者、专业服务的提供者和资源的链接者"。⑥ 郎晓波以杭州市江干区"三社联动"的经验为案例，总结了"多中心"治理秩序形成中的相互嵌入机制，

①　Keith Snavely & Martin B. Tracy, "Development of Trust in Rural Nonprofit Collaborations," *Nonprofit & Voluntary Sector Quarterly* 31 (1) (2002): 62 – 83.

②　Ronda C. Zakocs & Erika Miles Edwards, "What Explains Community Coalition Effectiveness? A Review of the Literature," *American Journal of Preventive Medicine* 30 (4) (2006): 351 – 361.

③　侯志阳：《冲突抑或合作：社工机构与社区居委会在社会服务购买中的权力关系》，《学术研究》2017 年第 3 期，第 71～78、177 页。

④　赵秀梅：《基层治理中的国家-社会关系——对一个参与社区公共服务的 NGO 的考察》，《开放时代》2008 年第 4 期，第 87～103 页。

⑤　陈丽、冯新转：《"三社联动"与社区管理创新：江苏个案》，《重庆社会科学》2012 年第 2 期，第 33～39 页。

⑥　李精华、赵珊珊：《"三社联动"：内涵、机制及其推进策略》，《学术交流》2016 年第 8 期，第 162～168 页。

"即在保持各类组织地位的基础上，建立合作的规范与共识、交涉与协作的机制"。① 因此，研究得出结论，"主体联动"需要"在治理理念指引下建立主体互动平台并形成彼此合作的体制和机制"②；在具体联动上，"需要在社区内构建多层次治理服务平台，包括社区公共事务和公共服务管理平台、社区服务项目对接平台、社区综合信息联通平台和社区服务需求反馈平台等，最大限度地发挥社区、社会组织和社会工作三者之间的集成效应"③。然而，国内已有研究对"三社联动"中组织间为何合作，怎样合作，即合作关系达成和持续等机制性问题的探讨不足，鲜有对主体间合作机制的深刻解释。

在微观层面，研究通常将社会工作者视为"三社联动"的重要个体、构成社会工作专业人才队伍的重要主体，关注其在社区合作中的行动策略成为一个研究方向。研究表明，社会工作者在"三社联动"中具有重要地位。"三社联动"建立在"建设宏大的社会工作人才队伍"战略决策提出的基础上，社会工作机构是联动的关键主体，社会工作者是联动的关键要素。④ 社会工作者的主体性作用是"三社"良性互动的关键⑤，因此，社会工作者主体的行动策略成为对"三社联动"微观层面最主要的研究关注。邹鹰等通过实证研究指出，在"三社联动"中，"社会工作者逐渐建构了一种专业主体性，在与社区居委会干部、社区社会组织成员合作的过程中，社会工作者通过角色嵌入，发挥了专业优势，保持了自身的独立性与引领性，运用社会工作的价值伦理和专业方法、

① 郎晓波：《"三社联动"推进社会建设——来自杭州江干区的经验》，《浙江学刊》2013年第6期，第66～70页。
② 顾东辉：《"三社联动"的内涵解构与逻辑演绎》，《学海》2016年第3期，第104～110页。
③ 曹海军：《"三社联动"的社区治理与服务创新——基于治理结构与运行机制的探索》，《行政论坛》2017年第2期，第74～79页；叶南客：《"三社联动"的内涵拓展、运行逻辑与推进策略》，《理论探索》2017年第5期，第30～34页。
④ 顾东辉：《"三社联动"的内涵解构与逻辑演绎》，《学海》2016年第3期，第104～110页。
⑤ 王子沫：《"三社联动"机制推动广州城市社区社会工作发展的研究》，硕士学位论文，西北农林科技大学，2014，第45页。

技术，在社会治理领域发挥了不可替代的重要作用"。① "社会工作者不仅仅可以提供专业化的社区服务，同时可以运用自身较强的在地化理念和能力，为社区内不同议题的整合做出应有贡献。"② 与此同时，随着"三社联动"实践的深入，社会工作者在嵌入行动中会遭遇制度性和结构性困境，面临专业建制化和作用示威的风险等，受到持续的研究关注。

（二）"三社联动"的经验研究

陈跃通过对美国社会工作服务领域运作机制的研究，提出对创新张家港社会服务的建议。他认为，发挥社区自治作用，发展社区服务业，发展社会组织，承接公共服务，壮大专业社工人才队伍，关注介入社会问题，是创新开发社会服务领域的总体方向。③ 陈丽、冯新转认为，社会工作者是"三社联动"中最专业性的力量，能有效弥补政府公共服务中存在的缺陷，增强社区的管理效果。他们通过对一个农村社区的探索研究，提出"三社联动"模式存在的主要问题在于，"社区行政化明显，社区居民参与度不高，社区内社会组织力量薄弱，社工的专业化水平有待进一步提高，社区管理中缺乏市场力量的介入。在此基础上，分别从建立合理社区管理结构、推进政府购买服务、加强专业社工人才队伍建设、培育社区组织、鼓励居民参与等方面提出相关建议"。④ 李金清指出，北京市朝阳区自 2010 年开始探索建立社区统筹机制，并将此作为"三社联动"的经验。在"三社联动"治理实践中，"在社区党委的统筹和领导下，由社区居委会牵头组织运行，在社会组织参与下，充分发挥社区工作者和社工机构专业社会工作者的作用，引导各方主体积极参与

---

① 邹鹰、杨芳勇、程激清、陈建平：《"三社联动"社会工作专业主体性建构研究——基于江西的经验》，《社会工作》2015 年第 6 期，第 99～115 页。

② 叶南客：《"三社联动"的内涵拓展、运行逻辑与推进策略》，《理论探索》2017 年第 5期，第 30～34 页。

③ 陈跃：《借鉴美国经验推进三社联动创新开发张家港社会服务领域》，http://www.mzj.snzhou.gov.cn/szmz/infodetail/? infoid = 8defl09e-c381-44c7-b5e3-4e2ef7649b9f，最后访问日期：2017 年 10 月 20 日。

④ 陈丽、冯新转：《"三社联动"与社区管理创新：江苏个案》，《重庆社会科学》2012 年第 2 期，第 33～39 页。

社区建设"。① 郎晓波以杭州市江干区"三社联动"的经验为案例,"总结了'三社联动'机制的基本前提是治理体制改革以及政府转型、政社分开,目标是建立'多中心'治理秩序,过程在于具有独立地位的组织之间建立相互嵌入关系,形成相互合作的规范与共识、交涉与协作的互动机制"。② 王子沫通过对广州市两个"三社联动"推动社区社会工作的案例,分析了"三社联动"机制在促进居民参与和社区自治、发挥社会工作者专业作用和强化资源链接等方面的作用。③ 李仁利以北京市为研究对象,指出"'三社联动'实质上是打破固有的社区服务供给方式,在政府与社会组织合作联动基础上,形成基层社会治理的新模式。北京市'三社联动'服务机制主要由服务供给、服务运作和服务反馈机制构成。而对于'三社联动'如何'联动'起来,北京市主要构建了联席会议、信息联通、服务联办、需求反馈四项制度"。④ 李文静、时立荣针对各试点地区项目指导型"三社联动"模式运行中政府控制偏强、社会自主联动偏弱的缺陷,提出为进一步增强"三社联动"社区治理效果,"应通过完善政府购买社会组织服务政策,促进社会组织与社会工作的发展,构建社会组织合作网络,形成社会力量间的自主联动,释放社会活力"。⑤

(三) 简要述评

总的来说,现有文献在"三社联动"的内涵、经验模式、运行机制、实践困境与路径等议题上进行了较为深入的探讨,并形成了宏观、中观和微观三个层次的研究积累。⑥ 然而,这三个层次的研究并非针对"三社联动"机制分别进行制度、组织和行动层面的研究,而是将"三

---

① 李金清:《朝阳区"三社联动"提升基层社会治理水平》,《中国社会组织》2015 年第5 期,第 10 ~ 12 页。

② 郎晓波:《"三社联动"推进社会建设——来自杭州江干区的经验》,《浙江学刊》2013 年第 6 期,第 66 ~ 70 页。

③ 王子沫:《"三社联动"机制推动广州城市社区社会工作发展的研究》,硕士学位论文,西北农林科技大学,2014。

④ 李仁利:《北京的"三社联动"是如何做的》,《中国社会报》2015 年 1 月 30 日。

⑤ 李文静、时立荣:《"社会自主联动":"三社联动"社区治理机制的完善路径》,《探索》2016 年第 3 期,第 135 ~ 141 页。

⑥ 关爽:《城市社区治理中"三社联动"的发展条件与支持体系建设——基于治理情境的分析》,《华东理工大学学报》(社会科学版) 2019 年第 6 期,第 1 ~ 9 页。

社联动"机制的构成部分分解，放在不同的层面进行研究，这造成了对"三社联动"机制整体理解上的困难和逻辑链条上的不完整性，无法解释"怎样有效联动"的实践问题。对"三社联动"模式和路径进行的多为宏观层面和中观层面的分析，对"联动"机制的微观行动研究则相对较少。"三社联动"的案例研究侧重于对案例的介绍和模式的归纳，研究方法也以个案研究为主，鲜见多案例比较研究和理论建构。如何理解"三社联动"的模式、如何解释"三社联动"的机制，仍是待解决的理论问题。因此，除推动"三社"共同发展的相关政策外，在促进"三社"更好地互动并发挥作用的具体配套政策出台方面，政策制定者也很难理出一个清晰而明确的思路。

四 社区共治路径之党建引领社区治理有效性机制研究

2015 年，习近平总书记在参加十二届全国人大三次会议上海代表团审议时指出，社会治理要从群众根本利益出发，以基层党建促进社会治理，使社会管理向社会治理转变。中共中央、国务院在《关于加强和完善城乡社区治理的意见》中指出，要"把加强基层党的建设、巩固党的执政基础作为贯穿社会治理和基层建设的主线，以改革创新精神探索加强基层党的建设引领社会治理的路径"。随后，党的十九大报告、党章修改、党的十九届四中全会，均强调了基层党建引领社会治理的重要意义。从制度安排上来看，党建引领是社会管理向社会治理转变的主线和制度保障。"社区党建工作逐渐成为基层社会治理的焦点，党建引领成为社区治理中需要坚持的核心原则"①，因此，党建引领社区治理成为相关学科一个新的研究热点。

（一）党建引领被视为中国特色社区治理的结构性安排

我国社区共治在结构安排上具有十分明显的中国特色，"即社区党组织通过引领发挥领导核心作用，基层政府通过管理服务发挥主导作用，社区自治组织通过自治发挥主体作用，社区成员广泛有序参与发挥基础

---

① 盛智明：《制度如何传递？——以 A 市业主自治的"体制化"现象为例》，《社会学研究》2019 年第 6 期，第 139～163、245 页。

性作用，实现政府治理和社会自我调节、居民自治良性互动"。① 中国特色的社区特征在于其明确的政权建设意义和突出的政治功能，社区既非单纯的行政单元，也非社会学意义上的共同体，而是已经形成了一种党组织领导下的"社区复合体"。② "基层社会治理框架下党组织的领导地位，在十九大报告以及党章修改中得以明确。"③ 新修订的党章中规定，"街道、乡、镇党的基层委员会和村、社区党组织，领导本地区的工作和基层社会治理，支持和保证行政组织、经济组织和群众自治组织充分行使职权"。④ 党的十九届四中全会在加强和创新社会治理、完善社会治理体系的要求中进一步强调将党委领导作为核心。于是，党如何发挥在基层社会治理中的核心作用，并实现对基层社会的有效治理，是在新时代亟待回应的重大现实课题。⑤

首先，党建引领社区治理的制度安排，是基于夯实党的执政基础指向的国家政权建设的需要。"'单位制'式微后，国家需要一种新的城市社会整合和社会控制机制，社区逐渐成为这种新机制"⑥，社区建设自始即担负基层政权建设使命。"中国共产党作为一种使命型政党，以有效组织社会为根本目标和依靠力量，在不同历史时期和历史阶段都始终极为重视对社会和自身的组织建设。党建引领基层治理是社会转型背景下政党组织社会的再出发"⑦，旨在从基层夯实政党，即"一方面要把党的领导切实落到基层，另一方面要在社会基层各领域，围绕中心、服务大局，在推动发展的过程中为党组织自身发展赢得空间与资源，为长期执政奠定

①　林闽钢、尹航：《走向共治共享的中国社区建设——基于社区治理类型的分析》，《社会科学研究》2017 年第 2 期，第 91～97 页。

②　吴晓林：《治权统合、服务下沉与选择性参与：改革开放四十年城市社区治理的"复合结构"》，《中国行政管理》2019 年第 7 期，第 54～61 页。

③　郑琦：《加强新时代基层党组织建设》，《理论视野》2018 年第 10 期，第 61～66 页。

④　《中国共产党章程》（十九大新修订版），人民出版社，2017，第 43～47 页。

⑤　张勇杰：《多层次整合：基层社会治理中党组织的行动逻辑探析——以北京市党建引领"街乡吹哨、部门报到"改革为例》，《社会主义研究》2019 年第 6 期，第 125～132 页。

⑥　魏姝：《城市社区空间下的政府、政党与社会——城市社区治理结构演化的案例研究》，《公共管理高层论坛》2006 年第 2 期，第 244～256 页。

⑦　叶敏：《政党组织社会：中国式社会治理创新之道》，《探索》2018 年第 4 期，第 117～122 页。

组织基础和群众基础"①。研究指出，社区基层党组织是社区巨大的组织优势，发挥着组织统领作用，党的领导则发挥着组织引领作用，协调整合各类治理主体，实现党的领导从"体制保证型"向"功能作用型"转变。②

其次，社会转型是党建引领社区治理提出的现实背景。从理论上来看，社区治理主体的多元性，意味着需要协调不同主体间的冲突和张力以形成"社区共识"。西方学者认为，社区治理有三大核心主题，即"社区领导力、促进公共服务的供给与管理、培育社会资本"。在中国情境下，社区领导力集中体现在党组织的引领上。③ 基层组织作为社区治理主导力量的结构性优势在于，一方面可以保证社区治理中不出现权力真空，另一方面可以促进社区治理主体互动合作。④ 在"单位制"解体、住房商品化和土地城市化等多重机制作用下，社区治理面临着诸多挑战、呈现碎片化状态。⑤ 面对社区组织割据、资源耗散⑥，自治主体分化⑦，动员机制羸弱⑧等难题，传统行政整合方式因政府部门的体制分割⑨而归

① 李威利：《从基层重塑政党：改革开放以来城市基层党建形态的发展》，《社会主义研究》2019 年第 5 期，第 127～134 页。

② 王蔚、王名、蓝煜昕：《引领与统领：社区共治中的社区领导力——武汉百步亭社区个案研究》，载王名主编《中国非营利评论》（第十九卷），社会科学文献出版社，2017，第 117～131 页。

③ 王蔚、王名、蓝煜昕：《引领与统领：社区共治中的社区领导力——武汉百步亭社区个案研究》，载王名主编《中国非营利评论》（第十九卷），社会科学文献出版社，2017，第 117～131 页。

④ 郑长忠：《多元共存条件下社区治理的政党逻辑：以上海临汾社区物业管理党建联建工作为例》，《理论与改革》2009 年第 2 期，第 55～59 页。

⑤ 李强、葛天任：《社区的碎片化——Y 市社区建设与城市社会治理的实证研究》，《学术界》2013 年第 12 期，第 40～50、306 页。

⑥ 李友梅：《城市基层社会的深层权力秩序》，《江苏社会科学》2003 年第 6 期，第 62～67 页；徐丙奎：《快速城市化地区社区治理的权力困境及分析》，《福建论坛》（人文社会科学版）2013 年第 3 期，第 171～175 页；转引自陈鹏《城市社区治理：基本模式及其治理绩效——以四个商品房社区为例》，《社会学研究》2016 年第 3 期，第 125～151、244～245 页。

⑦ 闵学勤：《社区自治主体的二元区隔及其演化》，《社会学研究》2009 年第 1 期，第 162～183、245 页。

⑧ 吴晓林：《治权统合、服务下沉与选择性参与：改革开放四十年城市社区治理的"复合结构"》，《中国行政管理》2019 年第 7 期，第 54～61 页。

⑨ 渠敬东、周飞舟、应星：《从总体支配到技术治理——基于中国 30 年改革经验的社会学分析》，《中国社会科学》2009 年第 6 期，第 104～127、207 页。

于失败，于是制度设计的注意力开始转向具有"总揽全局、协调各方"整合能力的执政党上，寄望于党作为主导性力量来激发和整合社区组织的活力和资源。① 执政党执掌国家政权，拥有社会整合功能发挥的制度基础和组织资源②，因此，依靠政党组织力量、再造社区秩序、在政权建设目标之内进行社区"共同体建设"被认为是中国社区治理发展实践的一条经验③。

研究进一步指出，"发挥党建引领的倡导、整合与协调作用是打造共建共治共享社会治理格局的关键"。④ 于是，探索党建引领社区治理的有效路径，成为基层党组织致力解决的关键问题。党建引领的有效性及机制也逐渐进入相关学科研究者的视线。

（二）党建引领社区治理的机制与作用

党建引领政策虽然是一项制度创新成果，但是从 2000 年《民政部关于在全国推进城市社区建设的意见》明确"社区党组织是社区组织的领导核心，在街道党组织的领导下开展工作"开始，社区空间下的政党、政府和社会互动关系的讨论即逐渐展开⑤，其中不乏多重视角的理论探讨。

国家与社会关系是社区研究中最具影响力的研究范式⑥，社区治理被认为具有透视国家政治社会发展的典型价值，是国家治理与社会发展的基点⑦。党建引领社区治理的研究经常被置于国家与社会关系基本论域之下，进行一种政治学的探讨。研究表明，"作为中国政治生活中的领

---

① 陈毅、阚淑锦：《党建引领社区治理：三种类型的分析及其优化——基于上海市的调查》，《探索》2019 年第 6 期，第 110～119 页。
② 刘惠：《中国共产党社会整合研究》，人民出版社，2016，第 80 页。
③ 吴晓林：《治权统合、服务下沉与选择性参与：改革开放四十年城市社区治理的"复合结构"》，《中国行政管理》2019 年第 7 期，第 54～61 页。
④ 叶敏：《政党组织社会：中国式社会治理创新之道》，《探索》2018 年第 4 期，第 117～122 页。
⑤ 魏姝：《城市社区空间下的政府、政党与社会——城市社区治理结构演化的案例研究》，《公共管理高层论坛》2006 年第 2 期，第 244～256 页。
⑥ 肖林：《"'社区'研究"与"社区研究"——近年来我国城市社区研究述评》，《社会学研究》2011 年第 4 期，第 185～208、246 页。
⑦ 袁方成：《国家治理与社会成长：城市社区治理的中国情景》，《南京社会科学》2019 年第 8 期，第 55～63 页。

导者，党对国家－社会关系的形塑毫无疑问发挥着关键性的作用"。① 根据中国国情，将政党带进国家与社会关系的范畴更合乎逻辑。② "伴随国家对基层社会的控制方式的转变，执政党通过加强对城市社区的领导与服务，成功地进入社区治理体系，并成为社区治理的领导核心和枢纽，逐渐形成一种'强国家－强社会'的趋势。"③ 在社区治理中，党的社会功能的增强，表明了党的功能重新回到国家与社会之间。④

从执政党与社会关系的视角出发，孙柏瑛、邓顺平提出了一个以执政党为核心的中国基层社会治理分析框架，认为对社会的有效治理与经济的发展、民生的改善一样，都是党执政的重要目标追求，也是其合法性的重要来源。⑤ 更进一步的经验思考是，是否实现了"将党的政治优势和组织优势转化为党的社会治理优势"？当前，对这一命题的研究并未得出一致结论，持肯定态度的观点认为，党建引领的制度安排在中国语境下的社区多元治理中不可或缺，可以实现对公共事务的有效治理，也是推动我国社区治理发展取得成就的根本原因。⑥

进一步地，党建如何有效引领基层治理的问题被提上研究议程，面向现实的党建引领社区治理功能与机制的相关学术成果逐渐增多。然而，政党治理现代化和社会治理现代化双重视角的分殊，使党建引领有效性的探讨明显分裂为统合有效和治理有效两种逻辑。政党建设现代化视角将社区治理视为党建的介入空间，将有效引领理解为基层党组织的嵌入

---

① Larry Catá Backer, "The Rule of Law, the Chinese Communist Party, and Ideological Campaigns: Sange Daibiao (the 'Three Represents'), Socialist Rule of Law, and Modern Chinese Constitutionalism," *Journal of Transnational Law and Contemporary Problems* 16 (2006): 101 – 174；李朔严：《政党统合的力量：党、政治资本与草根 NGO 的发展——基于 Z 省 H 市的多案例比较研究》，《社会》2018 年第 1 期，第 160～185 页。

② 景跃进：《将政党带进来——国家与社会关系范畴的反思与重构》，《探索与争鸣》2019 年第 8 期，第 85～100、198 页。

③ 魏姝：《城市社区空间下的政府、政党与社会——城市社区治理结构演化的案例研究》，《公共管理高层论坛》2006 年第 2 期，第 244～256 页。

④ 徐选国、黄立新：《基层党建的社会化逻辑——来自深圳市南山区 Z 街道的探索与启示》，《领导科学》2017 年第 20 期，第 19～21 页。

⑤ 孙柏瑛、邓顺平：《以执政党为核心的基层社会治理机制研究》，《教学与研究》2015 年第 1 期，第 16～25 页。

⑥ 孙萍：《中国社区治理的发展路径：党政主导下的多元共治》，《政治学研究》2018 年第 1 期，第 107～110 页。

机制及统合功能实现，提出了变革领导方式与党建方式、服务型政党建设、"强制性协调"、体制吸纳参与诉求等路径①，以推动党的领导和执政能力在社区治理中实现现代化②，并总结了党建引领的政治、整合、动员和沟通协调等功能③。社会治理现代化视角则将党建作为一种基层治理的要素④，将有效引领落脚于党建的社会化及其治理作用机制，认为党组织拥有比行政组织更易延伸的空间，借助组织网络的延伸和不断加强的领导地位，可以发挥党建促进社会建设、政治整合促进社会整合的作用⑤。研究表明，党建在社区治理中的主要作用在于引领力和整合力，引领力体现为社区领导力和价值与行动倡导，整合力体现为资源整合与组织协调⑥，研究提出了"主导式引领"、"协商式引领"和"自治

---

① 陈文：《政党嵌入与体制吸纳——执政党引领群众自治的双向路径》，《深圳大学学报》（人文社会科学版）2011 年第 4 期，第 44～48 页；唐文玉：《从"单位制"党建到区域化党建——区域化党建的生成逻辑与理论内涵》，《浙江社会科学》2014 年第 4 期，第 47～54、156 页；杜仕菊、陈功：《转型期执政合法性的维护与发展——以服务型政党为分析视角》，《江西师范大学学报》（哲学社会科学版）2014 年第 3 期，第 10～15 页；燕继荣：《以党建引领地方治理现代化》，《人民论坛》2015 年第 25 期，第 74 页；徐玉生、张彬：《新时期基层党组织建设与社会治理耦合互动研究》，《探索》2016 年第 1 期，第 85～89 页；刘祖云、李烨：《元治理视角下"过渡型社区"治理的结构与策略》，《社会科学》2017 年第 1 期，第 11～20 页；张波：《互联网＋党建引领基层社会治理创新》，《中共天津市委党校学报》2018 年第 2 期，第 16～21 页。

② 韩福国、蔡樱华：《"组织化嵌入"超越"结构化割裂"——现代城市基层开放式治理的结构性要素》，《西安交通大学学报》（社会科学版）2018 年第 5 期，第 47～57 页。

③ 卢爱国、陈洪江：《论城市基层区域化党建的整合功能》，《湖南师范大学社会科学学报》2015 年第 1 期，第 34～40 页；叶敏：《新时代党建引领社会治理格局的实现路径》，《湖南师范大学社会科学学报》2018 年第 4 期，第 18～24 页。

④ 韩福国、蔡樱华：《"组织化嵌入"超越"结构化割裂"——现代城市基层开放式治理的结构性要素》，《西安交通大学学报》（社会科学版）2018 年第 5 期，第 47～57 页。

⑤ 吴晓林：《治权统合、服务下沉与选择性参与：改革开放四十年城市社区治理的"复合结构"》，《中国行政管理》2019 年第 7 期，第 54～61 页。

⑥ 郑长忠：《多元共存条件下社区治理的政党逻辑——以上海临汾社区物业管理党建联建工作为例》，《理论与改革》2009 年第 2 期，第 55～59 页；唐文玉：《区域化党建与执政党对社会的有机整合》，《中共中央党校学报》2012 年第 1 期，第 58～61、76 页；陈家：《反思中国城市社区治理结构——基于合作治理的理论视角》，《武汉大学学报》（哲学社会科学版）2015 年第 1 期，第 71～76 页；王蔚、王名、蓝煜昕：《引领与统领：社区共治中的社区领导力——武汉百步亭社区个案研究》，载王名主编《中国非营利评论》（第十九卷），社会科学文献出版社，2017，第 117～131 页；袁方成、杨灿：《嵌入式整合：后"政党下乡"时代乡村治理的政党逻辑》，《学海》2019 年第 2 期，第 59～65 页。

式"引领三种党建引领社区治理模式，并总结了"一核多元"、政治会议、在域责任、项目发包等治理引领机制①。此外，部分研究还探讨了影响党建有效引领的约束因素，诸如结构性分割、党组织覆盖盲点、组织能力和物质能力等。②

（三）简要述评

党建引领社区治理的研究在理论意义、结构功能、体制机制等主题上有比较深厚的知识积累，党建引领社区治理的路径研究结果也日益丰富，这些都对本研究的开展提供了重要基础，但仍然存在以下不足。首先，已有研究视角对党建引领社区治理实践的解释相对乏力。从国家 – 社会关系的分析视角难以解释党治国家的"政党 – 国家 – 社会"三元关系。政党治理和社会治理双重视角或强调政党建设而不见社会自主性，或侧重多元共治而不见党建引领，政治整合和社会整合的目标始终处于二元轨道，难以有效衔接，缺乏政策实践启发性。其次，党建引领社区治理的有效性易被忽视，未形成可操作的测量体系。将党建引领社区治理作为一种基层治理的制度和机制，一个基本假设是党建可以有效引领基层治理，但是这一假设一直未被研究重视且缺乏实证证据。由于缺少分析框架，对这一中国特色的问题，并未形成清晰完整的测量体系和操作化方案。最后，研究方法相对单一，以规范研究为主，实证检验和理论建构不足。已有相关研究代表性不足，难以提出具有信服力和普遍意义的指标和模型。关于党建有效引领的实现路径建议也缺少操作性和实证依据。

---

① 张平、隋永强：《一核多元：元治理视域下的中国城市社区治理主体结构》，《江苏行政学院学报》2015 年第 5 期，第 49 ~ 55 页；曹海军：《党建引领下的社区治理和服务创新》，《政治学研究》2018 年第 1 期，第 95 ~ 98 页；李威利：《空间单位化：城市基层治理中的政党动员与空间治理》，《马克思主义与现实》2018 年第 6 期，第 184 ~ 190 页。

② 冉志、牛秀英：《当前城市社区党建工作中的问题及对策思考》，《西南师范大学学报》（人文社会科学版）2003 年第 4 期，第 60 ~ 63 页；贺先平：《增强和巩固党在城市基层的执政基础——广西城市社区党建调查与研究》，《求实》2013 年第 S2 期，第 30 ~ 34 页；张汉：《"社会中的政党"与"政党中的社会"：政党社会学的历史传统与研究路径》，《经济社会体制比较》2017 年第 4 期，第 167 ~ 175 页。

第三章 分析框架、研究方法和技术路线

第一节 已有的分析框架

一 国家－市场－社会视角下的社区治理

正如国家的权力体系是由以政府为代表的公权力、以市场为代表的私权利和以社会为代表的公民权组成的，作为国家基本构成单元的社区的组成要素也可以通过国家、市场、社会三分法进行划分。虽然在历史的变迁过程中，国家曾经吸纳、替代市场和社会成为国家治理的主要力量，但是在推进国家治理现代化过程中，市场和社会的话语权逐步被强化。特别是在社区场域中，国家、市场、社会更是通过博弈在不同的历史阶段呈现不同的治理景象。无论是洛克的"市民社会先于或外于国家"，还是黑格尔的"国家高于市民社会"，抑或是福特主义时代的国家所形成的"福利国家"和后福特主义时代所形成的"新自由主义"，国家、市场、社会三支力量的此消彼长都为社会治理提供了多样化的选择。但是，无论何种力量居于主导地位，都难以实现对社区治理权力的垄断。目前，无论是政策网络治理理论还是多中心治理理论，都是在否定了由单一治理主体垄断社区治理可能性的基础上形成的社区治理理论。

（一）社区场域中的国家、市场、社会共存关系

在社区治理过程中，市场主体、国家主体以及社会主体存在一种共存和相互依存的关系，难以形成单一力量垄断社区治理模式。

1. 交易成本的存在使市场主体垄断社区治理的有关假设被否定

威廉姆森在《资本主义经济制度：论企业签约与市场签约》一书中指出，所有的商品和服务交易都是一种契约，人本身所具有的有限理性

和机会主义倾向以及资产专属性，导致契约特别是长期契约的不完全性（incomplete）。为此，根据资产专属性、交易频率以及交易不确定性三个维度，可以选择不同的契约类型，即治理机制，在资产专属性高、交易频率高以及交易不确定性高的情景下，不适宜采用市场化的治理方式。虽然市场这只"看不见的手"在效率、信息等方面具有天然禀赋，"市场比内部组织能更有效地产生强大的激励并限制官僚主义的无能；市场有通盘解决需求的长处，由此实现规模经济或范围经济"①，但是在特定限制条件下，其治理成本高，不符合投入产出比的市场经济规律。此时，威廉姆森建议采用纵向一体化的方式，将交易内化到组织内部，通过组织内部交易的方式，减少交易成本，而这种组织内部治理方式就是科层制（hierarchy）。"既然在连续交易中，谁都得不到什么因交易而生的专门利益，那么，由外部供应商来统一处理订单，不仅能实现生产成本的节约，而且市场采购的治理成本也微乎其微。然而，一旦资产专用提高了，天平就偏向内部组织了。"②

　　但是，在采用科层治理方式时，内部组织方式与市场方式相比存在难以克服的问题，如官僚化等，因此需要在市场与层级之间设计出一种过渡性的结构。"把市场交易挪到企业内部来组织实施，有可能会牺牲规模经济和范围经济；内部组织会受到激励失效和官僚主义无能的严重困扰……对这些问题，能不能设计出一些过渡性的机构，使之既有市场上那种单个合同的特点，又有等级制组织的长处，从而减少前述激励机制及规模经济和范围经济所收到的重大牺牲，使双边合同的矛盾有所缓和呢"③　此时，威廉姆森认为可以设计一种"可靠的承诺"（credible commitment），利用这种建立在交易主体之间相互"信任"基础上的混合形式的治理结构，解决市场和层级治理中存在的问题。但是，在威廉姆森

---

① 奥利弗·E. 威廉姆森：《资本主义经济制度：论企业签约与市场签约》，段毅才、王伟译，商务印书馆，2004，第127页。

② 奥利弗·E. 威廉姆森：《资本主义经济制度：论企业签约与市场签约》，段毅才、王伟译，商务印书馆，2004，第127页。

③ 奥利弗·E. 威廉姆森：《资本主义经济制度：论企业签约与市场签约》，段毅才、王伟译，商务印书馆，2004，第127页。

看来，这种建立在"信任"基础上的治理机制只是一种过渡性的权宜之计，并没有将其作为一种独立的治理方式。

在社区治理领域，社区公共产品和公共服务本身具有威廉姆森提出的高资产专属性、高交易频率和高交易不确定性，因此难以单独通过市场化手段实现充分供给。特别是，市场逐利的特点容易忽视社会弱者的需求，进一步加剧阶层分化。

2. 政府失灵的存在使政府主体垄断社区治理的有关假设被否定

18 世纪，随着资本主义的快速发展，国家日益成为市场力量的"守夜人"，维护市场秩序、促进资本积累成为国家存在合法性的根据，而这就形成了"每个交易场所的出入口，都站着警察"[1]。但是，随着经济危机的爆发以及对"工具理性"的反思，国家被赋予"福利国家"的角色，由此全面介入公共事务，形成了以国家为中心的经济和社会结构。家长式作风的国家在社区治理过程中，相对于市场和社会力量具有绝对的权力，国家通过对资源的控制，为社会供应充分的福利产品和服务，导致社区其他主体，特别是自组织（self-organization）缺少存在的合理性，最终导致社区对国家力量的全面依赖。而在此过程中，国家强化了自身存在的合法性，特别是面对因对国家的依赖而失去了自组织能力的原子化的个体，国家利用"市场机制所主导的资本积累必须建构在社会规则及制度基础之上才能获得国家的认同"[2]的特点，运用国家力量干预市场，实现社会福利的充分供给，继续扮演着自身社会公共利益捍卫者的角色。

但是，国家的科层治理方式有其自身难以克服的缺点。首先，为实现治理目标，国家必须自上而下建立纵向延伸的组织体系，并为实现该组织体系的正常运行和命令传达的畅通，建立严密的组织管理制度和规章，由此便产生了高昂的管理成本；其次，科层治理方式逐渐向基层延伸，导致官僚机构日趋庞大，进而产生了效率低下问题；最后，当国家

---

① Richard Munton, "Regulating Rural Change: Property Rights, Economy and Environment—A Case Study from Cumbria, U. K. ," *Journal of Rural Studies* 11 (3) (1995): 269 – 284.

② Richard Munton, "Regulating Rural Change: Property Rights, Economy and Environment—A Case Study from Cumbria, U. K. ," *Journal of Rural Studies* 11 (3) (1995): 269 – 284.

实现了对市场和社会的替代之后，其自身权力的运行因为缺少外部监督，容易产生腐败，当组织内部腐败扩大到整个组织体系时，国家扮演的角色将会由"公共利益捍卫者"转变为"寻租者"和"食租国家"。这也是20世纪80年代福利国家模式破产，国家、市场、社会关系重构，国家角色回归到"掌舵者"，将原有的社会功能推向市场，使社会不得不直接面对市场竞争的原因。

20世纪末，随着我国社会经济体制改革的推进和"单位制"的解体，社区被赋予整合社会的历史使命。"改革开放以来，我国经历了经济转轨和社会转型，'单位制'逐渐解体，原有的社会管理模式趋于失效，基层社会呼唤城市社区管理体制改革，'社区制'应运而生，成为改革开放中转移社会化职能的一个沉淀地域。"① 而"街居制"向"社区制"转移显示出国家单独治理下的社区发展模式难以为继。

3. 自治失灵的存在使社会主体垄断社区治理的有关假设被否定

在市场治理模式下，社会中的行动者成为独立的原子，而在科层治理模式下，行动者的行为模式已经内化到组织内部，受到高度的约束。但是，正如格兰诺维特指出的，市场治理模式导致"低度社会化"现象，而科层治理模式则导致"过度社会化"现象。在批判威廉姆森的时候，格兰诺维特提出了镶嵌理论，认为基于信任的网络可以减少组织内的管理成本，"并非仅仅科层整合的组织可能带来经济生活中'机会主义'与欺诈的方式及合作与秩序，市场上（公司之间）同样存在高度的秩序和相当程度的失序，这些实际上取决于公司间及公司内个人关系即关系网络的性质"。②

在此基础上，鲍威尔（Powell）在"Neither Market Nor Hierarchy：Network Forms of Organization"一文中将网络作为一种独立于市场和科层之外的第三种治理机制，"特定形式的交易更具有社会性，其更加依赖关系、共同利益以及声誉，同时更少采用一种正式的权威结构"。③ 鲍威尔

① 丁茂战主编《我国城市社区管理体制改革研究》，中国经济出版社，2009，第21页。
② 马克·格兰诺维特：《镶嵌：社会网与经济行动》，罗家德等译，社会科学文献出版社，2015，第22页。
③ Walter W. Powell, "Neither Market Nor Hierarchy：Network Forms of Organization," *Research in Organizational Behavior* 12 (1990)：295–336.

认为，科层治理、市场治理以及网络治理的机制存在很大不同，科层治理的机制是科层结构、命令系统以及法律规章，市场治理的机制是价格价值和契约，而网络治理的机制则是信任关系和协商（见表3－1）。

表3－1　三种治理方式的机制

项目	治理方式		
主要特征	市场治理	科层治理	网络治理
规范的基础	契约、财产权	雇佣关系	优势互补
沟通手段	价格	常规	关系
冲突解决方式	讨价还价、诉诸法院强制执行	行政命令、监督	互惠原则、声誉关注
弹性程度	高	低	中
各方的承诺	低	中高	中高
氛围	明确和（或）猜疑	正式、官僚	开放、互惠
行动者偏好或选择	独立	依赖	相互依赖
混合形式	重复交易、科层式的契约	非正式组织、市场化倾向的特点：利润中心，转移定价	多元伙伴、正式规则

资料来源：Walter W. Powell, "Neither Market Nor Hierarchy: Network Forms of Organization," *Research in Organizational Behavior* 12 (1990): 295－336。

而鲍威尔所说的网络治理方式也可以称为"自治"或"自组织"，在中国社区语境下，主要体现为社区居委会、业委会、社会组织等。虽然社区自治体现的公民权回归是构建市民社会的重要组成部分，但是由于存在社区居委会的行政化、业委会的内部人交易以及社会组织的志愿失灵等问题，社区自治或自组织的假设在目前阶段依然难以实现。

黑格尔的"国家高于市民社会"的观点尽管存在合理性问题，但是其提出了国家和社会相互依存以及社会自身存在的问题等，由此国家之于社会具有正向的意义，"黑格尔所谓'国家高于市民社会'的架构，显然与洛克式'市民社会先于或外于国家'架构相反，肯定了国家与市民社会关系间国家及其建制对于型构市民社会的积极作用"[①]。因此，国

---

① 邓正来：《国家与社会：中国市民社会研究》，北京大学出版社，2008，第41页。

家、市场和社会三种主体的共同在场有其存在的合理性。

（二）社区治理中的国家、市场、社会的互动关系

在以工具理性和福利国家为代表的市场和国家双重力量的作用下，社区中的社会力量受到了严重削弱，正如帕特南在《独自打保龄球》一书中所指出的，现代美国社区中的社会资本不断减少，邻里关系日益疏离，打保龄球成为一个人的游戏。[①] 社区中社会力量的衰退使社区居民的参与热情下降，而这进一步导致社区对国家和市场力量的依赖，在社会力量没有成长起来之前，国家和市场根据自身的偏好，选择对自身更有利的社区治理方式。

为响应"小政府、大社会"的社会呼声，国家通过市场化改革的手段将社区公共服务交由社会和市场，但是社会力量在市场面前过于弱小，因此造成市场对社区公共服务和公共产品供给的垄断。而随着社会秩序的失范，呼吁国家介入的呼声日益高涨，国家重新获得介入社区生活的正当理由，从而强化了自身管理社区的正当性，"由此随着营利性经济体制解体后，国家介入社区进行控制，重新构建了一种保护型经纪体制。其主要运作方式是通过国家指令，赋权和组织社区居民通过民主选举成立社区内的群众性自治组织，在社区内部行使职权，这种保护型经济的实质是国家权威退出单位后，在社区的一种权威重建"。[②]

因此，在社区治理时代，国家、市场、社会三种力量都难以垄断社区治理，同时都有其存在的必要性。在社会力量发展壮大之前，国家如果简单地将其推向直接面对市场的前台，就会进一步瓦解社区原有的社会资本，加剧社区居民的原子化。同时，如果国家为满足自身的政治偏好，试图将社区整合到官僚体系中的话，则同样难以培育社会自治能力，"自上而下与自下而上两种途径的产生源自我国现行政治体制结构中国家的双重偏好。一方面，偏好政治控制。通常对应基层政权建设，体现为

---

① 罗伯特·帕特南：《独自打保龄球》，刘波、祝乃娟、张孜异、林挺进、郑寰译，中国政法大学出版社，2018，第13～17页。

② 蒋伟涛：《社区管理体制改革研究的理论基础》，载丁茂战主编《我国城市社区管理体制改革研究》，中国经济出版社，2009，第111页。

国家意志自上而下传达、贯彻和执行以及保障政治秩序稳定的目标,以及将行政体系向社会底层延伸的运作传统,这也是'全能型政府'的内在冲突。另一方面,偏好现代国家建设国家。通常对应市场和社会改革,国家希望加快建设现代化经济体系,加快完善社会主义市场经济体制,以及与现代化经济体系相配套的社会管理体制,因此有着推进社区管理体制改革的动力。在此情况下,单纯地照搬西方社区自治体制,无法实现国家政治控制的偏好;而不深入改革、维持传统体制,则无法实现现代国家建设的偏好。因此,在我国转型时期的政治结构中,国家和社会垄断社区治理均不可行,社区管理体系创新方案必须在行政管控与社区自治之间寻求动态均衡"。[①]

二 政策网络理论

随着社会经济复杂性的提高,政府在制定公共政策的过程中,通过科层组织内部来动员资源越来越困难,从而总是需要依赖政策利益相关者的合作,通过整合分散的社会资源,协调集体行动,进而制定和执行公共政策。因此,政策网络可以视为政府部门与公共政策利益相关者之间的互动关系,通过协商的方式,满足公共政策参与者的偏好。

Mandell 认为,政策网络就是两个或两个以上彼此之间不存在隶属关系,但存在业务上的联系,而且彼此之间相互依存的行动者之间存在互动关系,并通过对互动关系的管理得以实现共同的目标。[②] Smith 认为,政策网络是一种用来分析团体与政府间关系的路径,当团体对某项政策议题感兴趣的时候,就会与政府或不同团体产生互动。[③] 对政策网络理论研究最著名的是 Rhodes,其从英国中央政府与地方之间的关系研究中提出政策网络关系,认为政策网络是因权力(资源)的相互依赖而彼此

---

① 曹朝辉:《国内社区管理制度改革探索的经验总结》,载丁茂战主编《我国城市社区管理体制改革研究》,中国经济出版社,2009,第 162 页。

② Myrna Mandell, *Network Management*: *Strategic Behavior in the Public Sector Strategies for Managing Intergovernmental Policies and Network* (New York: Praeger, 1990), pp. 29 – 53.

③ Martin J. Smith, *Pressure, Power and Policy*: *State Autonomy and Policy Networks in Britain and the United States* (London: Harverster Wheasheaf, 1993), p. 56.

之间构成了复杂的互动关系网络，"一群因资源依赖而相互依存的组织，又因资源依赖的结构而彼此之间又相互区别"。① Rhodes 以权力依赖为基础，提出了政策网络的 "The Rhodes Typology"，认为存在一定的条件限制，使政策网络得以形成。"任何组织为获取资源对其他组织存在依赖；为实现组织目标，组织之间必须进行资源交换；虽然组织内部的决策受到其他组织的限制，但是优势组织依然保留某些自由裁量权并解释制度与决定何种资源是值得追求的；优势组织有能力在游戏规则中应用策略控制资源交换的过程；自由裁量权的差异来自组织目标和参与者的相对权利，这种潜在权力来自组织的资源、游戏规则以及组织间交换的过程。"②

　　Rhodes 融合社会学、社会心理学、社会人类学与政治学，针对不同层次行动者之间的互动关系提出了不同的网络类型，从微观层次（micro level）的人际关系互动、中观层次（meso level）的利益团体与政府间的互动，到宏观层次（macro level）的国家机构与市民社会的互动③，并在此基础上，根据网络中政府与社会团体成员之间的整合程度、成员的类型与成员之间的资源分配情况，将政策网络描述为一种由高度整合到低度整合的光谱。其中，Rhodes 将高度整合的政策网络称为 "政策社群"（policy community），将低度整合的政策网络称为 "议题网络"（issue network），在整合程度的两极之间，还有专业网络（professional network）、府际网络（intergovernmental network）和制造者网络（producer network）（见表3-2）。

表 3-2　Rhodes 的政策网络类型

网络类型	网络特征
政策社群	高稳定性、有限成员、垂直的相互依赖关系、有限的水平意见表达
议题网络	不稳定、众多的参与者、垂直的相互依赖性低

① R. A. W. Rhodes, *Understanding Governance*：*Policy Networks*，*Governance*，*Reflexivity and Accountability*（Buckingham：Open University Press，1997），p. 37.

② R. A. W. Rhodes, *Understanding Governance*：*Policy Networks*，*Governance*，*Reflexivity and Accountability*（Buckingham：Open University Press，1997），pp. 36-37.

③ 林玉华：《政策网络理论之研究》，台北：瑞兴图书公司，2002，第40页。

续表

网络类型	网络特征
专业网络	高稳定性、有限成员、垂直的相互依赖关系、有限的水平意见表达、代表专业群体的利益
府际网络	有限的成员、有限的水平意见表达、广泛的平行意见
制造者网络	流动的参与者、垂直的相互依赖性低、代表服务制造者的利益

资料来源：R. A. W. Rhodes，*Understanding Governance：Policy Networks，Governance，Reflexivity and Accountability*（Buckingham：Open University Press，1997），p. 38。

政策网络理论认为，在治理过程中，政策网络中的权力主体（利益相关者）通过协调集体行动共同做出的偏好决定，会影响政策的产出。虽然政策的制定和执行需要各利益相关者共同参与，不存在具有绝对支配性权力的主体，但是政府依然在政策网络中处于相对优势的地位，"政策网络治理强调政策网络中政府与私营部门、非政府组织和公民个人的共同主体地位，政府与这些利益相关主体共同承担公共事务治理的责任。不过，虽然在责任分担上与多中心治理理论逻辑一致，政策网络治理的特点还在于强调政府在政策网络中的主导作用，政府需要对其他主体进行有效整合，为实现成功的治理，政府还必须能够有效管理整个政策网络"[①]（见图 3 - 1）。

虽然在政策网络中，政府机构是必然且重要的参与者，但并不是唯一的存在。在治理过程中，政府通过协商、合作等方式发挥着比科层组织治理（服从、命令与控制）更有效的治理。通过图 3 - 1 可以看出，不同的利益相关者都拥有属于自己的资源网络，且自身所拥有的资源在种类、多寡等方面存在差异，为了将公共政策推广到更大的范围，需要将不同利益相关者的资源进行整合。但是，国家与市场和社会的分离，使其再难以通过"单位制"和"街居制"完全替代市场和社会。因此，为重新整合分化的各主体，"需要在共同目标的基础上建立一套包括网络信任、主体协商和主体学习在内的合理的治理机制，从而保证协同关系的

[①] 孙柏瑛、李卓青：《政策网络治理：公共治理的新途径》，《中国行政管理》2008 年第 5 期，第 107 页。

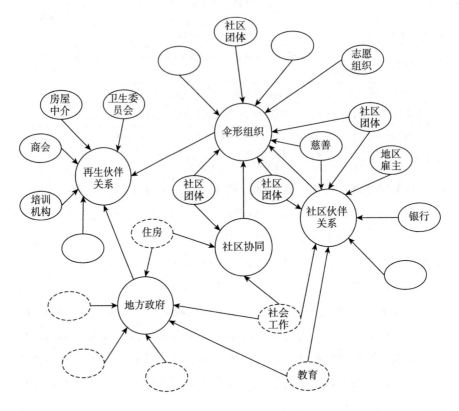

图 3 - 1 政策网络示意

资料来源：Vangen, Siv and Chris Huxham, "Nurturing Collaborative Relations：Building Trust in Interorganizational Collaboration," *The Journal of Applied Behavioral Science* 39 (1) (2003)：5 - 31。

良好运行"①。

改革开放之前，我国将单位作为基本的社会控制单元，并辅以"街居制"，将社会纳入国家基层行政管理体系，使国家与社会呈现高度一体化。在此时期，社会的公共政策可以通过自上而下的科层体系进行贯彻执行。但是，改革开放之后，社会保障、住房分配和户籍等各项制度改革，加速了城乡之间的人口流动，对单位体制结构产生冲击，导致城市基层管理体制松动。中国大陆城市基层治理体制从"单位制"和"街居

① 孙柏瑛、李卓青：《政策网络治理：公共治理的新途径》，《中国行政管理》2008 年第 5 期，第 107 页。

制"向"社区制"转型，目前这三种新、旧制度虽仍并存运作，但"单位制"的功能迅速弱化，"街居制"继而扮演重新整合社会的角色，以政府组织为社区主体和以行政主导为基本特征的城市基层治理体制已发生转变，社区治理由政府单一主体向多元主体发展成为必然趋势。① 在改革过程中，政府通过向市场组织、社会组织购买服务，构建"三社联动"机制。推进社区居委会的去行政化以及推动业委会成立等举措，试图将政府的社区公共政策更好地深入社区。在制定和执行社区政策方面，政府需要与社区其他利益相关者密切配合，争取获得后者的支持和配合。

政策工具也被称为"施政工具"或"政策手段"，顾名思义，就是政府赖以推行政策的方式和手段。当政府决策被赋予形式或者内容时，政府不可避免地需要从工具箱中选出几种可用的工具。西方理论认为，半个多世纪以来，政治上最显著的变化是政府试图通过大量工具或手段来影响公民的行为并达到政策目的。他们将政治上和经济上的重要性归因于政策工具，认为发明和利用各种工具能够使政府解决社会和经济问题，而不会发生原本可能发生的激烈分裂和意识形态辩论。② 许多公共政策领域的学者认为，政策执行是政策工具选择和应用的过程。③ 这是一个复杂的、连续不断的互动过程，其选择和应用的主体既包括决策者也包括实践者。④ 巴瑞特（Barrett）和福吉（Fudge）强调需要"将执行过程视为一个政策/行动的连续统一体，在这一统一体中，那些寻求将政策付诸实施的人和那些采取行动的需要依靠的人之间的互动和谈判过程，随着时间的推移，一直在进行着"。⑤ 研究表明，许多政策计划的成功与失败经常取决于直接介入计划的执行中的底层行动主体的责任心和

---

① 郑淑美：《从"封闭系统"到"开放系统"：中国大陆城市基层治理体制的建构、演变与转型》，《远景基金会季刊》2008 年第 1 期，第 121～122 页。

② 转引自 Anne larason Schneider & Helen Ingram, "Behavioral Assumptions of Policy Tools," *The Journal of Politics* 52 (2) (1990): 510–529。

③ 陈振明主编《政策科学教程》，科学出版社，2015，第 57 页。

④ 迈克尔·豪利特、M. 拉米什：《公共政策研究：政策循环与政策子系统》，庞诗等译，生活·读书·新知三联书店，2006，第 267～274 页。

⑤ S. Barrett & Colin Fudge, "*Examining the Policy-Action Relationship,*" in Susan Barrett and Colin Fudge, *Policy and Action* (London: Methuen, 1981), pp. 3–32.

技巧。研究指出，根据政府提供公益产品与公共服务的水平，可以将不同的公共政策工具看作由绝对自愿和完全强制两极构成的光谱。其中，自愿性政策工具的特点是不受或很少受政府影响。这些自愿性组织是自愿运行的非政府组织，它们的成员的工作不受政府强制，"主要包括依靠现有的自调节、基于家庭的工具、基于社群的工具和私人市场等；强制性政策工具也被称为直接工具，强制或直接规定于政策目标个体或组织，主要包括规制、直接提供等直接规定工具、受管制的公共企业等；混合性政策工具则位于光谱中间，兼具自愿性政策工具和强制性政策工具的部分特征，政府在将最终决定权留给现有的自调节的私人部门的同时，亦可以不同程度地介入其决策过程，混合性政策工具主要包括信息和劝诫、补贴、产权拍卖及征税和用户收费等"（见图 3 - 2）。①

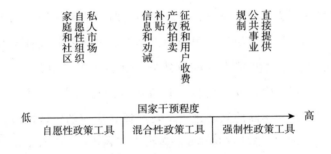

图 3 - 2　政策工具图谱

资料来源：迈克尔·豪利特、M. 拉米什：《公共政策研究：政策循环与政策子系统》，庞诗等译，生活·读书·新知三联书店，2006，第 144 页。

　　在自愿性组织中，社区可以为居民提供公益产品和公共服务。但是，受自身资源规模的限制，社区需要与政府及其他主体进行合作。在这一过程中，多中心治理融合了多种政策工具，通过多种政策工具的组合，汲取不同工具的特点，实现了对社区公益产品和公共服务的有效供给。

① 迈克尔·豪利特、M. 拉米什：《公共政策研究：政策循环与政策子系统》，庞诗等译，生活·读书·新知三联书店，2006，第 146～169 页。

三 多中心治理理论

与传统单中心治理理论不同，多中心治理理论对集体公共物品的供给主体做出了多个中心的解释，"强调公共物品供给结构的多元化，强调公共部门、私人部门、社区组织均可成为公共物品的供给者，从而把多元竞争机制引入到公共物品供给过程中来"。①

波兰尼最早提出"多中心"的概念，其在《自由的逻辑》一书中将推动社会任务的方法或秩序分为两种。"一是设计的或者指挥的秩序，这种秩序中由权威进行一体化调控，因此必然存在上下级关系。另外一种是自发的或者多中心的秩序，这种秩序由相互独立的因素自发相互调适，由一组一般的规则体系归置其相互关系。也就是说，个体决策者可自由地行动以追求其自身利益，但其追求利益的行动会受到这些决策规则所固有的约束"。② 奥斯特罗姆继承了波兰尼有关多中心的概念，认为"多中心意味着有许多在形式上相互独立的决策中心……它们在竞争性关系中相互重视对方的存在，相互签订各种各样的合约，并从事合作性的活动，或者利用核心机制来解决冲突"。③

通过多中心治理理论的假设可以看出，面向社区的公共物品和服务具备了公共物品和服务是相对同质的、公共物品和服务的使用者具有相同的偏好、社区居民的集体行动显示出其对公共物品和服务的偏好等条件。因此，多中心治理理论提供了一种替代的选择，它可用于分析和诊断与现实中大量集体物品相适应的各种各样的制度安排。④ 而多中心治理理论所替代的正是传统的国家治理或市场治理的方式，特别是在社区治理过程中，强调在政府或市场单一供给主体之外，社区居民"从政府

---

① 陈艳敏：《多中心治理理论：一种公共事物自主治理的制度理论》，《新疆社科论坛》2007 年第 3 期，第 35 页。

② 奥斯特罗姆：《多中心》，载迈克尔·麦金尼斯主编《多中心体制与地方公共经济》，毛寿龙译，上海三联书店，2000，第 75～76 页。

③ 埃莉诺·奥斯特罗姆等：《公共服务的制度建构》，宋全喜、任睿译，上海三联书店，2000，第 12 页。

④ 埃莉诺·奥斯特罗姆等：《公共服务的制度建构》，宋全喜、任睿译，上海三联书店，2000，第 26 页。

服务的被动消费者变为社区治理的主动参与者"。①

　　在社区中,"为了交换而生产的社会中的个人和群体,就是他们所提供的那些物品和服务的常规生产者。单个消费者或者消费者群体,除了其常规生产作用之外,还可能有助于他们所消费的某些物品和服务的生产。在这种情况下,他们就是消费生产者"。② 因此,社区公共物品和服务的生产和供给不能通过单一主体,作为主体的社群不能被动等待公共物品和服务自上而下的供给,而应该主动扮演生产者的角色,就自身所需的社区公共物品和服务进行合作生产。社区公共物品和服务应当采用多中心协作生产的方式,"没有服务使用者机智的和有动机的努力,服务就会蜕变为没有显著价值的无关的产品……社群的和平与安全既是专业警察努力的结果,也是公民努力的结果。如果公共服务要产生理想的结果,供给服务者与使用服务者之间的协作是重要的"。③

　　奥斯特罗姆在《公共事务的治理之道:集体行动制度的演进》一书中分析了类似于公共池塘这类的公共物品和服务的供给制度安排,发现传统的以国家治理为主的"利维坦"方案和以私有产权确权为主的私有化方案"都把制度变迁必须来自外部并强加给受它影响的个人作为中心的信条"。④ 但是,针对公共池塘之类的公共物品和服务的供给可以通过自主治理与自主组织等方式的多中心治理方式实现有效及充分供给。为此,奥斯特罗姆为多中心治理设计了特定的治理原则或机制:明确公共池塘资源的边界及使用者主体;占用规则与当地条件及所需劳动、物资和资金的供应规则一致;集体选择的安排;监督;分级制裁;冲突解决机制;对组织的最低限度的认可;多层组织。⑤

---

① 理查德·C. 博克斯:《公民治理:引领 21 世纪的美国社区》,孙柏瑛等译,中国人民大学出版社,2014,第 29 页。

② 帕克斯:《消费者作为公共服务写作生产者》,载迈克尔·麦金尼斯主编《多中心体制与地方公共经济》,毛寿龙译,上海三联书店,2000,第 504~505 页。

③ 奥斯特罗姆:《公益物品与公共选择》,载迈克尔·麦金尼斯主编《多中心体制与地方公共经济》,毛寿龙译,上海三联书店,2000,第 120 页。

④ 埃莉诺·奥斯特罗姆:《公共事物的治理之道:集体行动制度的演进》,余逊达、陈旭东译,上海译文出版社,2012,第 18 页。

⑤ 埃莉诺·奥斯特罗姆:《公共事物的治理之道:集体行动制度的演进》,余逊达、陈旭东译,上海译文出版社,2012,第 108 页。

与政策网络治理不同，多中心治理模式下的权力结构是扁平化的，网络中不同权力主体之间不具有可替代性，在权力主体关系处理中，主要采用相互调适的方式，通过追求共同的目标，形成具有权威性的治理规则，协调彼此之间的行动。当前，社区自组织是社区治理的理性化模式，但是由于社区居民治理能力和治理资源的限制，其依然需要其他治理主体的有效参与。

构建社区多中心治理模式需要注意以下两点。首先，推动社区治理主体的多元化。在我国社区治理改革过程中，社区治理主体由原来的政府垄断向由社区居民自治组织、非营利组织、市场化组织等组成的多元化组织转变。其次，构建扁平化的权力主体关系。在推动社区治理主体多元化的同时，为有效调动政府之外其他治理主体的参与积极性，需要通过赋权、赋能等方式，改变传统的动员式参与方式，培养其主动参与的意识，最终在不同治理主体之间形成沟通、协商、谈判、合作的互动关系。目前，政府推动的社区服务购买机制正是多中心治理的一种有效手段，它改变了传统的政府通过垄断资源，与社区居委会、社会组织等其他主体之间形成的恩庇侍从（Patron-Client）关系。虽然政府资源对于社区其他治理主体而言，依然是不可或缺的重要来源，但是与传统的治理方式不同，在多中心治理模式下，其他治理主体面对政府拥有更多自主权。其对政府资源的需求不是基于一种"委托－代理"逻辑，而是基于一种互惠逻辑，双方通过互动关系，在实现各自不同的社区治理偏好的同时，增强社区的整体治理效果。

多中心治理理论的本质在于多元主体关系的调适，多元主体之间通常存在能力和资源上的差异，因此需要明确不同治理主体之间的边界以及协作方式，避免出现以大压小等现象。具体来说，在社区治理中，政府不应该成为核心，而应该仅仅是一个主要的参与者，政府扮演"掌舵者""监督者""裁判员"的角色，承担培育社区并促进社区发育的职责；社区居委会作为居民自治组织，应当从一个行政延伸的角色转变为具有更强的自治性、群众性和社会性的主体，在社区治理中扮演"牵头人""代表人""表达者"的角色，承担满足居民需求、组织居民自治和培育社区自组织的职责；社区的非营利组织在社区治理中则是重要的参加者，扮演"服务提供者""组织人""引导者"的角色，承担开展专业服务和志愿服务，组织居民自我管理、自我服务，引导居民参与社区事务等职责；居民是社区的主体，应当有组织地参与社区活动。另外，企业也是社区治理的参与者，在为社区居民提供私人物品的同时，应提高社会责任感，积极参与社区公共生活和提供公益服务，融入社区。①

第二节 基于生命周期的网络有效性 分析框架的提出

无论是国家与社会关系视角，还是政策网络理论与多中心治理理论，都从不同侧面表现了对社区治理中关系和结构的关注，进而揭示了社区治理多主体互动的核心议题。然而，上述理论视角还难以与我国社区治理体制转型和社区共治路径探索的实践有效衔接，因此存在理论解释上的困难。

我国的基层社区治理体制转型带有规划性特征，属于渐进式改革。从1999年开始，民政部就在全国开展社区建设实验，将局部地区作为先行试点，进行社区治理的政策实验，尝试进行社区治理改革的地方创新，进而总结经验并上升为国家政策。② 在社区建设实验和政策创新的过程中，我国逐渐形成了社区社会组织培育、"三社联动"、党建引领社区治理（"党领共治"）等可以普遍推广的社区治理体制转变路径。然而，社区治理的政策实验具有分地域、分主题的特征，被认为是具有普适性的路径最初来源于不同地域的实验，因此难以看出路径之间的关系及其实践效应。对于政策实践者而言，如何贯通和整合运用这些政策措施以达成最佳效果，仍然是一个尚未厘清的问题。

社区社会组织致力于培育社会力量，优化社区治理结构；"三社联动"致力于促进社会组织、社会工作专业人才队伍参与社区治理，以合

---

① 吴瑞财：《多中心治理视野下的社区治理模式初探》，《内蒙古社会科学》（汉文版）2010年第1期，第117页。

② 朱健刚、王瀚：《党领共治：社区实验视域下基层社会治理格局的再生产》，《中国行政管理》2021年第5期，第6～14页。

作与联动优化社区服务供给；党建引领社区治理侧重于基层党组织的领导和统合，协调多种力量和资源提升社区治理绩效。这三条路径虽然有各自的侧重点，但目标和途径有诸多重合之处，核心是通过社区治理中多元主体关系和治理结构的调整，构建多元共治的社区治理结构。在理论上，有必要形成一个整合性的分析框架，厘清社区共治路径之间的逻辑关系，明确每条路径在整体框架中的功能定位，在此基础上探索提出社区共治的实现机制。在实践中，有必要形成一个流程性的执行指引，明确每条共治路径的目标要求，分清社区治理创新工作的阶段性侧重点，避免由政策碎片化带来的工作重复与资源耗费。这样一种学术研究和实践探索是建构社区治理结构、增强社区治理效能的关键。本书结合社区治理的相关理论和已有研究，根据我国社区治理体制改革和创新的丰富实践，尝试引入网络视角，提出基于生命周期的网络有效性分析框架，进而对多个案例进行历时性的过程研究，以期为社区共治的路径与机制提供整合性的理论解释。

一　社区领域的网络视角

在满足社区广泛需求的方法中，由非营利组织和公共组织建立合作伙伴关系或网络被认为是最常用的方法之一。[①] 其逻辑是，通过合作，社区组织可以利用网络中其他组织提供的广泛的资源和专门知识，改善

---

① 　Robert Agranofft, "Human Services Integration: Past and Present Challenges in Public Admin-istration," *Public Administration Review* 51 (6) (1991): 533 – 542; Robert Agranoff, *Le-veraging Networks: A Guide for Public Managers Working Across Organizations* (Arlington: VA: IBM Endowment for the Business of Government, 2003), pp. 7 – 9; E. L. Baker, R. J. Melton, P. V. Stange et al., "Health Reform and the Health of the Public: Forging Commu-nity Health Partnerships," *Journal of the American Medical Association* 272 (16) (1944): 1276 – 1282; Barbara A. Israel, Amy J. Schulz, Edith Parker, and Adam B. Becker, "Re-view of Community-Based Research: Assessing Partnership Approaches to Improve Public Health," *Annual Review of Public Health* 19 (1) (1998): 173 – 202; Edward Jennings & Jo Ann G. Ewalt, "Interorganizational Coordination, Administrative Consolidation, and Policy Performance," *Public Administration Review* 58 (5) (1998): 417; Laurence J. O'Toole Jr, "Treating Networks Seriously: Practical and Research-Based Agendas in Public Administra-tion," *Public Administration Review* 75 (1) (1997): 45 – 52.

社区成员的福祉。① 共同努力可以提高基于社区服务的效率和有效性，增强社区将各种参与者聚集在一起解决社区难题的能力。② 尽管网络运作与人口或客户相关的结果之间的联系尚不明确③，但在许多社区中，组织网络已成为解决复杂社会问题的一种手段，它系统地计划如何最好地解决这些社会问题，并提供所需服务的重要机制④。

尽管网络通过建立多组织伙伴关系来提高社区能力，但这样的网络很难建立，甚至难以维持。⑤ 某些问题可以归咎于缺乏足够的财政支持来为网络提供管理基础设施。然而，许多困难可以归因于与网络成员相关的内部原因。例如，Milward 和 Provan 讨论过，大多数社区组织必须对自己特定的选区或利益相关者（包括资助者、监管者和客户）做出回应。这些团体并不总是认为合作符合其组织的最大利益，尤其是当这意味着该机构的管理自主权可能减少并且必须共享稀缺资源时。⑥ 因此，尽管有良好的愿景，但是社区网络常常难以生存和发展。

① Keith G. Provan & H. Brinton Milward, "Do Networks Really Work? A Framework for Evaluating Public-Sector Organizational Networks," *Public Administration Review* 61 (4) (2001): 414 – 423.

② Robert Agranoff, *Leveraging Networks: A Guide for Public Managers Working Across Organizations* (Arlington: VA: IBM Endowment for the Business of Government, 2003), pp. 7 – 9.

③ Marshall W. Kreuter, Nicole A. Lezin, & Laura A. Young, "Evaluating Community-Based Collaborative Mechanisms," *Health Promotion Practice* 1 (2000): 49 – 63; Anthony F. Lehman, Leticia T. Postrado, Dee Roth, Scot W. McNary, and Howard H. Goldman, "Continuity of Care and Client Outcomes in the Robert Wood Johnson Foundation Program on Chronic Mental Illness," *Milbank Quarterly* 72 (1) (1994): 105 – 122; Stergios Roussos & Stephen B. Fawcett, "A Review of Collaborative Partnerships as a Strategy for Improving Community Health," *Annual Review of Public Health* 21 (1) (2000): 369 – 402.

④ Mark A. Veazie, Nicolette Teufel-Shone, Gila S. Silverman Allison Connolly, Susan Warne, Betty King, Michael Lebowitz, and Joel Meister, "Building Community Capacity in Public Health: The Role of Action-Oriented Partnerships," *Journal of Public Health Management Practice* 7 (2) (2001): 21 – 32.

⑤ Abraham Wandersman, Robert M. Goodman, & Frances D. Butterfoss, "Understanding Coalitions and How They Operate," in M. Minkler, eds., *Community Organizing and Community Building for Health* (New Brunswick, NJ: Rutgers University Press, 1997), pp. 261 – 277; Bryan J. Weiner & Jeffrey A. Alexander, "The Challenges of Governing Public-Private Community Health Partnerships," *Health Care Management Review* 23 (2) (1998): 39 – 55.

⑥ H. Brinton Milward & Keith G. Provan, "Governing the Hollow State," *Journal of Public Administration Research and Theory* 10 (2) (2000): 359 – 379.

　　然而，这并不意味着网络不能有效地提升社区能力以解决关键的社会问题。网络想要成功，社区内的公共和非营利机构的社区领导者及管理者有责任不断地努力建设与维持网络。问题在于，每个参与者对网络的外观及其运行方式都有自己的看法，从而限制了对网络整体的客观了解，要解决这个问题并不容易。但是，对于协作成员来说，重要的是要认识到他们的网络关系是如何运作和发展的。这样的理解可以增强社区结合各种知识和技能以提出有效解决复杂问题的能力，影响决策者和意见领袖，回应社区需求，在社区各部门之间达成共识，组织集体任务以及提升协调的能力，并有效地提供服务。

　　因此，研究认为，网络分析技术可以帮助社区领导，包括来自公共部门和非营利部门的人员，在社区服务的各个领域建立和维持本地网络。除了对社区或整个网络的潜在益处之外，通过网络分析获得的知识也可以有益于个体组织。特别是，通过使用这种方法，管理者可以准确地看到他们的组织在网络结构中的位置，不仅基于他们自己的印象，而且包括其他网络参与者的经验。根据调查结果，管理者可以选择转移优先级和资源，从而使他们的组织更多（或更少）地参与整个网络或某些关键组织，这对其自身的效率至关重要。

二　将网络视角引入社区共治研究

　　网络视角的基本观点是，"一个节点在网络中的位置在一定程度上决定了它面对的机会和约束，因此对它的结果产生重要的影响"。[①] 网络作为一种重要的多组织治理形式，已经得到学者和实践者的广泛认同。在公共部门和私营部门的治理中，网络协调的优势是相当大的，包括加强学习、有效地利用资源、提高规划和解决复杂问题的能力、增强竞争力以及为客户提供更好的服务等。[②] 网络既可以是在自下而上的过程中产

①　Stephen P. Borgatti, Ajay Mehra, Daniel J. Brass, & Giuseppe Labianca, "Network Analysis in the Social Sciences," *Science* 323 (5916) (2009): 892 – 895.

②　Keith G. Provan & Patrick Kenis, "Modes of Network Governance: Structure, Management, and Effectiveness," *Journal of Public Administration Research and Theory* 18 (2) (2008): 229 – 252.

生的，也可以是网络参与者或政府官员做出的战略决策的产物，在社区共治中引入网络视角是由网络的特征和社区治理的特征决定的。引入网络视角的原因如下。

第一，网络治理在城市社区治理中应用的合理性。网络治理最大的特点在于强调治理网络内部成员的创新和自主性的表达，通过协商和参与来提高治理绩效，网络必须在没有等级制度的情况下进行管理。如上所述，在社区共治中，公共部门和非营利部门不仅需要实现个人与组织的目标，还常常需要解决多边协调的复杂问题，而行政管控的方式不适合社区治理。社区治理需要通过集体行动和对话以实现对复杂问题的治理。社区共治更加强调横向关系而非纵向关系，网络治理本身表现出来的弹性化、互助性、反思理性等特征，更好地应对了日益增长的社区公共议题的复杂性、多样性和动态性。基层党组织、政府部门、专业社会组织、社区社会组织、社区居委会、驻社区单位、商户、物业等共同组成了一个社区治理的网络，这个网络中的主体数量、结构、关系、功能等要素，决定了社区共治的绩效。因此，社区共治可以被视为一个建构有效社区治理网络的制度和行动过程，经由一系列路径和机制达成网络建构的目标。

第二，社区共治的系统性与复杂性。实际上，从探讨宏观结构上的市场、政府和社会关系，到同时考虑三者在社区治理视域中的微观行动和网络结构，不仅仅是从单一到整体思路的转型，还包含对社区治理结构的系统思维，是一项将社区多元主体参与看作国家力量介入社会领域，进行多元共治的系统工程。为了实现与增进社区公共利益，社区治理主体之间通过在公共事务中的互动合作形成一种公共权力的分享关系，构成了社区共治网络结构。"这一结构体现了社区各治理主体间的权利、功能及互动关系。社区共治网络结构在政府、社区自组织、社会组织、居民等多个角色的基础上分化出社区领导亚结构、社区元治理亚结构、社区自治亚结构、社区协同亚结构四大子系统，这四大亚结构系统及其要素在城市社区治理实践中结成了错综复杂的网状结构并各自发挥不同的功能。"① （见图 3-3）

---

① 李静：《城市社区网络治理结构的构建——结构功能主义的视角》，《东北大学学报》（社会科学版）2016 年第 6 期，第 605～609 页。

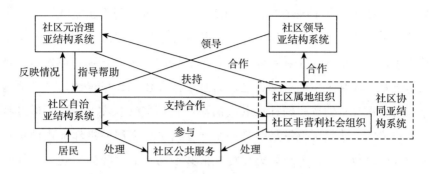

图 3 - 3 城市社区网络治理四大亚结构系统及其功能

资料来源：李静《城市社区网络治理结构的构建——结构功能主义的视角》，《东北大学学报》（社会科学版）2016 年第 6 期，第 608 页。

虽然社区治理是城市治理的最末端，但是其复杂性并不亚于其他治理层级，是多个层级治理系统在基层的交织。社区共治网络的复杂性体现在四个方面。"第一，多元性。社区共治网络包含了不同类型的组织，组织之间了解和合作程度不一，有一些非常有限。第二，自益性。每个社区治理的主体都有各自的利益和参照体系，因此，它们首先以自身利益而非互益或共益的视角和动机来看待彼此在社区治理网络中的关系。第三，不对称互赖性。社区共治的参与主体之间彼此存在资源依赖关系，但是具体到一个社区场域内，彼此的依赖关系通常不对称，各个主体在社区治理中的注意力、需求类型和迫切性也存在较大差异。第四，动态性。以上所有特征总是随时间而变化，即使在整个网络试图完成任务的过程中也是如此。"①

社会网理论认为，网络中的行动者（个体、组织）透过关系，在动态的过程中相互影响，进而影响其（个体、组织）行动，改变相互之间的关系，并进一步影响网络的整体结构和集体行动，继而这些集体行动的持续和制度化形成新的场力。"网络视角研究的目标就是要解析从场力到个体，从个体到集体，集体再到场力的过程，其中，这个过程的桥梁

---

① 李静：《城市社区网络治理结构的构建——结构功能主义的视角》，《东北大学学报》（社会科学版）2016 年第 6 期，第 605～609 页。

便是网络结构。"① 构建社区共治网络的路径与机制研究正是在一个场力的作用下，建立各参与主体的关系，各参与主体在社区共治网络结构中获得个体结构位置，通过主体间的关系和结构位置，发挥相应作用，进而影响每个参与个体的行动，进而通过集体合作形成稳定的社区共治网络结构，以及新的场力暨社区共治的制度化环境（见图 3-4）。通过社会网络研究，我们可以解析这样一个建立网络、发展网络和促进网络功能发挥的过程，更深入地研究建构社区共治网络的路径如何建立主体间关系，如何影响主体行动，如何促成合作和网络结构变迁的机制和效应。

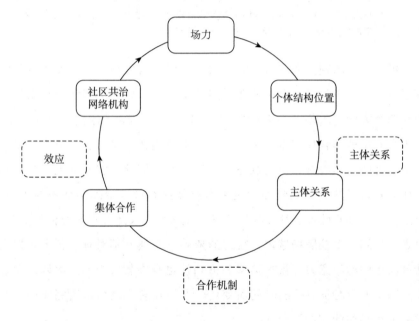

图 3-4　社会网络对复杂网络的分析逻辑

资料来源：罗家德《社会网分析讲义》（清华社会学讲义），社会科学文献出版社，2005，第 61 页。

第三，有助于建立社区共治的中层理论。社会网理论致力于在微观行为与宏观行为之间搭建桥梁。在社会网理论提出之前，社会学研究主要集中于微观的个体行为，很少关注宏观的社会现象，被认为是一种低度社会化的观点。"而宏观的分析则视社会结构为社会群体的集合，微观

① 罗家德：《社会网分析讲义》（清华社会学讲义），社会科学文献出版社，2005，第 61 页。

行为在这样的分析架构下也只有被宏观的变量解释，即个人行动是被社会结构决定的，欠缺主观能动性，个人的行动自然没有能力影响集体行为的结果"[1]，被视为一种过度社会化的观点。而要建构中层理论，首先要有可以测量的一个或一组现象作为被解释变量（或一组变量），同时对此现象的解释要有清楚的因果机制。社会网理论调和了低度社会化与过度社会化的观点，认为行动者的行为既是"自主"的，也是"嵌入"在互动网络中的，受到社会结构的约制，同时可以改变社会结构。因此，在网络的分析中，我们可以看到个体（组织）行动如何改变社会结构，因此微观的分析可以解释宏观的现象。

以往社区共治的中层理论建构始终存在缺乏中观视角的困惑。因此，已有研究或透过宏观层面政社关系判断中观社区共治主体之间的互动关系，仅在理论层面探讨社区治理制度因素，缺少实证证据，无法解决社区共治中的复杂现实问题[2]；或从微观层面关注具体行动者的行动和多个行动者之间的互动，虽然可以理解每个网络行动者的行为逻辑，但是难以总结治理规律。网络视角的引入，可以帮助理解社区网络的组织之间如何透过关系，在动态的互动过程中相互影响，进而改变相互之间的关系，从而影响整体结构、影响社区集体行动。微观分析可以解释宏观现象，帮助建构社区共治的中层理论，形成系统全面的解释框架。

三　分析横轴：社区共治网络的生命周期

构建社区共治网络是一个系统演化的过程，网络的建构有阶段之分，不同的阶段有不同的特点和要求，因此对应不同的路径与行动机制。在企业生命周期、组织生命周期、产业集群生命周期理论的基础上，本书结合社区治理的特点，提出网络生命周期，作为对社区共治分析的横向分析框架。

---

①　Mark Granovetter, "Economic Action and Social Structure: The Problem of Embeddedness," *American Journal of Sociology* 91 (3) (1985): 481 – 510.

②　马全中：《中国社区治理研究：近期回顾与评析》，《新疆师范大学学报》（哲学社会科学版）2017 年第 2 期，第 93 ~ 104 页。

（一）网络生命周期

生命周期的概念源于自然界，是对自然界中生命物质成长、成熟、衰老和死亡过程的概括。对组织的研究发现，组织的诞生、成长、成熟、解体类似于生物系统和社会系统，也具有生命周期。组织理论认为，一个组织的生命周期可以被描绘为五个重要的阶段：诞生、成长、成熟、衰落和死亡。纵观世界各类组织的发展，不难看出这种周期性的生命痕迹。生命周期理论逐渐被各个学科采纳和运用。经济学领域的生物周期理论试图解释经济现象的演化过程和产品、企业乃至产业的发展过程与阶段。社会领域的生命周期理论应用主要集中在解释社会组织的发展上。阿加德在卡曼（Carman）、斯蒂文（Stevens）等研究的基础上，"构建了七个阶段的社会组织生命周期模型，在该模型中，社会组织的生命周期被分为孕育、初创、成长、成熟、衰退、重生、死亡七个阶段"。①

从组织生命周期理论视角出发，本书将网络生命周期分为生成、发展、成熟和衰退四个阶段。

网络生成阶段可以理解为网络萌芽期或组织导入期，是指某些组织生产或者某些社会活动不断发育和集合、逐步成形进而构成网络基本要素的过程。在这一过程中，该网络开始形成一定的规模，对社会产生一定的影响，具有一定的专门化的从业人员、组织类型、专门化的服务技术和治理手段。

网络发展阶段是指网络的扩张期，网络形成之后不断吸纳各种组织和经济资源以扩大自身的过程。网络扩张既包括网络内组织数量、服务和合作类型等量的扩大，也包括组织的能力提升、进步，管理素质的提高等质的提升。

网络成熟阶段是指网络经过了生成和发展阶段之后，通过长期内部建设以及结构和功能调整，进入一个规模稳定、结构合理、技术稳定、供给与需求平衡、服务稳定、功能凸显的阶段，是网络相对理想的状态。

网络衰退阶段是指网络从兴盛走向不景气，进而走向衰落的过程。

---

① 杜跃平等：《资源型产业集群的动力机制与生命周期研究》，中国经济出版社，2010，第201～205页。

它主要表现为网络发展相对的或绝对的规模萎缩，组织消亡或退出，产品和服务因老化、退化、功能减退而出现的颓势状态，同时网络衰退是孕育新的网络和新的组织的过程，以保持旺盛的生命力，推动社会不断发展（见图3-5）。

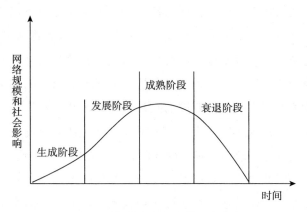

图3-5 网络生命周期的四个阶段

（二）社区共治网络生命周期的特点

与一般网络相比，社区共治网络生命周期的主要特点有三个。

第一，社区共治网络的生成和发展主要是基于政府推动。一般来说，网络的形成有"自下而上"与"自上而下"两种模式。我国的社区建设是基层政权建设和社会自我发育两条路径的结合，是在政府、市场和社会共同作用下形成的。然而，由于社会自我发育先天不足，社区共治网络主要是在政府推动、政策引导等因素的影响下形成的。与国外社区治理网络中以产品、技术、市场、社会行动、志愿主义等为主要的推动力量相比，我国社区共治网络很多是在政策引导、政府规划并在政府的直接干预下发展的。政府除了提供政策支持和良好的配套设施之外，还会参与网络的发展。比如，政府通过购买服务引入专业社会组织、培育社区社会组织发展，引导其参与社区治理；动员社区党员和积极分子成立社区社会组织。街道党委通过推行社区大党委和区域化党建等方式，建立社区共商、共治联盟和协商议事机制。

第二，社区共治网络的生命周期更长，但周期内发展波动更大。在经济领域，由于由多个企业构成的网络所属区域、所从事经营活动存在总体一致性，企业之间的竞争比较激烈。这类产业集群网络通常进入门槛低，但是企业之间的产品领域相似，同质化明显，非纵向合作不是上下游关系，因此容易引发企业间的恶性竞争，最终导致集群瓦解。对于社区网络而言，由于社会服务产品的多样性、社区组织的稀缺性、社区治理的基层政权建设特征，社区治理网络的进入和退出不同于经济领域的产业集群网络，通常由政府引入、把关或监督，或者由居民自主选择。由于社区地域范围的有限性，同类型组织进入和竞争的冲动有限。居民自治组织等一般具有一定的社会垄断性，组织与组织之间更多是互补合作关系。竞争的减少和业务范围的互补，使社区共治网络的生命周期更长。正因如此，社区治理网络的发展不仅受制于社会市场和社区资源禀赋，还会受到政策、政治精英等因素的影响，在周期内呈现更大的波动。

第三，社区共治网络的衰退体现为向其他治理网络的转变。社区共治网络的衰退主要体现在对社区资源依赖性的降低，是向其他治理网络的转变。在一般的各类网络中，衰退阶段体现为网络中原有主体（企业、社会组织）等的消亡，新的主体（企业、社会组织）以及其所结成网络的生成。对于社区共治网络而言，社区只是网络中各类组织可能活动的空间之一，在一定时期内，各类组织对社区资源有较高的依赖性，在社区共治网络中发挥关键作用。然而，随着部分组织对社区资源依赖性的降低，或与社区需求相去甚远，这些组织可能逐渐从社区共治网络中退出，而去其他网络或领域活动，当然也有部分组织会解体或重组。因此，社区共治网络的衰退不是消失或整体瓦解，而是转化升级了。由于社区共治网络发展到成熟阶段之后，更多的替代性社区资源出现，该网络从原来的资源依存、依赖与依附的状况中摆脱出来。因此，进一步发展的社区共治网络就转型升级为新的治理网络，将有更广泛的行动范围和治理空间，如原有的社区问题已高效并稳定地解决，因此共治网络可能转移到新的社会领域。但原有的网络、关系等还在，只不过是形成了新的治理空间。从侧面来看，社区是社会的基础，大国治理在社区，对国家治理至关重要，国家不允许社区共治网络的解体，而只能是升级和转型。

（三）建构社区网络的阶段性任务与路径

在社区共治网络生成阶段之初，网络内组织的数量较少，彼此之间的联系不多，或者只是局限于与体制内垂直关系上的组织合作，一些可能的社会服务组织或自组织尚未建立。网络内组织的丰富性是社区共治的前提和基础，培育出多样的社区社会组织、实现网络的多样性是网络生成阶段的首要任务。在社区治理实践中，通常将社区社会组织孵化、培育作为主要路径。

在社区共治网络发展阶段，较多组织的出现和参与社区治理，使网络的规模逐渐扩展、密度逐渐加大，组织间的交流日益频繁，经验和技术交流更为畅通，社区共治氛围较好。在这一过程中，社区共治网络效应的发挥需要以社区为平台，建立社区内活跃的治理主体之间的联系，形成联动机制，"三社联动"或其他形式的多主体联动是社区治理实践中通行的路径。

社区共治网络进入成熟阶段的核心表现是网络中组织的规模和密度达到合理化，进入和退出的组织数量基本持平，组织间的关系定位稳定，功能发挥良好，社区共治的优势开始显现。促进社区共治网络成熟，需要进行统筹，协调不同主体间的冲突和张力以形成"社区共识"。在中国情境下，社区领导力集中体现在党组织的引领，以党组织为核心、引领社区多元主体共治是实践中的网络统筹路径。

社区共治网络的衰退是网络成熟阶段之后的发展趋势，是成功建构社区后的新议题。由于社区共治网络的生命周期更长，本书对网络衰退和网络再生阶段不做相关路径和机制的讨论。

四　分析纵轴：社区共治网络的有效性

（一）网络有效性评估的层次

网络机制存在一个前提假设，即认为网络更有效。"网络有效性指的是单一的组织或参与者不能独自实现而网络层级所能实现的积极效果。"[1] 网络有效性至关重要，它一方面反映了总体上网络的治理方式是

---

[1]　Keith G. Provan & H. Brinton Milward, "Do Networks Really Work? A Framework for Evaluating Public-Sector Organizational Networks," *Public Administration Review* 61 (4) (2001): 414–423.

否达到治理目标，另一方面意味着网络内的利益相关者和网络的支持者是否达到其利益与目标。①

因此，社区共治网络的有效性需要被重视和评估，尤其是需要有数据支持的实证检验。但公共政策的研究学者或公共管理从业者，对如何评估社区共治网络的有效性，从未达成共识。这个问题变得更为尖锐，事实上，由于多部门利益相关方在社区共治中结成一个网络，并且目前大多数社区服务是由非营利部门（社会组织）提供的，对这些非营利部门（社会组织）的评估，也仅仅是那些提供资金资助的公共部门进行的非常松散的评估。

Provan 和 Milward 的网络有效性研究指出，"公共服务递送网络要服务于多元的利益相关方，要满足他们的不同诉求——这些相关方主要包括网络的监管者和网络的成员，以及网络所服务的对象"（见图 3-6）。

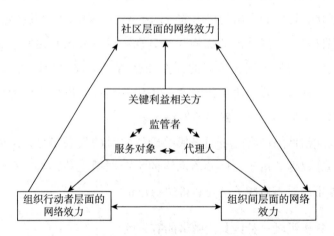

图 3 - 6　网络有效性分析维度

资料来源：Keith G. Provan & H. Brinton Milward，"Do Networks Really Work？A Framework for Evaluating Public-Sector Organizational Networks," *Public Administration Review* 61（4）（2001）：414 - 423.

---

① Robert Agranoff，"Inside Collaborative Networks：Ten Lessons for Public Managers," *Public Administration Review* 66（S1）（2006）：56 - 65；Louis Ngamassi, Carleen F. Maitland, & Andrea Tapia，"Humanitarian Interorganizational Information Exchange Network：How Do Clique Structures Impact Network Effectiveness？" *Voluntas：International Journal of Voluntary and Nonprofit Organizations* 25（6）（2014）：1483 - 1508.

如何评估社区共治网络的有效性？对公共部门组织有效性的评估，是基于对组织中主要利益相关方的满意程度。Provan 和 Milward 从社区网络的利益相关方出发，提出社区网络的有效性评估应当分为社区、网络和网络参与者三个层次（见表 3-3）。虽然顾客是最重要的利益相关方，但只代表其中一个利益相关方。对网络效率的考察，还可以考虑三个更宽泛的社会网络构成内容，即"负责人，主要监测和资助网络及其活动；代理人，主要在网络中作为管理者和职业服务提供者；以及客户，在现实中接受网络的服务。"

表 3-3 社区网络有效性评估的三个层次

网络分析的层次	主要的利益相关方	绩效指标
社区	监管人和顾客，倡导群体，出资方，政客，监控者，普通公众	社区花费的成本；建立社区社会资本；公众对是否解决社会问题的感知；发生问题的概率的变化；顾客福利的综合指标
网络	监管人和代理人，主要的资助者和监控者，对网络有管理责任的组织，网络里的成员组织	网络成员数量增加；服务提供的范围、服务重叠率低；（多维）关系增强并维持产生；网络中的主责组织服务的整合程度；维护网络的成本；网络成员对网络目标的忠诚程度
网络参与者	代理人和顾客，代理人理事会和管理代理人，顾客个体	有代表人存在；扩大代理人的合法性；资源的获取；服务的成本；顾客获得的成果；在多维网络中不同项目代理人的冲突最小化

资料来源：Keith G. Provan & H. Brinton Milward, "Do Networks Really Work? A Framework for Evaluating Public-Sector Organizational Networks," *Public Administration Review* 61（4）（2001）：414-423.

（二）网络有效性评估的三个层次及相关影响因素

已有网络有效性研究从社区、网络和行动者参与三个层次进行评估，并在此基础上探讨相关影响因素。

（1）社区层面的网络有效性

网络应当被视为公共服务的"递送工具"，为本地社区带来单独的组织或碎片化的服务无法提供的有效服务。总体而言，公共服务网络的首要目的，是在成本不变甚至降低的情况下，提高公共服务的可及性、供应量、责任意识以及整合程度。从社区层面来看，网络的有效性评估首先要考虑网络为公众提供服务的综合效果，其次要检验在特定区域内面向特定群体的整体服务成本。从利益相关方角度来看，社区里的网络必须满足社区中利益相关方（把满足顾客、公众的需求视为与自己有直接或间接利益关系）的需求和期待。显然，网络至少在综合层面必须满足所服务的特定顾客的需求。但是，公共资源所服务的顾客（无家可归者、受虐儿童、领取救济者）常常没有政治上的影响力，甚至常常被视为社会问题。所以，代表这些顾客和社区的利益相关方的需求和期待，也必须被满足。在代理理论中，这些人扮演的便是"监管者"的角色，便是监督和（或）资助代理机构（网络中的组织）为顾客提供服务。这些利益相关方，包括公众倡导组织、本地的资助机构以及本地民选或被指派的官员等。最后一个评估网络有效性的方法，是评估它们对社区社会资本所做的贡献。通过共同合作，社区里的组织彼此相互了解，学会一起工作和相互信任，同时学会如何选择伙伴。这些经验不仅对促进当下合作非常有效，也对未来特别是其他领域的合作起到至关重要的作用。特别是，在所建立的社会资本的支持下，网络成为一个社区公共服务递送的有效工具。

（2）网络层面的网络有效性

当一个网络能够嵌入其所服务的社区和特定的群体时，这个网络必须成为一个能动的组织间实体。网络在社区层面具有效力，往往意味着该网络通过为特定的顾客和其他社区利益群体提供服务，获得了很大程度的合理性，以及外部的支持资源。但是，网络效力的成本可能会过高，因为网络并不是简单的一个又一个社区服务提供组织，而是法律上各自独立但在实际工作中进行合作的一系列项目、服务的集合。为了得到有效的运行，成员组织必须结成一个网络，这就意味着会产生组织成本和交易成本。这些成本被网络内特别是那些非正式卷入的组织内的成员直接承担了。在税收基础上的公共资金支持的网络中，其发展和维持往往由中央或地方的行政部门进行领导、支持和管理。有学者认为，这样的行政部门承担了网络管理组织（Network Administrative Organization，NAO）的功能。网络管理组织主要负责分配资金、管理和协调该网络。在代理理论的语境下，网络管理组织既是社区的代理人，也是网络行动者的监管者。第一个衡量网络效力的方法是，看在网络里兴盛和衰落的组织数量；第二个衡量网络效力的方法是，看网络事实上能够提供的服务量，而非单纯卷入了多少个组织；第三个衡量网络效力的方法是，评估网络成员（双方和多方）之间的关系强度；第四个衡量网络效力的方法是，评估其管理结构。如果有无一个出色的网络管理组织并非网络成败的关键性要素，那就意味着该网络有一个比较能动的模式，且具有的资源可以保障网络的良性运转。没有网络管理组织的网络，往往需要网络成员对网络的目标有非常深入的理解和认同，且成员机构的协调是很难维持的。网络管理组织在社区里是一个代理人，但对于网络中的其他组织而言，则是一个监管者。[①] 这种角色使网络功能合理化，强有力的控制并非确保网络成功的关键要素，但正如学者所发现的，这种控制对于一群服务提供者合作的动机而言，是一个关键指标，以确保一群服务提供者能够在多元网络关系中提供有效的服务。

（3）行动者参与层面的有效性

尽管网络和社区的结果都是评估网络效力的有效指标，但要意识到，网络中单独的组织，以及它们的管理者都有自己的利益和动机。对于组织而言，成为网络的一部分，需要注意的一个问题是，加入这个网络会给自己的组织带来什么好处？当然，一个网络会因为网络中组织的成功而获得更多效力，但有时候，网络的成功还可能是由其中某些组织的失败带来的。对于单独的组织来说，加入一个网络的重要性可以通过以下四个指标来衡量：顾客的效果、合理性、获得资源以及成本。单独的组织如何通过加入一个网络获得后三种收益？①合理性，被更多的公众认可和接受，特别是对于比较小的机构而言；②获得资源，网络有更丰富的公共资源；③成本，通过加入网络，降低提供服务的成本（员工培训、获取信息等）。

---

① Keith G. Provan & H. Brinton Milward, "Do Networks Really Work? A Framework for Evaluating Public-Sector Organizational Networks," *Public Administration Review* 61 (4) (2001): 414 – 423.

可见，网络并不像个体组织那样，基本上不存在外部的利益相关方。公共服务网络的效力，不应仅仅评估其中的某个项目，或某个组织的角色，或网络的构成形式。从整体上来看，网络有效性需由社区的利益相关方来评估。因此，已有研究构建了一个更为宏观的评价框架，按照社区层面、网络层面和组织层面三个层次，分别提出了不同的评价网络绩效标准，并就网络有效性提出了一些可能的影响因素（见表 3 - 4）。

表 3 - 4　网络分析的三个层次、有效性标准及其影响因素

网络分析的层次	有效性标准	影响因素
社区层面	问题的解决，社会资本，社区花费，有效性分布与可获得性，社区的安全	资源的供给，稳定性，社区合作经验
网络层面	网络成员的增长，服务的提供，关系的强化，实现目标的网络能力，网络持久性与可行性，网络创新性与可变性	网络管理（合作、整合与控制三种机制），网络治理模式（共享型网络、领导组织型网络以及网络组织型网络），网络结构（网络中心性、网络规模与网络外部控制）
组织层面	合法性，资源获取，服务成本，服务获得以及顾客满意度	信任，管理者领导力以及利益相关者的介入

资料来源：张雪《网络治理是否有效？——基于 P - M 模型三个层次网络治理有效性的文献综述》，《经济社会体制比较》2017 年第 4 期，第 176 ~ 184 页。

已有网络有效性评估研究为本书分析社区共治网络的有效性提供了可供参考的思路，即网络是多层面的，网络的利益相关方非常丰富，从一方的视角不可能全面评价一个网络。这个多层面包括组织层面、网络层面和社区层面，我们可以借鉴三个层次的评价指标，对社区共治不同路径中的网络有效性进行测量。正如 Kenis 和 Provan 指出的，"我们应该采用不同的标准来评价委任形成（mandated）的网络和自愿形成（voluntary）的网络"。[1] 例如，在社区社会组织培育的路径中，目标主要在于组织和网络层面，可以根据调查对象的特征，选取组织和网络层面的绩效评价指标；在"三社联动"、党建引领社区治理的路径中，目标主要在于社区和网络层面，以网络和社区层面的绩效评价为重点。

---

① Patrick Kenis & Keith G. Provan, "Towards An Exogenous Theory of Public Network Performance," *Public Administration* 87 (3) (2009): 440 - 456.

五　基于生命周期的网络有效性分析框架

如上所述，从网络视角出发，多元主体参与社区治理会形成一个社区共治网络。将多元共治网络作为一种社区治理机制，基本假设是网络更有效。在社区共治网络的形成和运行过程中，有效性是对其绩效进行衡量的基本指标。因此，本书以网络的生命周期为过程脉络（横轴），以实现有效性为目标指向（纵轴），提出基于生命周期的网络有效性分析框架，按照网络的生命周期确定社区建构的过程路径，以网络有效性检验社区共治的机制设置。

生命周期被引入经济学和社会学领域后，受到学者的高度重视。与一般网络相比，我国社区共治网络生命周期的主要特点在于：生成和发展主要基于政府推动；生命周期更长，但周期内发展波动更大；社区共治网络的衰退是对社区资源依赖性的降低，是向其他治理网络的转变。在社区共治网络生成阶段，首要任务是培育参与社区共治的组织主体、实现网络的多样性，以社区社会组织孵化、培育为普遍性的政策措施和实践路径。社区共治网络发展阶段，以建立社区内治理主体之间的联系、形成联动机制为主题，社区治理实践中普遍性的政策措施和实践路径为"三社联动"或其他形式的多主体联动。促进社区共治网络成熟，主要通过网络统筹协调不同主体间的冲突和张力，以党建引领社区治理为本土特色的政策措施和实践路径。

在此基础上，本书借鉴 Provan 和 Milward 总结的公共服务递送网络绩效评估框架，根据网络生命周期的不同发展阶段和路径，确定网络有效性的具体评估指标，综合运用"社区、组织间网络、组织行动者"三维度的社区共治网络有效性分析框架，明确阶段性绩效目标的重点，进而进行有效性机制分析，并结合我国社区治理体制改革的政策与实践，考察社区共治网络生产、发展、成熟三个阶段的路径与机制。具体而言，社区共治网络生产阶段的路径为社区社会组织孵化培育生成网络，重点考察社区社会组织培育绩效的影响机制；社区共治网络发展阶段的路径为"三社联动"，以促进网络互动，主要聚焦社区共治主体联动机制；社区共治网络成熟阶段的路径为党建引领社区治理，以实现网络有效统筹，避免网络离散，重点分析党建引领社区治理的有效性机制（见图 3 - 7）。

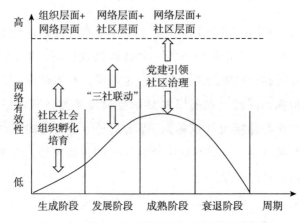

图 3 - 7　基于生命周期的网络有效性分析框架

第三节　研究方法与数据来源

一　研究方法

本书采用多案例设计方法，该方法遵循可复制逻辑原则[1]，多个案例被视为一系列研究实验，通过案例建构理论假设。本书使用理论抽样决定选择案例的数量，每个新增案例应提供更多的理论知识，直到新增案例无法提供更多新的理论知识时不再增加案例。[2] 通过理论抽样，本书选取北京市 FT 区典型社区共治网络的案例，根据社区类型不同，在混合社区、"单位制"社区、商品房社区[3]三种社区类型中各选取两个案

① Robert K. Yin, *Case Study Research：Design and Methods*（Beverly Hills：Sage Publications, 1984）, pp. 206 - 207; Kathleen M. Eisenhardt, "Building Theories from Case Study Research," *Academy of Management Review* 14（1989）：532 - 550.

② 转引自 Kathleen M. Eisenhardt & L. J. Bourgeois, "Politics of Strategic Decision Making in High-Velocity Environments：Toward a Midrange Theory," *Academy of Management Journal* 31（4）（1988）：737 - 770。

③ 已有研究指出，与中国城市从单位体制向市场经济体制转型相对应，中国典型的社区类型可划分为单位社区、商品楼社区以及混居社区，参见李国庆《社区类型与邻里关系特质——以北京为例》，《江苏行政学院学报》2007 年第 2 期，第 59 ~ 65 页。

例，共六个案例，进行探索性研究（每个类型社区选取一个较成功案例、一个较不成功案例）。本书运用结构化面访问卷、深度访谈、问卷调查等方式，从每个案例中获取同类型数据资料，每个个案用来对先前案例得出的结论进行证实或证伪。

除一般性量化统计和文本分析之外，本书的数据分析主要采用社会网络分析方法。社会网络分析方法是一种收集和分析来自多个个体或组织数据的方法，这些个体或组织可以相互作用。本书的研究重点是组织间的网络，在网络中个人代表其组织参与实际互动。与传统的方法不同，本书分析的单位是关系，而不是组织本身。社会网络分析允许检查和比较在集群或集团的组织中以及在所有由网络组成的组织中两个组织之间的关系。

根据所收集数据的类型，可以检查一个组织连接到的其他组织的数量、网络中的连接总数、组织之间的交互类型（客户端引用、共享资源、共享信息等）、关系的级别（管理、服从等），以及每个关系的程度或强度（它是否只通过转介、通过引用和资源、通过三种类型的交互等）。数据可以收集每个组织与每个其他组织在交往过程中的信任程度、网络参与的感知利益和缺点以及每个组织在社区中提供的服务信息。①

社会网络分析集中于网络成员之间的关系，所以使用矩阵来显示和分析所收集的数据，反映了每个组织之间的关系或每个组织与网络中的所有其他组织的连接。通常，数据是从每个网络成员（组织负责人、项目主任或两者兼有）收集，使用问卷调查或结构化面访。被调查（访问）的成员应广泛覆盖社区联盟中的每个组织。一般来说，无论有任何问题，都应该包括网络参与者，允许受访者根据实际报告的关系确定哪些组织是网络的一部分，哪些不是网络的一部分。

网络矩阵对缺失数据较为敏感。例如，在一个由 25 个组织组成的网络中的一个无应答者，会使其和多达 24 个其他组织之间的连接丢失。解

---

① Keith G. Provan, Mark A. Veazie, Lisa Staten Nicolette I, and Teufel-Shone, "The Use of Network Analysis to Strengthen Community Partnerships," *Public Administration Review* 65 (2005): 603 – 613.

决这个问题的一种方法是通过网络中其他组织的响应来报告丢失的组织的连接。当缺少大量网络成员时，这种方法最有效。一旦收集到数据，就可以对已确认或未确认的连接或两者进行计数。未确认的连接反映了网络中组织所列出的关系，而不管该组织是否也被其所标识的组织命名。已确认的连接仅反映那些焦点和目标组织都表示与另一个连接的关系。已确认的连接通常被视为更可靠的网络活动指标，但未确认的连接在指出网络可能需要加强的薄弱关系和区域的存在方面是非常有用的。

一旦收集了网络数据，就可以使用各种软件工具对其进行分析，其中最常见的是使用 UCITET 软件。[①] 其包括 NETRAW 绘图功能，可以通过可视化允许表示网络参与者和他们之间的连接。只要有可能，网络调查数据就收集在多个时间点。虽然调查单一，但是横截面数据可以有效用于确定网络的外观和参与者在一个时间点的态度，纵向数据则提供了检查网络演进的机会。

本书将每个案例的社区多元主体合作组织间联合视为一个网络，将社区共治网络中的每个组织（社区党组织、社区居委会、商户、物业、专业社会组织、社区社会组织、驻社区单位）视为节点，两个组织间的关系视为一个连接，利用社会网络分析软件 UCINET，采用"圆率"方法计算中心性、统筹度、角色和网络密度等指标。

程度中心性计算：

$$C_D(n_i) = d(n_i) = \sum_j X_{ij} = \sum_j X_{ji}$$

$$C'_D(n_i) = \frac{d(n_i)}{g-1}（标准化）$$

其中，X_{ij} 代表连接与否的 0 或 1 的数值，代表主体 j 是否承认与主体 i 有关系；g 是此合作网络中的总主体数。

中介中心性计算：

$$C_B(n_i) = \sum_{j<1} g_{jk}(n_i)/g_{jk}$$

---

① 转引自 Keith G. Provan, Mark A. Veazie, Lisa Staten Nicolette I, and Teufel-Shone, "The Use of Network Analysis to Strengthen Community Partnerships," *Public Administration Review* 65 (2005): 603 – 613。

$$C_B'(n_i) = \frac{2 \sum_{j<k} g_{jk}(n_i)/g_{jk}}{(g-1)(g-2)} （标准化）$$

其中，g_{jk} 代表主体 j 达到主体 k 的捷径数，$g_{jk}(n_i)$ 代表主体 j 达到主体 k 的快捷方式上有主体 i 的快捷方式数，g 是此合作网络中的总主体数。

角色分析 Concor 法：

$$r_{ij} = \frac{\sum (x_{ki} - \bar{x}_{.i})(x_{kj} - \bar{x}_{.j}) + \sum (x_{ik} - \bar{x}_{i.})(x_{jk} - \bar{x}_{j.})}{\sqrt{\sum (x_{ki} - \bar{x}_{.i})^2 + \sum (x_{ik} - \bar{x}_{i.})^2} \cdot \sqrt{\sum (x_{kj} - \bar{x}_{.j})^2 + (x_{jk} - \bar{x}_{j.})^2}}$$

$$(i \neq k, j \neq k)$$

其中，$\bar{x}_{.i}$ 是所有指向主体 i 的关系的平均数。$x_{kj} - \bar{x}_{.j}$ 表示主体 k 指向主体 i 的关系（0 或 1），减去指向主体 i 的关系的平均数。分母是计算主体 i 的内向关系与主体 j 的外向关系间的皮尔森相关系数，作为两个主体结构同型性的指标，以分析社区共治网络各主体的关系及定位。

网络密度计算：

$$\triangle = \frac{2L}{g(g-1)}$$

其中，L 代表合作网络中连接的数量，g 代表合作网络中主体的数目。

二　数据来源

本书根据社区共治网络发展周期的特征，将社区共治网络分为生成、互动、统筹三个发展阶段，并对各阶段案例进行了动态追踪调查。本书历时两年（2017 年 11 月至 2019 年 11 月），采取了横断面研究和回顾性研究相结合的方式，力图完整呈现社区共治网络发展的全过程。

本书在社区共治网络的不同发展阶段，采取了多种类型的数据获取方法。通过集中座谈、一对一深度访谈、问卷调查、整体网络分析和相关部门情况问询等方式，从每个案例中获取同类型数据资料，进行比对研究，耦合多个案例共同成立的模式机制与因果关系，并得出结论。

本书的研究数据主要有以下来源。①集中座谈。与六个案例社区的社区党组织（社区居委会）负责人、社区社会组织负责人进行座谈，获取社区共治网络在生成和互动阶段的表现特征与发展路径。②深度访谈。对专业社会组织负责人进行深度访谈，获取社区共治网络在互动阶段的行动策略和互动情况；对六个案例社区的社区党组织（社区居委会）负责人、社区社会组织负责人、驻社区单位负责人进行深度访谈，获取社区共治网络在互动和统筹阶段的主要措施和治理工具。③问卷调查。向六个案例社区的社区党组织（社区居委会）负责人发放问卷，了解六个案例社区在生成阶段和互动阶段的行动路径，并评估社区治理绩效结果。④整体网络分析。采集在社区共治网络统筹阶段的网络成员的关系数据，分析"密度"、"中心性"、"统筹度"和"子网络"等网络特征。⑤相关部门情况问询。进行社区治理满意度居民随机问询和社区治理绩效主责单位问询，将问询结果作为确定党建引领社区治理有效性的重要依据之一。

（一）社区共治网络生成阶段的数据来源

1. 与社区党组织（社区居委会）负责人和社区社会组织负责人进行座谈

与六个案例社区的社区党组织（社区居委会）负责人、社区社会组织负责人进行座谈，获取社区共治网络生成阶段的表现特征和发展路径。具体座谈对象见表3-5。

表3-5　案例座谈对象

案例社区	座谈对象		
A	社区党委书记	社区社会组织负责人	
B	社区居委会副主任	社区文教主任	社区编织社党支部书记
C	社区党委书记	社区服务站站长	社区社会组织负责人及骨干	养阖养老中心负责人
D	社区党委副书记	社区服务站站长	社区社会组织负责人及骨干

案例社区	座谈对象		
E	社区党委副书记	街道社区建设科负责人	
F	社区党委书记	社区居委会副主任	社区服务站社工

注：A 混合社区高绩效——YS 社区，B 混合社区低绩效——ZYBL 社区，C "单位制" 社区高绩效——WYDL 社区，D "单位制" 社区低绩效——DGD 社区，E 商品房社区高绩效——ZJZT 社区，F 商品房社区低绩效——JBFJ 社区。

座谈的问题涉及社区在社区共治网络生成阶段的举措和效果。首先，请社区党组织（社区居委会）负责人介绍社区的基本情况，询问目前有哪些活跃的社区社会组织。其次，请社区党组织（社区居委会）负责人详细描述社区从哪些方面进行了有目的性的干预，包括如何培育和引导社区社会组织发展，如何在积极参与公共生活的居民中筛选出社区社会组织的领导者，以及如何投入相应的人力、物力资源培育社区社会组织。最后，请社区党组织（社区居委会）负责人评价培育的效果，如社区社会组织的数量如何变化，居民参与公益活动和公共事务的程度如何变化，社区社会资本如何变化。

2. 向社区党组织（社区居委会）负责人发放问卷

向六个案例社区的社区党组织（社区居委会）负责人发放问卷，问卷涉及社区基本情况、社区工作人员的情况、社区社会组织数量的变化和居民参与程度的变化。其中，在考察培育情况的时候，请社区党组织（社区居委会）负责人分别填写五年前和如今活跃社区社会组织的数量，从而计算社区社会组织的增量；在考察居民参与情况时，请社区党组织（社区居委会）负责人分别填写五年前和如今活跃参与社区事务和活动的居民数量，从而计算居民参与程度的提升量。

（二）社区共治网络互动阶段的数据来源

1. 与社区党组织（社区居委会）负责人和社区社会组织负责人进行座谈

与六个案例社区的社区党组织（社区居委会）负责人、社区社会组织负责人进行座谈，获取社区共治网络互动阶段的表现特征和发展路径。具体座谈对象见表 3-6。

座谈会的问题涉及社区在社区共治网络互动阶段的举措和效果。首先，询问访谈对象在何种契机下，开始尝试与专业社会组织开展联动，以及当时有哪些政策文件。其次，询问社区基层管理机构、社区社会组织和专业社会组织联动的具体过程，例如，在哪些方面进行联动，各主体如何进行分工与合作。最后，请访谈对象评价"三社联动"给社区带来的变化，例如，给社区党组织（社区居委会）和社区社会组织带来的变化，给社区治理认识带来的变化。

2. 向社区党组织（社区居委会）负责人发放问卷

向六个案例社区的社区党组织（社区居委会）负责人发放问卷，问卷涉及社区首次与专业社会组织合作的年份、合作的组织名称、合作的形式，社区为专业社会组织提供了哪些支持，专业社会组织和社区社会组织之间的关系如何。

3. 对三家专业社会组织负责人进行深度访谈

对三家与社区合作的专业社会组织负责人进行深度访谈。此三家专业社会组织均与一个或多个案例社区开展过培育社区社会组织或社区服务方面的合作，是"三社联动"的重要主体。

访谈涉及的问题主要包括：与社区合作的背景是什么，合作的内容有哪些，以及合作为社区带来了何种变化；在合作中社区与专业社会组织的合作问题，并最终取得了怎样的合作成果；目前"三社联动"方面的制约因素有哪些，以及效果如何评估等。

（三）社区共治网络统筹阶段的数据来源

1. 深度访谈

对六个案例社区的社区党组织（社区居委会）负责人、社区社会组织负责人、驻社区单位负责人进行深度访谈，获取这些治理主体所理解的党建引领措施、治理工具和参与行动，以及社区治理各主体之间的互动情况与互动机制。具体访谈对象见表 3-6。

表 3 – 6　案例访谈对象

案例社区	访谈对象			
A	社区党委书记	劝导队负责人	矛盾调解党小组负责人	
B	社区居委会主任	社区居委会副主任	社区党建专职工作者	
C	社区党委书记	社区居委会副主任	703 所活动中心负责人	社区理发店老板
D	社区党委书记	为老服务探访团团长	绿色志愿者服务队负责人	
E	社区党委书记、主任	社区党委副书记	社区居委会副主任	社区服务站站长
F	社区党委书记	社区居委会主任		

注：A 混合社区高绩效——YS 社区，B 混合社区低绩效——ZYBL 社区，C "单位制"社区高绩效——WYDL 社区，D "单位制"社区低绩效——DGD 社区，E 商品房社区高绩效——ZJZT 社区，F 商品房社区低绩效——JBFJ 社区。

2. 整体网络问卷调查

对六个案例社区的社区治理网络进行整体网络问卷调查，以活跃参与社区治理的组织间网络为分析单位，以活跃参与社区治理的全部组织为网络边界，调查认识与否、信息交换、事务转介、服务协作四个维度的网络特征。对六个案例社区的社区治理整体网络中的组织进行面访问卷调查，每个案例社区的社区治理整体网络问卷调查形成四个数据矩阵（四个网络）。借助整体网中"密度"、"中心性"、"统筹度"和"子网络"等要素的计算和分析，对社区治理的主体间关系和结构特征进行归纳与分类。

3. 社区治理满意度居民随机问询和社区治理绩效主责单位问询

对社区治理绩效的测量主要通过对六个案例社区的居民（不少于 10 人）进行随机的社区治理满意度问询及对社区社会建设工作办公室、社区所属街道相关领导的问询获得数据。对居民的社区治理满意度随机问询采用李克特量表编制方式，主要包括社区安全、社区环境卫生、公共设施开放与维护、服务需求响应程度四个方面。对社区社会建设工作办公室相关领导的问询同样基于上述四个方面，使用 0～10 的尺度测量六个案例社区的治理绩效。

除此之外，研究组还通过被访的社区及其业务主管单位获得了社区的基本介绍、工作宣传等简介性资料，以及社区党建工作和社区治理工作的经验性资料和总结评价性资料，并进行了非正式观察。

三　案例基本情况

（一）混合社区案例

A 案例：YS 社区是位于 FT 区中心区的新旧混合型社区，现有住户2122 户，常住人口 7989 人，流动人口 1120 人。辖区内有 FT 街道办事处、苏宁电器、环卫局、兴隆中医医院、FT 工商分理处、FT 铁路车务段、FT 清真寺、丰和轩饭店、FT 修理公司等驻区单位。目前，该社区拥有在册 346 人规模的社区劝导队、文明传播队、安全维稳队、老党员先锋爱心帮扶队，以及整合了原来合唱队、舞蹈队、太极健身操队和模特队的惊喜艺术团等七家社区社会组织。社区参与公共活动的活跃居民约有 800 人。该社区主要与一家专业社会组织开展合作，合作内容主要是以项目化方式开展文化活动，与专业社会组织合作比较有经验，但是没有通过专业社会组织培育社区社会组织。社区党委下设四个功能型党支部，各党支部下设三个党小组，共有 230 名社区党员。

B 案例：ZYBL 社区是位于 FT 区中心区的新旧混合型社区，以拆改新建小区为主，住户共计 2145 户 6745 人。ZYBL 社区中 60 岁以上老年人有 1300 余人，约占社区总人口的 19.3%。辖区内既包括事业单位，如FT 区城管、FT 区工商联等，也包括非公企业和一些新成立的商户，如康济医院、洗车行等。目前，社区内主要活跃着环境志愿者服务队、巧手编织社两家社区社会组织。其中，环境志愿者服务队活跃成员约为 30人。社区参与公共活动的活跃居民约有 300 人。该社区长期与一家专业社会组织合作，合作内容覆盖社区社会组织培育、文体活动举办等。社区党委下设六个党支部，其中包括一个非公联合党支部和一个功能型党支部——巧手编织社党支部，共有 259 名社区党员。

（二）"单位制"社区案例

C 案例：WYDL 社区位于 FT 区东南部，是主要由一家央企职工居住区构成的"单位制"社区。社区共有楼房 45 栋 155 个单元，性质属于单

位分房。社区常住户数 1696 户，常住人口 4151 人，其中流动人口约有
900 人。社区内有九家离退休所的职工活动站，另有东高地第二小学、
航天幼儿园一分园、警务工作站、物业、卫生服务站等单位，以及妆美
红理发店、拓艺发型理发店、松鼠户外装备店、好乐缘文具礼品屋、花
芝麻炸酱面馆等驻社区商户。目前，社区主要有老党员先锋队、连心队、
雷锋队、绿色积分等五家活跃社区社会组织，其中老党员先锋队活跃成
员约为 40 人，连心队活跃成员约为 40 人。社区参与公共活动的活跃居
民约有 1500 人。该社区已经与两家专业社会组织建立了合作关系，主要
通过街道购买社会组织服务项目的途径与专业社会组织合作。社区党委
下设五个党支部，其中有四个网格党支部、一个非公联合党支部，共有
社区党员 137 人。

D 案例：DGD 社区位于 FT 区东南部，是街道内面积最大的社区。
社区有 68 栋楼房、7 片平房区，性质属于单位分房。社区在册常住居民
共有 4991 户 14990 人，多为一家北京市国有企业职工及其家属，其中外
地人口近 2000 人。驻社区单位有 211 厂离退休处、东高地第一小学、警
务站和东管办等。社区内有万源家政、首航超市、永民康大药房等商户。
社区目前有党员环境清洁队、为劳服务探访团、"一家亲"志愿服务队
等七家活跃社区社会组织。社区参与公共活动的活跃居民约有 400 人。
该社区没有长期合作的专业社会组织，之前接触过一家，但最终没有建
立合作关系，与专业社会组织合作的愿望比较强烈。社区党委下设四个
党总支，18 个楼栋党支部；有一个非公联合党支部，内有四名党员；共
有 773 名社区党员。

（三）商品房社区案例

E 案例：ZJZT 社区位于 FT 区北部的商品房小区，辖区内有居民楼
房 34 栋，均为商品房。社区常住人口 5104 人，流动人口 1429 人。辖区
内有广东康景物业、紫台家园管理中心、明悦幼儿园、中铁港航局办事
处、华远意通供热公司珠江峰景分部等多家企事业单位和门店底商 90 余
家。目前，社区内有 16 家社区社会组织，其中主要有民族舞蹈队、民乐
队、广场舞队、合唱队、秧歌队、太极队、交谊舞队七家活跃社区社会

组织。社区参与公共活动的活跃居民约有 320 人。该社区与两家专业社会组织开展合作，内容覆盖社区社会组织培育、公益活动举办、养老服务、文体活动等。社区党委下设四个党支部，包括三个居民区党支部、一个非公联合党支部。社区共有 155 名党员，均为离退休党员。

F 案例：JBFJ 社区位于 FT 区北部的商品房小区，辖区内有居民楼 10 栋，社区常住人口 4500 人，流动人口 137 人。辖区内有一家物业公司（北京建工物业服务有限公司）、两家商户（北京林怡教育咨询有限公司、北京博裕鑫升超市有限公司）。目前，社区有舞蹈队、合唱队、太极队、治安巡逻志愿者服务队四家社区社会组织。社区参与公共活动的活跃居民约有 150 人。该社区没有长期合作的专业社会组织。社区党委下设两个党支部，党组织关系在社区的党员有 80 人左右，均为离退休党员。

表 3-7　案例社区基本情况比较

案例社区	区域房屋均价（万元/平方米）	公共设施丰富程度	社区社会组织丰富程度	社区能人资源集聚程度
A	5.4	一般	高	高
B	5.7	一般	一般	一般
C	5.0	高	高	高
D	4.8	匮乏	高	高
E	6.3	高	高	高
F	4.8	低	低	低

第四章 社区共治网络生成：社区社会组织培育及其绩效影响机制

第一节 社区社会组织培育作为形成社区治理网络的基础

一 社区社会组织培育的政策和实践发展

独立、专业、数量庞大的社区社会组织是政府和社会组织在社区治理中建立合作关系的前提[①]，是社区共治网络形成的关键。2017年，《中共中央 国务院关于加强和完善城乡社区治理的意见》指出"大力发展在城乡社区开展纠纷调解、健康养老、教育培训、公益慈善、防灾减灾、文体娱乐、邻里互助、居民融入及农村生产技术服务等活动的社区社会组织和其他社会组织"，明确了社区社会组织培育工作和创新社区治理体系之间的重要关系。该意见下发后，全国各地开始了在社区社会组织培育方面的有益尝试，将培育社区社会组织作为提高社区治理能力的重要环节，以此为基础努力打造社区治理新格局。从中央到地方，从政策到实践，社区社会组织的培育和发展成为一项重要议题。

2017年12月27日，民政部印发了《关于大力培育发展社区社会组织的意见》，作为全国范围内社区社会组织培育工作的指导性政策文件。该意见提出"以满足群众需求为导向，以鼓励扶持为重点，以能力提升为基础，引导社区社会组织健康有序发展，充分发挥社区社会组织提供服务、反映诉求、规范行为的积极作用"的总体要求。该意见还规定了

---

① 彭少峰、张昱：《迈向"契约化"的政社合作——中国政府向社会力量购买服务之研究》，《内蒙古社会科学》（汉文版）2014年第1期，第161~166页。

"力争到 2020 年，社区社会组织培育发展初见成效，实现城市社区平均拥有不少于 10 个社区社会组织，农村社区平均拥有不少于 5 个社区社会组织。再过 5 到 10 年，社区社会组织管理制度更加健全，支持措施更加完备，整体发展更加有序，作用发挥更加明显，成为创新基层社会治理的有力支撑"的总体发展目标。

实际上，早在民政部印发《关于大力培育发展社区社会组织的意见》之前，各地便出台了培育发展社区社会组织的相关政策，对本地区培育社区社会组织工作给予指导，提供制度化规范。

2008 年，北京市出台了《关于加快推进社会组织改革与发展的意见》，提出"结合社区建设，大力培育社区志愿服务类、慈善公益类、生活服务类、社区事务类、文体活动类社会组织。社区社会组织的发展要充分体现服务群众、服务基层、服务社区的功能"。2009 年，北京市民政局印发了《北京市城乡社区社会组织备案工作规则（试行）》，进一步规范了社区社会组织的准入门槛和登记备案工作，将社区社会组织建设纳入社区治理网络。2019 年，中共北京市委社会工作委员会、北京市民政局等部门印发了《关于培育发展社区社会组织的实施意见》，这是北京市开始尝试指导社区社会组织培育发展的政策性文件，指出要从资金、人才培养等方面加大对社区社会组织培育的扶持力度，并提出了"民有所呼，我有所应"的工作目标，以及"引导社区居民有序表达利益诉求""提高群众文化生活品质、培育社会主义核心价值观、弘扬优秀传统文化、维护公序良俗""有效参与纠纷化解、社区矫正、防灾减灾等工作"的社区社会组织具体职能。

2016 年，上海市出台《关于加快培育发展本市社区社会组织的若干意见（试行）》，明确规定了本地社区社会组织的发展方向，引导各级地方政府对社区社会组织培育进行资源支持，并在《2019 年上海市社会组织工作要点》等文件中，提出持续培育社区社会组织的目标。上海市培育社区社会组织政策的主要特点，就是逐步降低社区社会组织的准入门槛，在登记、资金要求、办公场所等方面降低社区社会组织的准入难度，鼓励各级地方政府对社区社会组织投入相应的社会资源。

2008 年，深圳市印发了《关于进一步发展和规范我市社会组织的意见》及《深圳市社会组织发展规范实施方案（2010—2012 年)》，较早提出了培育社区社会组织的发展方向。2010 年 9 月 19 日，民政局出台了配套政策《深圳市社区社会组织登记与备案管理暂行办法》。在文件中，深圳市民政局对社区社会组织的权责范围进行了较为明确的界定，并且对资源的投入和使用进行了严格规定，提出社区社会组织解散后，所有资金要归基层政府管理，用于继续培育社区社会组织。

在进行制度创新的同时，各地不断探索社区社会组织培育的实践，形成了社区社会组织培育的"政府主导、项目带动、合同治理、多方参与、资源整合"的联动培育机制。[①] 目前，我国社区社会组织形式包括社区居委会培育成立、社区居民自发成立和专业人员组织成立[②]等类型。然而，多数地区社区社会组织培育模式相对单一、培育过程流于形式、培育成效不足[③]，社区社会组织发展仍然存在诸多问题和短板，制约着社区共治的实现。

我国社区社会组织在发展过程中存在的问题和短板主要体现在以下几个方面。一是发展资源相对匮乏。目前，我国社区社会组织普遍存在资源不足的问题，一方面是资源注入不足，另一方面是资源生产不足。大多数社区社会组织需要依靠外部资源的不断注入，才能生存发展。但是，各级地方政府的社会建设经费支出，主要用于建设基层居民自治组织和专业社会工作机构，通过上述两种组织转移支付至社区社会组织。因此，社区社会组织实际可获得的资源有限，在缺乏资源支持的情况下，社区社会组织是难以实现正常运营的。二是专业化程度低。目前，社区社会组织主要由居民进行自治管理，缺乏社会组织运营所必需的专业知识和专业人才，更缺乏提供专业公共服务的能力，这在很大程度上限制了社区社会组织发挥应有的作用。三是组织运转缺乏独立性。目前，社

---

① 赵罗英、夏建中：《社会资本与社区社会组织培育——以北京市 D 区为例》，《学习与实践》2014 年第 3 期，第 101 ~ 107 页。

② 董庚：《社区社会组织的发展路径、现实困境与对策建议——以武汉市常青花园社区为例》，《行政科学论坛》2020 年第 4 期，第 16 ~ 20 页。

③ 夏建中、张菊枝：《我国城市社区社会组织的主要类型与特点》，《城市观察》2012 年第 2 期，第 25 ~ 35 页；段雪辉、李小红：《双向汲取：社区社会组织的行动路径分析》，《求实》2020 年第 3 期，第 57 ~ 68、111 页。

区社会组织在很大程度上受街道办事处和社区居委会的管理与制约。这是由于社区社会组织运转所需要的资源主要由社区居委会等机构提供，社区社会组织居于相对弱势的地位，并在社区行政化的背景下发展，逐渐沦为街道办事处和社区居委会的附属，丧失了组织运转的独立性。同时，不同地区的社区社会组织参与社会治理的有效性也存在很大差异。①因此，社区社会组织培育仍然是建构社区治理共同体需要高度重视的基础性工作。如何理解和评估社区社会组织培育的绩效，如何解释社区社会组织培育绩效的影响机制，进而如何探索一条高效、科学、可持续的社区社会组织培育路径，是各地方社区治理的题中应有之义和重要课题。

二　社区社会组织在社区共治网络中的作用

全国各省市在中央政策的引导下，开始进行社区社会组织培育的地方规划和本地实践，大力培育社区社会组织，使之在社区共治中发挥更大的作用。社区共治网络是一个功能完整的系统。在这个系统中，多元主体从不同维度为社区发展提供多种类型的公共服务，并最终实现社区和谐、公共服务供给充足等目标。在社区共治网络中，社区社会组织始终是重要的环节。"如果把社区看作一个能够实现自我循环的系统，社区组织化即可被理解为社区系统的组织化，旨在通过形成各种组织来形塑社区系统结构，加强和改善社区系统不同部分之间的联系以及强化社区系统各项治理功能的发挥。"②在社区治理中，社会组织长期缺位，造成了社区管理和社区治理之间的混淆。原有以社区居委会为中心的社区管理格局，强调的是完成自上而下对社区事务的控制和引导。市场主体加入后，社区管理引入了服务要素，但是服务类型单一。因此，在构建社区共治网络中，社会力量的参与不可或缺，而社区社会组织是扎根社区的自下而上的力量，其重要性更为突出。社区社会组织最重要的功能在

---

① 管兵：《竞争性与反向嵌入性：政府购买服务与社会组织发展》，《公共管理学报》2015 年第 3 期，第 83～92、158 页；陈天祥、郑佳斯：《双重委托代理下的政社关系：政府购买社会服务的新解释框架》，《公共管理学报》2016 年第 3 期，第 36～48、154 页。

② 徐建宇：《城市社区治理中社区组织化的连接、选择与策略研究》，《中国行政管理》2019 年第 9 期，第 67～72 页。

于提供本地化的公共服务，从而丰富和完善社区共治网络可以提供的公共服务类型。此外，社区社会组织是最贴近居民生活的机构，其成员来自当地社区，对社区居民的服务偏好最为了解，可以准确获知社区居民需要的公共服务类型，从而搭建起结构更立体、内容更丰富的社区共治网络。

具体来说，社区社会组织在社区共治网络中的重要作用主要体现在以下三个方面。

首先是社区资源优化配置的核心节点。社区社会组织可以被看成是一种社会公共服务产品的生产组织，开展的是合作性生产活动。社区社会组织可以迅速对社区内的各种资源要素进行整合，提高公共服务的生产效率，这是由于社区社会组织对社区资源更熟悉，而且能更好地将这些资源提供给有需要的人，其产出公共服务的边际成本一定低于社区自发供给公共服务的边际成本，可以提升社区资源的利用率，从而形成资源可持续发展。从这个层面来说，社区社会组织与社区基层自治组织和专业社会组织相比，具有不可替代的作用。而且，随着社区社会组织不断发展成熟，其在社区动员和资源整合方面发挥的作用将更加凸显。

其次是从"包揽式"管理向"嵌入式"治理转变的关键枢纽。中国的城市化发展是人类历史上规模最大的城市化运动，也是社会转型的重要背景。有学者认为，国家治理需要逐步从"包揽式"管理向"嵌入式"治理转变，"社区治理在主体、制度、资源、技术等方面嵌入的社会性要素日益凸显，城市社区治理开始向社会化治理模式转型，在这个转变过程中，社区社会组织扮演着重要角色"。① 社区社会组织天然具有内生性、自治性的特点，因此其可以主动承担部分社区动员、公共服务供给、社区秩序维持等功能。并且，社区社会组织的成员从本社区产生，有利于提升社区民众对公共服务的参与度，形成社区集体行动的内生动力和互动需求，推动社区治理的内在性发展。

最后是推动形成社区治理多中心格局的重要环节。在社区治理理论

---

① 唐鸣、李梦兰：《城市社区治理社会化的要素嵌入与整体性建构——基于"第三批全国社区治理和服务创新实验区"的案例分析》，《社会主义研究》2019年第4期，第103～111页。

中，社区社会组织具有不可替代的作用。具体到我国社区治理的实践中，社区基层自治组织、专业社会组织、社区社会组织以及辖区内各种类型和所有制的单位机构，都从属于社区治理网络，承担和发挥着不同的功能和作用。只有在各方居于其位并各自发挥作用时，才能形成资源的正向流动，并形成持续的公共服务和治理产出。因此，只有在拥有丰富的社区社会组织的基础上，社区治理网络多元主体按照一定的机制进行互动，才能形成多元主体共同参与社区建设的合力，增强整体治理效果。

第二节　社区社会组织培育的绩效衡量和案例绩效评价

一　社区社会组织培育的绩效衡量指标

社区社会组织在社区共治网络中是重要的增量元素，是社会力量的主要承载形式之一，培育社区社会组织是建构社区共治网络的基础。如何衡量社区社会组织培育的绩效，成为政策制定者和学者需要回答的首要问题。在国务院、民政部的政策文件中，只有"实现城市社区平均拥有不少于 10 个社区社会组织"这一数量指标是清晰明确的，而相关定性指标则较为模糊，这些定性指标包括推动管理水平进一步提升、系统性的发展、支撑体系的进一步完善。[①]　相关学者的研究也印证了这一点。社区社会组织培育作为一个在全国范围内迅速推进的国家项目，存在"简单化"的局限性，例如，过于关注组织的数量增长，忽视了组织规模较小、类型不全、效能发挥不足等深层次问题。[②]

为了避免陷入"简单化"的局限，本书主张从网络视角出发，把社区社会组织培育的过程纳入社区共治网络的发展过程中加以考量。社区

---

① 《民政部关于大力培育发展社区社会组织的意见》，中华人民共和国民政部网站，http://www.mca.gov.cn/article/gk/wj/201801/20180115007214.shtml，最后访问日期：2019 年 12 月 26 日。

② 王嘉渊：《"国家项目"的基层实践困境及其完善机制——基于 D 市社区社会组织培育的分析》，《山东社会科学》2019 年第 6 期，第 61～67 页。

社会组织不是独立的、外在的变量，它产生于基层场域中，它的培育过程涉及社区居委会、专业社会组织以及社区社会组织三方的互动。其中，社区居委会作为资源的配置者，处于强势和支配地位，因此是培育社区社会组织的重要主体。然而，有学者指出，社区居委会作为居民自治组织，却承担着大量行政性职能，存在角色错位问题，这造成了社区治理的"行政化困境"①。为了突破这一困境，通过专业社会组织培育社区社会组织，带动社区社会组织规范化发展，成为重要的发展趋势。这是由于专业社会组织在理论性、专业性、系统性方面具有优势。此外，专业的社会工作者在社区社会组织规范化提升方面具有不可替代的作用，这不仅体现在他们能够帮助社区社会组织成员提升理论素养和专业技能，还体现在他们能够帮助社区规范化开展活动，以及提升社区社会组织成员对公共知识的关注度。② 因此，社区社会组织培育是"三社联动"的过程，培育的绩效是网络互动的结果。

在对绩效指标进行操作化时，本书参考了 Provan 和 Milward 的观点，认为社区网络的有效性评估应当分为社区、网络和网络参与者三个层次。③ 综合考虑本土情境和理论成果，本书将社区社会组织培育的绩效衡量指标归结为以下四个变量（见表 4 - 1）。

一是活跃社区社会组织的增量。社区社会组织培育的首要绩效衡量指标就是活跃社区社会组织的数量，该指标标志着这一区域社区社会组织的活跃程度。社区社会组织是城市"社区化"和社会工作普及化进程中的重要产物，组织数量一直是中央政策和基层政府关注的焦点。同时，为了规避"僵尸组织"对结果的干扰，本书提出了活跃社区社会组织的概念。所谓活跃社区社会组织，是指有稳定的领导团队，有活跃的队伍，有经常性的活动，机构运转经费已经初步得到保障的社区社会组织。社

---

① 高红、杨秀勇：《社会组织融入社区治理：理论、实践与路径》，《新视野》2018 年第 1 期，第 77~83 页。

② 宋利：《社会工作介入社区社会组织培育的路径探析》，《中国社会工作》2020 年第 7 期，第 24~25 页。

③ Keith G. Provan & H. Brinton Milward, "Do Networks Really Work? A Framework for Evaluating Public-Sector Organizational Networks," *Public Administration Review* 61 (4) (2001): 414 – 423.

区社会组织在数量方面的快速增长，反映了社区社会组织在社区共治网络中的自主权和话语权正在逐步增大；社区社会组织在社区共治网络架构中成为独立的治理主体，发挥应有的作用。这是培育社区社会组织的题中应有之义。因此，活跃社区社会组织的增量，可以作为社区社会组织培育绩效的重要衡量指标。

二是社区共治网络的初步形成。组织形成协作关系与个体网络主体的具体目标有关，目标共识对网络治理具有重要意义。促进居民和社区治理理念日趋一致的过程，就是居民不断呼唤社区价值回归的过程，是居民积极参与社区治理的根本利益诉求，而这个目标的实现，需要通过一条全新的、不同于以往的"管控"式管理模式的途径来完成。社区居民拥有共同的兴趣、共同的愿景、共同的价值标准，是成立社区社会组织的重要考量因素。因此，社区社会组织具有高度的自发性特征。这就决定了社区社会组织核心的优势就是对本社区资源条件具有自适应性，能够主动挖掘并充分利用社区资源，从而形成资源的优化配置。但是当前，社区社会组织的形态、价值、活动方式日趋多元化，在培育社区社会组织过程中，要特别注意社区社会组织的目标能否和社区共治网络的目标达成一致。社区社会组织在一定程度上是社区居民对公共服务偏好的集合，促进社区社会组织对社区共治网络目标认知的一致性和忠诚度，就是将社区居民对社区治理的诉求妥善安置在整个社区共治网络框架中。因此，培育社区社会组织是一个动态的过程，这一过程要求社区社会组织一方面能够准确反映社区居民的服务需求，引导居民对社区共治网络的认知与网络总体目标和认知达成一致；另一方面通过与专业社会组织和社区居委会合作，不断提升自身的能力，促进目标的达成。

三是居民社区参与程度的提升。这一指标主要衡量居民参与社区公共生活的频率，在一定程度上反映了居民参与社会公共生活的积极性，是我国基层群众自治实践的重要组成部分。在实际社区治理过程中，社区居民表达意愿的有序性、协商议事的能力都是社区居民参与社区事务有效性的重要内容。社区社会组织通过运营，可以有效动员居民参与社会公共生活，提升居民自我提供公共服务和公共产品的能力，同时可以让这一过程在社区共治网络的框架下发生，从而规避了由居民无序参与社区治理导致社区治理失序发展的风险。培育社区社会组织，一方面能够提升居民参与社区治理的积极性，另一方面能够打通居民有序参与社区公共事务的渠道。因此，高效的社区社会组织能够带动更多的居民参与社区公共生活，并且在不断的实践过程中，训练和培养居民参与社区公共事务的能力，持续提升其公共问题讨论能力和解决能力，提高在公共生活中保持积极参与状态的居民的比例。因此，在培育社区社会组织的过程中，要将居民参与社区公共事务的水平和程度作为重要的产出，将其成为衡量社区社会组织培育效果的重要因素。

四是社区社会资本总量的增长。积累社区社会资本总量是推动社区共治网络建设的总体目标之一，对衡量社区社会组织培育的绩效具有重要的标尺作用。在实践中，社区社会资本降低了社区居民在互动过程中产生的信任成本，能够有效促进居民开展集体行动，对持续改善社区公共生活中产生的"制度供给、可信承诺和相互监督"这三个基本问题也具有帮助。[1] 社会资本的三个要素——社会网络、信任程度、互惠精神，通过社区社会组织活动的有序开展、社区社会组织的系统化建设、社区社会组织环境的营造形成正向循环。

表 4-1 网络视角下社区社会组织培育的绩效衡量指标

社区社会组织培育绩效层次	变量	说明
组织层面	活跃社区社会组织的增量	在培育阶段，新增了多少家活跃的社区社会组织。所谓活跃，是指有稳定的领导团队，有活跃的队伍，有经常性的活动，有基本运行经费
网络层面	社区共治网络的初步形成	社区社会组织对社区共治网络目标认知的趋同程度
社区层面	居民社区参与程度的提升	数量的变化：活跃参与人数占全体常住居民人数的比例的变化（活跃参与是指每季度至少参与一次议事会议或者具体服务）。质量的变化：居民参与公益活动和公共事务的程度的变化

---

① 高红、杨秀勇：《社会组织融入社区治理：理论、实践与路径》，《新视野》2018 年第 1 期，第 77~83 页。

社区社会组织培育绩效层次	变量	说明
社区层面	社区社会资本总量的增长	社会网络、信任程度和互惠精神的增强

二　案例绩效评价

根据上述社区社会组织培育的绩效衡量指标,我们对六个案例社区社会组织培育绩效进行对比分析,根据问卷调查,结合座谈会和访谈情况,得出结论:A 案例社区、C 案例社区和 E 案例社区在培育社区社会组织方面属于高绩效案例社区,B 案例社区、D 案例社区和 F 案例社区在培育社区社会组织方面属于低绩效案例社区(见表 4-2)。

表 4-2　六个案例社区社会组织培育绩效的对比

案例社区	活跃社区社会组织的增量(家)	网络目标认知的趋同程度	居民社区参与程度的提升(%)	社区社会资本总量的增长	社区社会组织培育绩效评价
A	2	高	5	明显	高
B	2	较低	3	不明显	低
C	2	较高	21	明显	高
D	1	低	1	不明显	低
E	12	高	5	明显	高
F	4	较低	3	不明显	低

(一)组织层面:活跃社区社会组织的增量

在高绩效案例社区中,五年间增长活跃社会组织数量较多。这说明社区社会组织逐渐成为社区共治网络中的一类独立治理主体,为在社区共治网络中发挥作用奠定了组织规模基础。活跃社区社会组织的生产过程离不开社区居委会对社区社会组织的重视和资源投入,如在 E 案例社区采访中受访者提到的"培育、扶持,让它长大,从小到大、从弱变强,从 1 个将来能派生出 3 个、5 个、10 个,对这一类的志愿服务组织、公益服务组织，也给予全力的支持"①。

通过对多个案例中活跃社区社会组织的增量的对比可以发现，C 案例社区、E 案例社区五年间社区社会组织的增量相对于 D 案例社区、F 案例社区明显多。其中，在混合社区 A 案例社区、B 案例社区中，两者五年间活跃社区社会组织增量是相等的。B 案例社区在一年内通过专业社会组织培育的方式，成立了两家社区社会组织，但由于成立时间较短，与 A 案例社区相比，其虽然有后发赶超的趋势，但绩效仍不显著。"单位制" D 案例社区活跃社区社会组织的增量相对较低，基本表现为仅完成政府相关领域主管部门的最低要求，多数社区社会组织有名无实，没有稳定的队伍和定期开展的活动，不属于真正意义上的社区社会组织。商品房 E 案例社区成立于 2012 年，在五年前仅有 4 家活跃社区社会组织，最近五年新增 12 家活跃社区社会组织，这主要得益于社区大力成立兴趣类、志愿服务类居民自组织的举措。F 案例社区成立于 2014 年。社区刚刚筹建时，没有任何社区社会组织，五年内，社区新增了舞蹈队、合唱队、太极队、治安巡逻志愿服务队 4 支队伍。相对于 E 案例社区，F 案例社区活跃社区社会组织的增量较低。在访谈中 F 社区党委书记说道：

> 因为咱们志愿者提供的服务比较单一，主要是治安巡逻这一块。（访谈记录：20191022FR）

> 咱们购买专业社会组织的服务这一块，包括队伍发展，真的是不稳定。有人说我这段时间要离开北京回老家，队伍就可能会散一段时间，人员经常流失。（访谈记录：20191022FR）

在这种情况下，社区社会组织的发展相对缓慢、培育水平较低。在活动较多的志愿服务领域，该社区也没有形成志愿服务组织自我运行的机制，志愿服务通常不能由社区社会组织独立开展，其在很大程度上是

---

① 访谈记录：20191120EW。

由社区基层管理主体指定的，且目前社区社会组织的主要领导者为社区基层管理主体的工作人员。在这种情况下，社区社会组织的内在动力不足、规模的扩大速度缓慢。

（二）网络层面：社区共治网络的初步形成

在高绩效案例社区中，社区居委会和社区社会组织对社区共治网络目标的认知趋于一致。社区共治网络形成的落脚点在于实现社区共治与善治，社区社会组织在自主发展的同时，与社区居委会等其他重要主体，对社区共治网络的目标达成共识。与满足社区需求和解决社区问题保持一致，是社区共治网络初步形成的集中体现。对于具体社区来说，由于资源禀赋、发展历程、对政策的理解等情况的不同，社区共治网络的治理目标存在一定的优先级序列。例如，根据社区资源和居民需求等特征，有些社区更注重社区维稳、环境治理、矛盾调解等治理任务，而有些社区则更注重社区基本公共服务、公益服务和生活服务供给。社区共治网络的初步形成，主要体现为社区共治网络目标认知趋同。所谓目标认知趋同，是指社区居委会和社区社会组织等主要社区治理主体可以就社区治理目标达成一致，通过相互之间的合作，不断提升自身能力，共同基于社区需求致力于按照优先级实现治理目标。

对六个案例的分析发现，A案例社区、C案例社区、E案例社区中社区共治网络目标认知趋同程度较高，而B案例社区、D案例社区、F案例社区中社区居委会和社区社会组织对社区治理目标认知存在一定程度的背离。A案例社区、C案例社区、E案例社区中社区社会组织和社区居委会对社区治理目标序列的优先级认识一致，行动同步。例如，A案例社区是混合社区，该类型社区的人员构成复杂，年龄结构差异化程度较大，安防压力较大，邻里矛盾较为突出。因此在该社区中，劝导队是规模最大的社区社会组织，主要负责提供秩序劝导和矛盾调解相应的社会服务，以解决社区治理中的难题。在访谈中受访者说道：

> 劝导队当初成立的时候，是以党员、居民代表这些骨干为主的，主要是解决社会环境秩序的问题。经过这么多年的发展，我们社区

党委有各个步骤，每年一个项目，主要就是发挥和提升劝导队在社会服务中的作用及功能。（访谈记录：20191119AZ）

劝导队员对社区治理的目标认知与社区居委会相对一致。

而且有我们劝导队，在人民调解方面做得挺好的。有些小矛盾在值班中就缓解了。（访谈记录：20191119AZ）

由上文可以看出，在高绩效案例社区中，社区居委会和社区社会组织对社区治理的目标认知保持高度一致。例如，C 案例社区中的合唱队、绿色积分环境清洁队等社区社会组织的存在，与该社区退休老人较多、精神文化需求旺盛有关，符合社区居委会对社区治理目标的期待。E 案例社区中的公益型社区社会组织较多，与该社区是商品房社区，中青年人热心于公益事业，以及社区治理中的融合目标有关。

在 B 案例社区、D 案例社区、F 案例社区中，社区居委会和社区社会组织对社区治理的目标虽然没有完全背离，但存在一定程度的张力。例如，F 案例社区为商品房社区，社区居委会认为公益服务供给等社区融合目标应作为优先的社区治理目标，而社区社会组织则更多地将自身目标定位于成员的互益和自娱自乐上。F 案例社区党委书记说："这些自娱自乐的（社区社会组织），提供一个场地，就能帮咱干点活，给点象征性的补助，引导它们往公益服务这方面走。"[1] 社区居委会和社区社会组织并没有完全达成共识。也就是说，在社区共治网络的形成过程中，社区居委会和社区社会组织没有在认知上达成一致，导致社区共治网络目标认知趋同程度较低，社区社会组织的培育绩效较差。

（三）社区层面：居民社区参与程度的提升

社区参与是现代社区的形成机制，是参与的公共性、过程性和再生产使然。社区参与的扩大和再生产，是社区共治的题中应有之义。杨敏

---

[1]　访谈记录：20191022FR。

按照有无公共议题和是否参与决策过程，将中国的社区参与分为强制性参与、引导性参与、自发性参与和计划性参与四种类型，分别对应福利性参与、娱乐性参与、志愿性参与和权益性参与实践。① 这四种类型的社区参与通常以社区居委会组织和社区社会组织自我组织的形式展开。实践中，社区居委会组织社区参与也主要通过社区社会组织进行动员。

　　对六个案例的分析发现，A 案例社区、C 案例社区、E 案例社区中居民社区参与程度明显提升，而 B 案例社区、D 案例社区、F 案例社区中居民社区参与程度提升并不明显。A 案例社区、C 案例社区、E 案例社区五年间居民社区参与的平均人次增长较多，居民中社区参与的比例提高明显。而 B 案例社区、D 案例社区、F 案例社区中居民社区参与的平均人次增长则相对较少，积极参与社区公共生活的居民比例较低。

　　通过案例对比可以发现，居民社区参与程度的提升与社区社会组织的数量增长和类型丰富直接相关。社区社会组织的发展，为居民参与社区治理提供了组织化的渠道。② A 案例社区、C 案例社区、E 案例社区的社区社会组织类型更为多元化，既为居民参与社区公共活动提供了多种渠道，也为居民参与社区公共生活提供了更多可能。例如，在 A 案例社区中，五年间，居民参与人数从 400 人增长到约 800 人，主要得益于劝导队持续发挥作用。A 案例社区通过劝导队的组织化渠道，动员居民参与社区的安全巡逻工作。两会期间，63 名核心骨干成员带领几百名劝导队队员发挥作用，"劝导队实际上是流动的摄像头，随时关注社区的各种变化，如文明养狗、防范入室盗窃、堆物堆料防火、安全等"。③ 此外，A 案例社区还强调要搞好节日活动、邻里节等大型活动，通过活动提升居民参与程度。在 C 案例社区中，居民参与社区事务的主要途径是参与社区"共建联盟"的学雷锋活动④。每月五日上午，无论刮风还是下雨，

① 杨敏：《作为国家治理单元的社区——对城市社区建设运动过程中居民社区参与和社区认知的个案研究》，《社会学研究》2007 年第 4 期，第 137～164、245 页。
② 方亚琴、申会霞：《社区社会组织在社区治理中的作用》，《城市问题》2019 年第 3 期，第 77～83 页。
③ 访谈记录：20191119AC。
④ "共建联盟"在每月五日组织联盟成员为居民提供服务，活动名称叫作"雷锋来社区，五号送服务"。

理发志愿者、磨刀志愿者、律师志愿者、医护志愿者、学校志愿者都会来到社区居委会，支起摊点，为居民尤其是老年居民免费提供服务。在天气好的时候，参加学雷锋活动的志愿者和受益群众能够达到上百人。原社区党委书记梁书记是理发志愿者，她提到有一次 4 位志愿者一上午为 50 多人理发。五年间，联盟成员单位从 30 多家增长到 70 多家，活跃居民人数从 600 人增长到 1500 人，为社区共治网络发展提供了更好的主体发展基础。同样，在 E 案例社区，社区社会组织也是促进居民参与的主要渠道。根据社区干部的估算，平均每家社区社会组织可以吸引 20 位活跃居民参与，如今 16 支队伍一共带动了 320 位居民参与社区公共事务，而这一数字在五年前仅为 50 人。

相比之下，B 案例社区、D 案例社区、F 案例社区由于缺少组织化的参与渠道，参与社区公共事务的居民人数的增量相对较少。在 B 案例社区，社区里活跃的组织主要是环境志愿者服务队和巧手编织社，这也是居民参与社区事务的主要渠道。五年间，虽然活跃居民人数从 80 人增长到 300 人，但是与高绩效社区相比，还有一定差距。D 案例社区的情况比较特殊。虽然 D 案例社区作为大型社区共有 1.5 万名常住居民，但是每季度至少参与一次活动的活跃居民人数很少，五年前是 300 人，如今是 400 人，这 400 人都是社区的居民志愿者。D 案例社区的干部抱着"不患寡而患不均"的想法，不敢将大部分服务面向广大居民。D 案例社区服务站站长表示："一年基本上就搞一次大型活动——趣味运动会，面向所有社区居民。居民只要愿意来就提前报名，活动地点在大球场，现场也有六七百人……如果像你说的，每场活动只开放 30 个名额，这是完全不可能的。"[①] 在 F 案例社区，积极参与社区活动的居民从五年前社区刚成立时的 0 人增长到如今的 150 人，增长人数相对来说不算多。按照社区书记的说法，原因在于商品房社区邻里之间关系淡漠，大多数居民不关心、不参与社区公共事务。

　　　　大家住进楼房之后，需要邻里之间关照的东西少了，自个儿

---

① 访谈记录：20191015DL。

就成了一个独立的生态系统。最简单的道理，住平房的时候上厕所是公共厕所，过去好几十人的澡堂子，大家都认识。现在自己家就是一个小生态系统，一关门就是一个小社会。（访谈记录：20191022FR）

（四）社区层面：社区社会资本总量的增长

在社区层面，社区社会组织的培育效果可以体现在社区社会资本总量的增长方面。社会资本的三个要素——社会网络、信任程度和互惠精神，均可以通过社区社会组织的纽带作用逐渐生成。社区社会组织作为一种互动网络，促进了居民之间的相互交往，使居民在社会公共生活中达成合作，积极参与社区社会组织。

从六个案例的对比发现，A案例社区、C案例社区、E案例社区的社区社会资本总量的增长相对显著，社区关系日渐紧密。而B案例社区、D案例社区、F案例社区则缺乏社区社会资本得到明确增长的相关证据，社区居委会和社区居民之间、物业管理组织和社区居民之间的矛盾仍比较突出。例如，在C案例社区中，通过搭建"共建联盟"的服务平台，社区党委既鼓励辖区单位积极参与社区建设，也鼓励商户为居民提供服务，同时挖掘居民中的积极分子组建社区社会组织。在多方共建的过程中，社会网络、信任程度和互惠精神这三个社会资本的重要组成部分均得到了提升。联盟成员从2013年的37家，增长到2019年的70多家，成员涵盖了社区党委、辖区单位、物业、社区社会组织、社区内外的企业和商户，社区共治网络不断扩大。同时，联盟成员在加入联盟时，和社区党委签订协议，这份协议相当于指引成员如何行动的行为规范，协议从一开始鼓励"共建联盟单位要发挥自身资源优势……为社区建设服务"[1]，到后来细化到"不主动收集居民的个人信息"和"不向居民推销或者推荐各类会员卡"[2]，互动规范日趋完善。同时，联盟成员在经常性的互动中增加了对彼此的信任，无论是每月五日学雷锋服务日的活动

---

[1]　《WYDL社区共建联盟协议书》2013年版本，第4条。
[2]　《WYDL社区共建联盟承诺书》2018年版本，第2条和第3条。

现场，还是年底的共建联盟茶话会、团拜会，都为多方互动提供了场域。相比之下，D案例社区虽然也建立了"共建联盟"（街道党委组织部于2018年6月下文，要求所有社区集中推进"共建联盟"委员会建立健全工作），但是这个联盟仅仅落实到文本上，既没有通过举办各种活动来激活共建联盟的组织网络，也没有不断更新共建的协议规范，更未能借此增进组织之间、居民之间的信任。又如，F案例社区是商品房社区，其居民的社会网络、信任程度和互惠精神仍然处于比较低的水平，居民处于原子化状态，社区融合难以达成。F案例社区党委书记说："我们小区商品房住户有546户，商品房住户的情况是你别打扰我，我也不打扰你，有事儿我找你，值班这种事大家更不关心。"① 这说明，居民仍无法融入社区公共生活，社区网络中人与人之间的联结程度较低，社区社会资本总量的增长不明显。

第三节　社区社会组织培育绩效的影响因素分析

为降低其他客观因素对研究结果的干扰，本书专门将政策影响、社区类型、社区资源禀赋、社区居委会人力资源等因素作为控制变量进行处理。本书选取了FT区这一行政区域，控制政策差异对研究结果的干扰和影响，选取三对相同类型的社区，控制社区人群结构、社区资源禀赋的差异对研究结果的干扰和影响，从而将研究聚焦社区居委会的认知行动模式、资源分配方式以及其他可能对社区社会组织培育绩效产生影响的因素。

不难想象，对社区社会组织培育绩效产生影响的因素是复杂的，是多方面、多维度因素相互作用的结果。经过对六个案例的对比分析，本书认为以下三个影响因素对社区社会组织培育效果发挥的作用较大：社区共治理念的认知水平、社区社会组织领袖挖掘渠道的多样性和资源集成能力。社区居委会是目前培育社区社会组织的重要主体，其负责人对

---

① 访谈记录：20191022FR。

社区共治理念的认知水平，对培育社区社会组织的路径和策略选择产生了重要的影响。社区社会组织发展初期，不仅领导人的能力至关重要，而且领导人建立内部规范，并动员更多居民加入组织，扩大组织规模的工作也至关重要。因此，通过多元渠道挖掘社区社会组织领袖，就成为提高社区社会组织培育绩效的重要因素。特别是在当前的发展阶段，大部分社区社会组织尚不能独立自主地从初创阶段走向成熟阶段，需要借助社区居委会的资源投入或者引入，因此社区居委会调动社区内外资源和配置资源的集成能力，将会对社区社会组织培育绩效产生重要影响。此外，培育社区社会组织是一个动态的过程，会受到多种因素的影响，包括控制因素的交叉作用。

一　对社区共治理念的认知水平

社区共治模式由社区共治理念形塑，社区对社区共治理念的认知水平对实现社区社会组织培育的目标具有重要的影响。社区共治网络体系建立在社区治理理论基础上，面向形成社区共治模式的基本理念。社区治理理论的核心是"政府与社会关系在社区层面的调整和重构过程"①，更具体地说，是社区多元主体间由原来的权力排他性和资源的垄断性逐步转为权力共享性和资源互动性。在此基础上，社区共治模式是基于社区治理理论的一种实践的模式。在社区共治模式中，最重要的就是将原来政府的单一型统治管理转变为多元主体的互动联结，从而生产出更为多元化的社区公共产品。在社区共治模式中，最关键的就是在社区内部形成无数个"互动中心"或者说"关系联结点"。"这种特定的互动中心，实质上是人在相似情境下为满足各自的需要而产生的。"② 这种需求很难预测和计划，只能通过无数个在社区内持续活动的节点、通过不断地与社区基层管理主体互动来完成。

---

① 张开云、叶浣儿、徐玉霞：《多元联动治理：逻辑、困境及其消解》，《中国行政管理》2017 年第 6 期，第 24～29 页。
② 罗伯特·E. 弗兰里、G. 罗宾·古吉尔、林恩·史密斯－卢文、周孟珂：《国家宏观因素如何影响社区和自愿组织中社会网络关系的产生》，《社会学评论》2019 年第 1 期，第 18～35 页。

在此基础上，已有研究认为，社区共治理念包括"以居民为中心的治理理念。这种理念的核心是将社区事务的决定权和行动权完全向居民开放，让居民充分参与社区重大问题的决策……根据群体的需求和行为规范自主开展活动。活动前，活动的主题、内容、时间、地点、次数、顺序等均应由成员协商决定。活动中，需给予居民积极参与的机会，在参与中逐渐形成理解、合作、互助、自主的集体意识"。[①]"居民自组织过程本身就是社区成员共同参与社区公共事务的过程。这需要多方力量的积极配合和有力支持。"[②] 根据对相关理论和文献的梳理，本书认为，社区共治理念包括三个方面的内容：一是以居民为中心的服务理念，二是坚持多元主体互动开放参与的路径，三是自主式合作的原则。所谓以居民为中心的服务理念，是指一切社区公共活动都应该围绕"社区多元主体应当对社区共治网络发展的目标具有高度的一致性，最终指向增进社区公共福利，提高居民参与社区公共生活的积极性，提升社区公共问题的解决水平"这一目标展开。所谓坚持多元主体互动开放参与的路径，是指在社区公共产品生产的过程中，不应当仅仅发挥某个或某几个社区主体的作用，而是要让社区内多元主体广泛参与社区治理，多方合作整合社区内各种资源，形成网络化的社区治理结构。所谓自主式合作的原则，是指社区共治网络中各主体之间的关系相对平等、独立，在互动过程中不能出现某个凌驾于其他主体之上的主体。这是由于社区共治网络形成的过程，应当是多元互动的过程。由某一个主体以命令的方式推进这一过程，不仅难以实现资源的互动和优化配置，还会进一步降低其他主体参与社区治理的积极性。

通过对六个案例的对比分析可以发现，不同案例社区对社区共治理念的认知水平存在差异。社区共治理念的认知水平对社区社会组织培育绩效有显著的积极影响。在对社区共治理念的三方面内容认知水平较高的 A 案例社区、C 案例社区、E 案例社区，社区社会组织培育绩效较高；

---

① 许宝君、陈伟东：《社区治理理念创新及其技术实践》，《中州学刊》2017 年第 7 期，第 73～79 页。
② 陈伟东：《社区自治：自组织网络与制度设置》，中国社会科学出版社，2004，第 135 页。

在对社区共治理念的三方面内容认知水平较低[①]的 B 案例社区、D 案例社区、F 案例社区中，社区社会组织培育绩效较低（见表 4 - 3）。也就是说，在培育社区社会组织的过程中，对社区共治理念涉及目标、路径和原则等观念的认知水平，直接影响了社区社会组织培育绩效。

表 4 - 3　六个案例社区的社区共治理念的认知水平与绩效对比

案例社区	社区共治理念	认知水平	绩效
A	以居民为中心	高	高
	多元主体互动开放参与	高	
	自主式合作	一般	
B	以居民为中心	较高	较高
	多元主体互动开放参与	一般	
	自主式合作	较高	
C	以居民为中心	较高	高
	多元主体互动开放参与	较高	
	自主式合作	高	
D	以居民为中心	一般	较低
	多元主体互动开放参与	一般	
	自主式合作	低	
E	以居民为中心	高	高
	多元主体互动开放参与	高	
	自主式合作	较高	
F	以居民为中心	低	低
	多元主体互动开放参与	低	
	自主式合作	较低	

在 A 案例社区中，社区居委会负责人具有较强的以居民为中心而非以社区居委会为中心的理念，其在访谈中说道：

现在都是以人民、以群众为中心，所以我们做的所有工作，还有

---

① 在与绩效的因果关系分析中，不同案例社区认知水平主要与本类型社区进行对比，但对认知水平的总体判断，六个案例社区采取一致标准。

开展的这些活动，必须让辖区的居民满意。（访谈记录：20191119AZ）

此外，社区居委会对社区治理中需要多元主体互动开放参与的理念，有较强的认同感。

　　我们认为无论是党委还是居委会，做好党建的工作、做好自己的工作、做好居民支持的工作才是最根本的目标，有一些具体、专业的事情完全可以外包出去。（访谈记录：20191119AZ）

从中可以看出，针对培育社区社会组织、丰富社区共治网络的目标，A 案例社区的负责人明确表达了自己的认识。对于社区而言，满足居民公共服务需求，从而引导更多居民参与社区公共生活，是首要的工作目标。此外，该负责人对未来社区共治网络中社区居委会应扮演的角色与发挥的作用，也有相对清晰的认识。

B 案例社区对以居民为中心的社区共治目标，也有较强的认同感。

　　社区共治目标体现的就是居民的具体诉求，如安全问题、环境问题、停车位问题，把居民的诉求全都解决了，居民生活的幸福感就提升了，同时也就达到了我们存在的目的，在工作中真正为居民去做一些实事。（访谈记录：20191010BZ）

不过，在培育社区社会组织初期，B 案例社区对多元主体互动开放参与的社区共治路径的认知水平较低，将社区资源向社区社会组织和社区居民开放的程度较低。后期在街道引介下与专业社会组织合作后，B 案例社区的多元主体互动开放参与和自主式合作理念有所增强。

　　我们后期主要起辅助作用，如提供场地和人员，具体的事情还是由志愿者来做。（访谈记录：20191010BZ）

这说明，B 案例社区对以居民为中心的服务理念有较强的认同感，能够将居民的需要作为社区共治网络的发展目标。

C 案例社区在社区治理中具有较强的多元主体自主合作理念，尊重社区共治多元主体的独立性。

> 所以我们把精力放在了打造良好的社区社会组织上，然后这几个社区社会组织相对来讲都是比较独立的组织。我们未来在社区社会组织参与社区治理上会提供一个方向性的指导。（访谈记录：20191015CW）

此外，该社区还希望能调动更广泛的主体参与社区治理。

> 每年开展活动，基本上都是沿用这种传统的项目，我们希望有社工机构能提供一些开阔的思路，能从其他更广泛的层面策划，让我们这个社区的活动更加丰富多彩，覆盖的居民范围更加广泛。（访谈记录：20191015CW）

从座谈中我们能够看出，C 案例社区的居委会负责人对尊重其他社区治理主体的自主性有较高的认识水平，认同让多元主体平等参与社区共治、自主开展治理活动的理念。

D 案例社区的负责人在访谈中提到若存在专业的志愿者，他们可以提供后期的活动支援或者场地的支援，但议事协商一般都是由他们社区内部的人来主持。从中可以看出，在社区治理的多元主体互动开放参与路径方面，该案例社区负责人仍然遵循相对传统的社区管理思维方式，不愿让社区社会组织或居民参与社区公共决策。

E 案例社区具有较强的多元主体互动开放参与理念，认为依靠专业社会组织培育社区社会组织，可以塑造资源互动、多元参与的社区公共生活良好局面。

> 要把握现在的社区实际、居民需求，通过他们感兴趣的方式来提高其参与活动的积极性，如京剧班、古琴班、亮点志愿服务队。

成立这些服务队，不仅能缓解社区居民的矛盾，理顺居民的情绪，还可以引领社区志愿者服务队、社区第三方组织参与社区治理，通过他们专业的方法去做一些专业的事。（访谈记录：20191120EW）

此外，该案例社区强调，要以居民为所有社区公共服务的最终落脚点，这体现出其具有较强的社区共治以居民为中心的理念。

> 我们会主动询问并尊重居民的意见，比如，我们请这个老师跟这个社会组织，您感觉满意吗？即使我们社区要做一些公益项目，也会征求居民的意见。社区听取居民的意见，因为他们才是最大的受益方。（访谈记录：20191120EW）

在 F 案例社区中，居委会负责人在对社区发展目标进行排序时，认为居委会自身所承担的行政工作最重要，这体现出社区对多元主体互动开放参与的社区共治理念的认知水平相对较低，同时体现出该案例社区仍强调以社区居委会为中心的治理理念。

> 从社区来讲，我们也一直强调：第一，居委会要做好自己分内的工作；第二，多跟居民交流，提高社区居民对居委会的认同感。这是我们的职责所在。（访谈记录：20191022FR）

通过对六个案例的对比归纳可以看出，社区社会组织培育的高绩效案例社区呈现以下特点。第一，对以居民为中心的理念的认识相对清晰，能够准确定位社区共治的根本目标。第二，对社区治理目标的实现路径有比较准确的认识，能够认识到培育社区社会组织的路径是达成这一目标的有效途径，应当给予社区多元主体和社区居民充分的空间。第三，对社区社会组织的自主性给予尊重和认可，认为社区社会组织和社区居委会是属于功能不同、互相独立的组织。而社区社会组织培育的低绩效案例社区呈现以下特点。第一，过度强调社区居委会在社区治理中的排他性主导地位。第二，将社区社会组织认定为社区居委会在组织上的延伸，对社区社会组织的独立自主性给予的尊重不够。第三，缺乏对培育社区社会组织长远性和系统性的规划。因此，为提高社区社会组织培育绩效，社区居委会作为重要主体应当明确：社区治理以社区居民为中心，应给予社区居民充分的事务自主权和畅通的参与通道，通过培育社区社会组织，使居民以组织化的方式参与社区治理；要充分认识到社区社会组织不是社区居委会在组织上的延伸，而是具有独立运作机制的社会组织，应当在社区共治中发挥其独特的作用。

二 社区社会组织领袖挖掘渠道的多样性

在社区社会组织发展过程中，组织领袖具有重要意义。研究表明，自组织是一个系统内部从无序到有序的过程。"这一过程形成的是一种建立在包括情感性、认同性关系以及共同志业基础上的治理模式。"[①] 杜赞奇认为，"是否存在一个或若干个民间领袖是中国民间社会自组织能否发生的关键。当拥有建立共同体的意愿后，若出现群龙无首的局面，居民也很难自组织起来，因此挖掘社区社会组织领袖至关重要"。[②] 社区社会组织领袖的选拔应体现居民意愿，"每个组织的领袖并不唯一，可以是多人担任。虽然社区社会组织领袖需要具备的素质根据组织的差异而有所不同，但他们的角色和功能都主要是建立和完善组织内部结构以及发动和引导居民参与"。[③] 因此，充分挖掘社区社会组织领袖，是培育社区社会组织的一个必经过程。

在社区社会组织发展的过程中，社区居民一直存在非均衡化参与的态势。也就是说，一部分社区居民在积极参与社区公共活动，并通过组织化的方式，创造更多公共服务产品的价值；另一部分社区居民在享受公共服务的成果。[④] 在这一情况下，社区社会组织的领袖有很大可能在

---

① 罗家德、孙瑜、谢朝霞、和珊珊：《自组织运作过程中的能人现象》，《中国社会科学》2013 年第 10 期，第 86～101、206 页。

② 转引自罗家德、孙瑜、谢朝霞、和珊珊《自组织运作过程中的能人现象》，《中国社会科学》2013 年第 10 期，第 86～101、206 页。

③ 许宝君、陈伟东：《社区治理理念创新及其技术实践》，《中州学刊》2017 年第 7 期，第 73～79 页。

④ 罗家为、冯志峰：《城市社区治理的模式转向：社会化与专业化》，《甘肃行政学院学报》2017 年第 6 期，第 114～124、128 页。

热衷于参加各项社区公共活动的居民中产生。在这一实践过程中，社区社会组织领袖将主要发挥三个方面的作用。第一，确保社区社会组织在人员、资金、场地方面得到基本保障；第二，提供符合社区共治网络发展需要的社区公共产品；第三，促进和鼓励更多居民参与社区社会组织活动。[1] 社区社会组织领袖能够发挥自身的作用，是由于他们在社区治理中有特殊的地位。一方面，他们与社区居委会保持良好和密切的互动；另一方面，他们从普通社区居民中来，与社区居民有天然的紧密联系，相比于社区居委会等机构，他们对社区居民的号召力更强。但是，从目前我国的社区治理实践来看，社区社会组织领袖挖掘在不同年龄阶层均面临一定程度的困境。从中青年群体来看，他们忙于工作，参与社区公共活动的意愿较低，同时对过于行政化的活动方式比较反感。从老年群体来看，他们要照顾家庭，时间不足、精力相对有限，同时存在跟不上社会发展节奏等问题。[2] 因此，拓宽社区社会组织领袖挖掘渠道，提高培育社区社会组织的水平，成了培育社区社会组织的关键环节。

在社区治理的实践过程中，培育主体发现社区社会组织领袖的主要路径可以归纳为三个。①从社区网络中物色，是指通过鼓励居民参与社区公共活动，经过观察、访谈或访问、签约、宣传等环节，挖掘社区社会组织领袖[3]，或者在现有的社区社会组织成员里面，通过代代相传的方式，挖掘新一任的居民领袖。②从体制周边发现，是指从社区党组织、楼门栋长、居民代表、辖区单位退休干部等体制化的队伍中，发现居民骨干，并引导他们担任社区社会组织的负责人。③社区居委会委派，是指暂时找不到合适的居民领袖，而从社区居委会干部中选派合适的干部，直接接管社区社会组织的工作。在此过程中，社区社会组织领袖与培育主体不断互动，在培育主体的引导下，逐渐独立管理社区社会组织、开

---

① 龚优燕：《挖掘社区人力资源参与社区治理》，《中国社会工作》2018 年第 21 期，第 58 页。

② 席军良：《有效激励：提升社区治理主体的参与动力》，《中共云南省委党校学报》2019 年第 3 期，第 146～150 页。

③ 孙江涛：《增能视角下社区居民领袖的发现与培育路径研究》，《中国社会工作》2019 年第 4 期，第 25～27 页。

展社区活动，在社区社会组织发展中发挥自身的积极作用。

　　通过对六个案例社区进行访谈、调研，我们发现，社区社会组织领袖挖掘渠道是否具有多样性显著影响了社区社会组织培育的绩效。A案例社区、C案例社区、E案例社区三个高绩效案例社区通常十分注重挖掘社区社会组织领袖，并积极拓宽社区社会组织领袖的挖掘渠道。在培育社区社会组织的实践过程中，它们也十分注重运用社区社会组织领袖的天然优势，有效促进社区社会组织的发展。B案例社区、D案例社区、F案例社区三个低绩效案例社区对社区社会组织领袖没有刻意地挖掘或挖掘渠道比较单一。在培育社区社会组织的实践过程中，它们对社区社会组织领袖发挥的作用也没有给予一定的重视（见表4-4）。

　　A案例社区通过多种途径挖掘社区社会组织领袖，为培育社区社会组织奠定了重要基础。第一，从体制周边发现，特别注重发挥老党员的作用，使其骨干成为社区社会组织的领袖。

　　　　根据连心通，这些党员是自发组织起来的，工作做得特别好……由他们牵头，把这个队伍组织起来。（访谈记录：20191119AZ）

　　第二，与当前已经成立的社区社会组织进行深入沟通交流，持续挖掘掌握一定技能的社区社会组织领袖，做好年龄较大的社区社会组织领袖和年轻一代的交接工作。

　　　　红色基因代代传。这种老队员能把新队员给发动起来、带动起来，他们还在发挥着很大的作用。（访谈记录：20191119AZ）

　　通过做好新老社区社会组织领袖的交接工作，A案例社区持续挖掘了一批新的社区社会组织领袖。

　　第三，在现有的社区社会组织中，选拔出社区社会组织领袖梯队。

　　　　我们有20个组，分好组后，我们直接告诉组长，组长会通知劝导队队员。小组基本上按照地域划分，因为便于沟通、联系……组

织党员在一起学习、开会也好，抑或是做一些党的教育活动，这些都是没问题的。（访谈记录：20191119AZ）

　　总体上，A 案例社区在挖掘社区社会组织领袖方面采取了多元化的方式，通过从体制周边发现和在社区网络内培育大量领袖和骨干，促进社区社会组织持续发展。

　　B 案例社区挖掘社区社会组织领袖的渠道和方式相对单一，只是从体制周边即社区党组织中去发现社区社会组织领袖。

　　　我们以党员为骨干，以党支部、党小组为骨干发展各种各样的社会组织，把人民群众重新组织起来之后每个人都有事可干。（访谈记录：20191010BZ）

　　这种将党组织骨干转化为社区社会组织领袖的路径，具有天然的便捷性。因为在操作过程中，它省略了观察的步骤，可以直接通过党组织活动的人员考核，找出适合担任社区社会组织领袖的人员，进而加以培育。但是这样做也会产生一些负面后果，即既无法调动这些社区社会组织领袖的积极性，也无法调动社区社会组织成员的积极性。同时，B 案例社区在培育社区社会组织领袖时陷入了"盲区"，就是过分强调年龄。其成立队伍时筛选出 60 岁以下的、相对年轻一些的人员。在挖掘社区社会组织领袖的过程中，年龄是一个重要因素，但是参与社区公共生活的积极性和组织能力、协调能力、资源汲取能力，应该成为需要考虑的首要因素，只注重年龄的挖掘方式，将会造成多维度能力要素的缺失，不利于选出合适的社区社会组织领袖。

　　C 案例社区挖掘社区社会组织领袖的渠道和方式非常多元，包括从社区网络中物色、从体制周边发现和社区居委会委派三种路径。在挖掘方式上，C 案例社区主要结合自身在社区资源禀赋方面的优势，即发挥"单位制"社区退休职工骨干的作用。具体的做法是，将辖区单位内参加社区公共活动频率较高的居民，纳入社区社会组织之中，使其成为社区社会组织骨干。

我原来是 211 厂退休的，我的组织关系一直在 211 厂离退处。因为住在这边，所以我就参加了这边的志愿服务……其中的志愿者大多是退休之后加入社区志愿服务行列的。（访谈记录：20191015CW）

通过这种巧妙的转化，C 案例社区将辖区单位内素质相对较高，自我组织和参与经验相对丰富的居民，逐步转化为社区社会组织领袖。此外，C 案例社区还明确让一些社区社会组织领袖在多个社区社会组织中发挥作用，从而节省部分社区社会组织初期开展活动的成本。这样做的好处是，可以充分利用目前已经挖掘的社区社会组织领袖，引领和带动其他社区社会组织成员，以实现能力效用的最大化。

D 案例社区挖掘社区社会组织领袖的工作在持续开展，但是渠道比较单一，主要通过从体制周边发现和社区居委会委派的方式挖掘，效果较差。

随着社区规模的扩大，只要找几个牵头的人即可，完全不需要每件事儿都操心，我组织一个志愿者活动，通知 200 多人，组织探访团的活动，通知上百人，一个人根本做不到。（访谈记录：20191015DL）

也就是说，目前 D 案例社区在开展活动和服务的过程中，还没有挖掘出足够数量的社区社会组织领袖。但是，D 案例社区在挖掘社区社会组织领袖方面，做出了相应的努力。

通过我们平常的一些党员会或者楼门长会，征求大家的意见，看看谁有这方面的能力……有合适的人选，我们就登记一下，登记完了后开座谈会跟大家商量，做出决定。（访谈记录：20191015DL）

在这里，D 案例社区采用的是征询的方式，挖掘具备相应技能的居民，并将其发展成社区社会组织领袖。然而，其中一个很大的问题在于，具备某项技能的居民并不一定具备社区社会组织领袖特质和动员能力。

这种挖掘方式效率过低，很难在短时间内找到合适人选。此外，D案例社区还将党员积极分子转化为社区社会组织领袖。

> 我们探访团除了党员还有群众，党员作为骨干带动群众分成若干个小组。（访谈记录：20191015DL）

社区主要从体制周边发现社区社会组织领袖，虽然这种方式可以快速找到合适人选，但是其局限性在于，一些社区自组织的骨干被排除在外，且难以保证社区社会组织领袖的正常更替。

E案例社区挖掘社区社会组织领袖的渠道比较多样化，将从社区网络中物色和从体制周边发现结合起来。一方面，社区从目前自发组织社区公共活动的居民中，物色和选拔具有领导能力的社区社会组织领袖。

> 现在有一个救济队，是王丁（化名）师傅主动挑头起来的……卢甲（化名）也是组织成员，现在在19号楼，他自己组织楼里的一些退休党员一起做板报，做自己楼门的一些事。（访谈记录：20191120EW）

另一方面，社区在开展活动过程中，发现和挖掘具有社区工作经验的社区社会组织领袖。

> 举一个例子，就像梅姐（化名），她是海淀区一个社区的居委会主任，后来退休了来到我们这里。她原来就喜欢画国画，经过几次接触，我们向她提出做一个国画的（活动），她爽快地答应了。（访谈记录：20191120EW）

将从社区网络中物色和从体制周边发现两条渠道结合起来，可以挖掘同时具备意愿和能力的社区社会组织领袖，保证了社区社会组织领袖挖掘的有效性。

F案例社区挖掘社区社会组织领袖的渠道比较单一，主要从社区网络中物色，但是挖掘的过程不顺利，效果较差。在调研座谈中，社区党委书记明确说："我们可能对培育的队伍，没有找到一个非常好的带头人，如果有一个老师，或者一个队长在这里，他不仅具有好的业务能力，而且有强的感召力，大家可能就会跟着他做。但是我们没有挖掘到这样的社会组织领袖。"① 在开展活动过程中，F案例社区面临着一些现实的难题。比如，"像舞蹈队，还有太极队等，可能这一阵做得特别好，因为队伍的带头人在北京。但如果带头人说这段时间要离开北京回老家，这个队伍就可能会散一段时间，人员就会流失，队伍就会不稳定。"② 也就是说，社区难以挖掘出能够稳定且持续为社区社会组织提供服务的领袖，社区社会组织领袖不稳定使社区社会组织发展不稳定。实际上，F案例社区的社区居委会工作人员临时充当了领袖角色。治安巡逻志愿者服务队最开始是由社区干部牵头成立的。由此可以看出，F案例社区在挖掘社区社会组织领袖方面的能力较弱，较为单一的社区社会组织领袖挖掘渠道和相对僵化的挖掘方式，难以寻找到具有意愿和能力且能持续投入社区事务的领袖，影响了社区社会组织培育的效果。

通过对六个案例社区挖掘社区社会组织领袖的渠道和方式的归纳，可以总结出，社区社会组织领袖挖掘渠道的多样性与社区社会组织培育绩效之间存在显著的正相关关系。社区社会组织领袖挖掘渠道的多样性，加上因地制宜的挖掘方式，可以发现具有志愿精神和组织动员能力的社区社会组织领袖。这些领袖的带领作用，有助于促进社区社会组织内部结构完善以及发动和引导居民参与社区活动，保证社区社会组织的持续性发展和活跃度。

表4-4　六个案例社区的社区社会组织领袖挖掘渠道与培育绩效

案例社区	挖掘渠道	挖掘渠道的多样化	领袖作用发挥情况	社区社会组织培育绩效
A	从社区网络中物色、从体制周边发现	一般	非常好，领袖形成了自主管理的习惯	高

---

① 访谈记录：20191022FR。
② 访谈记录：20191022FR。

续表

案例社区	挖掘渠道	挖掘渠道的多样化	领袖作用发挥情况	社区社会组织培育绩效
B	从体制周边发现	较低	一般，领袖的自主性正在培育中	低
C	从社区网络中物色、从体制周边发现、社区居委会委派	较高	非常好，领袖形成了自主管理的习惯	高
D	从体制周边发现、社区居委会委派	较低	较差，领袖依赖社区的持续动员	低
E	从社区网络中物色、从体制周边发现	一般	较好，领袖形成了自主管理的习惯	高
F	从社区网络中物色	较低	较差，带头人流动性大	低

三　资源集成能力

在培育社区社会组织的过程中，资源集成能力起到了基础性作用。这是由于社区社会组织作为自发性的草根民间组织，在初创期通常都会遇到资源障碍。因此，培育社区社会组织的一个重要任务，就是为组织的发展提供必要的资源支持。从实践中看，社区社会组织培育的可用资源包括社区居委会可申请和调配的基层政府拨款等资金资源；社区内部的人力、智力资源，物资和场地资源；社区外部可引入社区内的人力、智力资源；等等。社区社会组织培育主体需要具备较高的资源调动能力和资源配置效率，以充分利用这些资源。因此资源集成能力构成了社区社会组织培育绩效的重要影响因素。

社区社会组织培育主体在整合社区社会组织所需要的资源时，要同时保证资源的数量和质量，这既需要相应的资源调动能力，也需要在资源调动过程中的高效配置，确保社区社会组织在发展过程中，能够充分利用资源，减少资源的消耗。因此，社区社会组织培育主体需要做好制度设计，将相应的资源进行整合，为社区社会组织培育发展做好支撑和保障。目前，我国在社区资源配置中存在的最大问题就是，在长期的社区管理过程中，过度行政化使社会资源配置模式过于单一。① 具体到向社区社会组织配置资源的路径,就是既要提升资源使用的效率,又要注重资源成果的共享。② 确保向社区社会组织投入的资源,能够提升社区公共服务的水平和社区居民的社区公共活动参与率等各项指标,真正实现资源共享的目标。

本书认为,可以用"集成"(integrate)一词来描述社区居委会调动资源的能力和配置资源的水平,具体到六个案例中,又可以分成无为、联动和整合三种方式。"集成"的概念源自《网络化治理:公共部门的新形态》一书。该书借用"集成商"(integrator)一词来指称那些提供网络管理和服务整合的中介机构。③ 无为是指居委会没有发挥资源集成的作用,其集成能力亟待提升。联动是指居委会引入社工机构,充分实现其链接资源的功能,由社工机构为社区社会组织链接外部的资金、技术、专家等资源。整合是指居委会通过主动搭建一个网络管理组织来统筹由网络带来的资源。

通过六个案例对比可以发现,社区居委会资源集成能力较强,处于联动和整合状态的,社区社会组织培育绩效较高;社区居委会资源集成能力较弱,处于无为状态的,社区社会组织培育绩效较低。社区社会组织的资源集成能力直接影响社区社会组织发展条件的满足,影响社区社会组织培育的绩效(见表4-5)。

在 A 案例社区中,居委会主动成立了劝导队并将其作为资源网络,由劝导队统筹网络中的资源,居委会将自身掌握的资源和由劝导队带来的社区内部资源进行整合,资源集成的程度较高,较好地实现了资源支持和资源配置的目标。

　　劝导队既是整体的,也是全盘管理的……书画社、舞蹈社本身

---

① 郑杭生、徐晓军、彭扬帆:《社会建设与社会管理中的理论深化与实践创新——访中国人民大学郑杭生教授》,《社会主义研究》2013 年第 3 期,第 1~9、169 页。

② 徐晓军、程星:《制度设置、权力协调与资源分配:社区治理体系和治理能力现代化的三个基本向度——社区治理的"百步亭经验"研究》,《江汉大学学报》(社会科学版)2017 年第 6 期,第 43~50、118 页。

③ 斯蒂芬·戈德史密斯、威廉·埃格斯:《网络化治理:公共部门的新形态》,孙迎春译,北京大学出版社,2008,第 72 页。

是独立的社区社会组织，其中的队员就参加了劝导队的工作……劝
导队的影响力太强大了，把社区的风气一下给带动起来了……在社
区社会组织层面上，"众星拱月"，"众星"各自都在发光，"拱月"
"拱谁"？那就是社区劝导队。换句话说，这些都是在社区劝导队的
影响和带动之下，甚至是直接人员的支持下形成的一些社会组织。
（访谈记录：20191119AZ）

　　从中可以看出，在 A 案例社区中，劝导队成为社区共治网络中的一
个重要节点。通过劝导队的资源网络，社区对不同类型、不同作用的社
区社会组织进行资源的再分配。此外，劝导队还可以帮助社区加快整合
其他社区社会组织、社区辖区单位、社区商户以及居民等资源，共同形
成推动社区共治网络发展的合力。
　　在培育社区社会组织初期，B 案例社区的居委会在资源集成方面处
于无为状态，仅设置了一个资源投入的优先方向，对自己掌握的资源进
行分配，社区外部资源链接和社区内部资源调动不足。后期居委会引入
RF 社工机构并与其进行联动，由其链接外部资源，开始逐步以联动方式
进行资源集成，集成程度和集成能力有所提高。
　　在 C 案例社区中，居委会作为"共建联盟"网络的管理组织，整合
"共建联盟"中辖区单位、商户以及外来机构等社区内外部资源，为社
区社会组织发展提供资源支持，资源集成程度较高。C 案例社区居委会
通过成立"共建联盟"，将社区辖区内的单位和商户资源引入社区社会
组织。

　　　我们社区现在一共有 70 多家单位，经常来参加活动的有 50 多
家，这些就是共建联盟、共建单位，其中既有社会组织，也有企事
业单位。（访谈记录：20191015CW）

　　具体到资源调动的情况，就是这些单位共同参与社区社会组织举办
的各类社区活动。

> 我们还有一个"共建联盟"，是万东社区卫生服务站。他们每周二上午都会过来，跟着绿色积分的志愿者捡垃圾、量血压、测血糖，偶尔还会有一些健康咨询、中医义诊活动。（访谈记录：20191015CW）

在培育社区社会组织过程中，C案例社区以"共建联盟"为平台，充分调动社区共治网络各主体资源，集成资源网络，以资源共享的方式将各主体紧密联系起来。

在D案例社区中，培育社区社会组织的资金主要来源于基层党组织服务群众经费和社区公益金等，居委会没有对社区内外部资源进行整合，场地、人力和智力资源均比较匮乏，在资源集成方面，呈现无为状态。由于居民参与数量较多且社区经费不足，D案例社区对社区社会组织的资源支持较少。

> 我们需要的活动经费确实比其他社区多一些，是按照党员人数计算的。我们社区700多个党员，相应地，需要的经费会多一些。（访谈记录：20191015DL）

在E案例社区中，居委会引入LZ和ER两家社工机构并与其进行联动，由社工机构链接外部资源，以及调动社区内部资源，集成社区社会组织培育所需资源，资源集成程度较高。

> 社会组织进入社区后……支持培育我们的各种社会组织，特别是志愿服务类、公益服务类社会组织，或者把那些自娱自乐的社会型组织往公益方面转。（访谈记录：20191120EW）

在F案例社区中，用于培育社区社会组织的资源主要以社区居委会可直接调配资源为主，场地、人力和智力等资源匮乏，且资源调动能力较弱，导致居委会资源集成功能较弱，资源集成程度较低，处于一种无为的状态。首先，这种无为状态表现在，资源匮乏导致无法与社区社会组织实现资源互动。

　　因为我们没有场地，所以我们的腰鼓队现在解散了。（访谈记录：20191022FR）

　　其次，在主观上对社区社会组织不重视甚至产生偏见，导致为社区社会组织发展提供资源的意愿不强。

　　提供一个场地，能达到什么要求，或者是否能令他们满意，这些都不是我来考虑的问题。（访谈记录：20191022FR）

　　此外，F案例社区在资源配置上没有总体的计划和思路，对社区社会组织培育所需资源缺乏投入的规划。

　　党建服务经费有限制，不能装修办公楼、办公场所，或者是有物业的，不能建充电桩，所以这些钱真的不知道要花到什么地方。（访谈记录：20191022FR）

表4-5　六个案例社区的资源集成能力与社区社会组织培育绩效

案例社区	资源集成方式	资源集成程度	社区社会组织培育绩效
A	整合——居委会作为劝导队网络的管理组织，统筹由劝导队带来的资源	较高	高
B	联动——居委会引入RF社工机构并与其进行联动，由RF社工机构链接外部资源	较高	低
C	整合——居委会作为"共建联盟"网络的管理组织，整合由"共建联盟"带来的资源	较高	高
D	无为——居委会没有发挥集成作用	较低	低
E	联动——居委会引入LZ和ER两家社工机构并与其进行联动，由社工机构链接外部资源	较高	高
F	无为——居委会没有发挥集成作用	较低	低

第四节　社区社会组织培育绩效的
机制分析和政策建议

一　社区社会组织培育绩效的机制分析

在我国目前的社区建设实践中，居委会长期于社区治理中居于核心地位，社区社会组织长期游离在社区治理体系之外，成为小部分居民自娱自乐的机构。社区建设运动的结果是建构了一个"国家治理单元"，而不是一个可以促进市民社会发育的"地域社会生活共同体"。① 近几年，随着我国社会治理现代化体系的逐步建立，各级地方政府开始重新认识到社区社会组织的重要性。将社区社会组织纳入社区共治网络，成为社会各界的普遍共识。如上文所述，我国社区共治网络的生成和发展主要依赖政府。由于社会发育先天不足，在中央和地方政策的引导之下，基层政府和基层党组织应积极主动参与社区共治网络的建构，并将培育社区社会组织作为形成社区共治网络的关键机制。

从多案例研究中可以看出，在控制了地方性政策影响的前提下，社区社会组织培育的绩效主要受到对社区共治理念的认知水平、社区社会组织领袖挖掘渠道的多样性、资源集成能力三个因素的影响，这三个因素都直接或间接地指向社区党组织和社区居委会的认知及行动。社区社会组织的发展与社区党组织和社区居委会的培育密不可分，这是由于在长期的社区建设发展过程中，社区党组织和社区居委会成为上级党委、政府在社区层面资源的接收者和分配者，对社区绝大多数政策资源、财务资源和人力资源具有支配性的垄断地位。社区社会组织要发展，需要相应的资源支持，即需要社区党组织和社区居委会对其进行精心培育，从而使其在社区共治网络形成过程中发挥更大的效用，逐渐成为社区共治网络多元化主体之一。在社区社会组织培育的过程中，有若干个机制

---

① 杨敏：《作为国家治理单元的社区——对城市社区建设运动过程中居民社区参与和社区认知的个案研究》，《社会学研究》2007 年第 4 期，第 137～164、245 页。

对培育效果产生了重要影响，社区党组织和社区居委会通过认知与行动提高社区社会组织培育绩效的影响机制主要包括认同机制、激励约束机制和自主性形成机制。

（一）认同机制

"认同"本为社会学的概念，近年来逐渐向其他学科领域扩展。在社区社会组织培育过程中，有两个维度的认同机制对社区社会组织培育效果产生积极影响：一个是价值认同，另一个是组织认同。其中，价值认同是认同机制的基础，组织认同是提升社区社会组织培育绩效的具体实现路径。

价值认同是认同机制的基础，是指社区党组织、社区居委会和社区社会组织等主体对社区社会组织在社区共治网络中的角色、作用和功能有一致的认知。如上所述，在社区共治网络生成的初级阶段，社区治理理念认知的转变是网络建构的基础和社区社会组织培育绩效的关键影响因素，特别是在培育社区社会组织的任务上，不仅包括社区党组织、社区居委会的认知变化，还包括社区社会组织的自我认知变化。长期以来，社区社会组织对自身在社区共治网络中发挥何种作用的认知并不明确，需要转化和改造，重塑自身的价值观念，以重新定位自我的地位。社区党组织、社区居委会和社区社会组织相互之间的价值认同，是在实践过程中，经过不断碰撞和探索凝聚而成的。因此，互动的过程，既是价值融合的过程，也是互相认同的过程。组织认同是在价值认同基础上的延伸。组织认同来源于社会身份，社会身份理论被广泛应用于解释员工－组织关系，而组织是一个显著的社会类别，使人们可以发展认同。[①] 在培育社区社会组织中，组织认同是指社区党组织、社区居委会和社区社会组织共同努力，转变彼此及居民对社区社会组织的认识，促进居民更加认同社区社会组织在提供多元化社区公共服务中的作用，并积极参与由社区社会组织举办的各项活动，提升社区公共生活的参与水平。

在此过程中，价值认同和组织认同共同发挥作用，相互促进。一方

① 黄敏学、潘海利、廖俊云：《社会化媒体时代的品牌沟通——品牌社区认同研究综述》，《经济管理》2017 年第 2 期，第 195～208 页。

面，社区党组织、社区居委会和社区社会组织之间的价值认同和组织认同会显著增强它们之间的信任感，提升它们的工作协同力，准确定位它们在社区共治网络中的角色与功能。另一方面，价值认同和组织认同可以通过社区党组织、社区居委会和居民对社区社会组织的认可，提高其积极性，进而逐渐扩大社区社会组织的规模、影响，提高服务供给水平，使社区社会组织能够较快地实现发展，在社区共治网络中发挥更积极的作用。

（二）激励约束机制

在社区社会组织培育过程中，社区社会组织培育效果突出体现了激励约束机制的作用。在激励机制方面，社区党组织、社区居委会主要运用了资源激励、符号性激励和权力性激励等方式。在约束机制方面，社区党组织、社区居委会主要对社区社会组织发展进行了规范性约束和风险性约束。

社区党组织、社区居委会目前仍是社区资源的主要接收者和分配者，因此其与社区社会组织仍然处于不对等的地位。在实践中，社区社会组织的角色和先天的发展条件决定了它在整个资源体系中的地位，而社区党组织、社区居委会则在资源分配中发挥主导作用。首先，社区党组织、社区居委会主要通过资源激励提高社区社会组织培育绩效。一方面，它们为社区社会组织提供多种资源支持，并积极拓宽社区社会组织发展的外部资源渠道，将优质资源引入社区社会组织，促进社区社会组织实现规模上的发展，从而提升活动水平，丰富社区共治网络；另一方面，它们通过对社区社会组织业务和活动的选择性支持，引导社区社会组织准确认识治理目标，聚焦社区最需要解决的公共问题和社区居民最迫切的服务需求，使社区共治网络顺利生成和发展，提高社区社会组织的培育绩效。其次，社区党组织、社区居委会通过符号性激励授予社区社会组织骨干成员荣誉称号等，赋予社区社会组织更大的合法性，提高社区社会组织发展的内在动力，促使更多的社区社会组织的产生。最后，社区党组织、社区居委会通过权力性激励促进社区社会组织的发展。在培育社区社会组织的过程中，社区党组织、社区居委会赋权社区社会组织在某个领域提供社区服务和参与社区协商，在社区各项公共事务中，建立社区社会组织表达的渠道并赋予其在社区事务决策中一定的发言权，使社区社会组织更好地在社区共治网络中发挥作用，获得更高的认同，在社区共治理念认知水平提升的基础上，为社区社会组织的发展营造良好的外部环境。

在社区社会组织培育过程中，约束机制对社区社会组织培育的效果发挥了一定的作用，这体现了社区党组织、社区居委会对社区社会组织的规范化发展思路。社区社会组织的自组织特征，使其在开展活动时，可能由于主观或客观的原因触碰法律法规，这就需要社区党组织、社区居委会对社区社会组织的活动进行规范性约束。同时，社区社会组织的活动往往涉及多个社区居民的参与，无论是娱乐性活动还是志愿性活动，抑或是权益性活动，均可能涉及人群聚集和参与者权责等问题。因此，社区党组织、社区居委会需要通过约束社区社会组织的活动来规避风险，保障社区社会组织的良性运行和规范化发展。当然，这种规范性和风险性约束需要避免对社区社会组织的过度管理，以免抑制社区社会组织发展的内在积极性，导致社区社会组织成为社区党组织、社区居委会在社区管理工作中的延伸，失去独立性。在约束社区社会组织的同时，社区党组织、社区居委会要保障其自主性发展。

（三）自主性形成机制

在社区社会组织培育过程中，自主性形成机制对社区社会组织培育效果产生影响。自主性形成机制是指社区社会组织的自主性不断被激发，最终从被培育对象转变为独立的社区共治网络主体的过程。在自主性形成机制中，有三个要素十分重要，即正式性、资源分散和决策权威。[1]通过这三个要素，社区居委会在培育社区社会组织的过程中，要通过赋权和释放空间提升社区社会组织的独立性，兼顾引导社区社会组织不断优化自身结构，进而促进其自主性发展。

正式性是指社区社会组织在发展过程中，组织架构、章程、决策程

---

[1]　宋程成、蔡宁、王诗宗：《跨部门协同中非营利组织自主性的形成机制——来自政治关联的解释》，《公共管理学报》2013年第4期，第1~11、137页。

序等方面的规范化发展。社区社会组织大多为草根组织，在初期成立时，通常由一名创始人或数人组成的创始团队发起，维系的基础也通常为共同的兴趣。随着社区社会组织的发展，原有简单的组织架构、章程等逐渐无法满足新的需求。因此，社区党组织、社区居委会要提升社区社会组织的自我建设能力，引导社区社会组织开展规范化建设，从而实现社区社会组织的独立运作，使其成为社区共治网络中积极的行动者和治理主体。

资源分散是指社区社会组织需要通过开拓资源渠道来实现多样化发展。在社区社会组织成立过程中，社区党组织、社区居委会通常是主要的资源供给者。然而，社区社会组织只有获得多样化的资源渠道，才能维持其独立性，因此要注重培养社区社会组织自我开拓资源渠道的能力，鼓励和支持社区社会组织从政府、市场和社会等各个领域寻求资源，避免社区社会组织资源来源单一，缺乏可持续性，形成对社区党组织、社区居委会的过度依赖。

决策权威是指社区社会组织在开展活动和提供服务的过程中，应依据自身对项目情况的了解和掌握程度，在项目决策上享有一定的自主权。就自身业务和活动需要进行决策时，社区社会组织自身的决策权是否能得到保障，是否具有内部权威性，影响社区社会组织培育的绩效。目前，社区党组织、社区居委会通常是社区服务项目的意向发起方，向街道或各级职能部门申请经费，通过委托社区社会组织执行的方式，由社区社会组织完成。在这一过程中，社区党组织、社区居委会对社区社会组织的决策权应当给予充分尊重，引导社区社会组织进行自我决策。社区社会组织也要在内部管理中，增强自我决策能力，证明自身价值，从而提升组织的独立性和自主性。

二　政策建议

当前，我国各级地方政府从不同层面出台了若干培育社区社会组织的政策，以激发社区社会组织的活力，推动社区社会组织快速发展，使其充分发挥自身作用，完善组织功能，成为社区共治网络的重要主体之一。但是，从总体上看，目前的政策措施仍存在重物质激励、轻价值认同，重程序管理、轻能力建设的问题。未来政策调整的方向，应当是更加尊重社区社会组织的自主地位，从赋权增能等方面入手，进一步提高培育社区社会组织的绩效。具体来说，本书提出以下政策建议。

（一）进一步强化对社区社会组织的认同

民政部印发的《关于大力培育发展社区社会组织的意见》指出，"培育发展社区社会组织，对加强社区治理体系建设、推动社会治理重心向基层下移、打造共建共治共享的社会治理格局，具有重要作用"。基层政府部门要通过多种方式，对各社区党组织、社区居委会负责人进行培训，提升其对社区社会组织的认知水平，高度重视社区社会组织在形成社区共治网络中的重要性。特别是针对目前社区党组织、社区居委会对社区社会组织认识的误区，即认为社区社会组织应当成为社区居委会工作的延伸这一认识，进行及时纠偏，引导社区党组织、社区居委会正确看待社区社会组织这一新兴事物，更好地发挥社区社会组织的积极作用。

（二）提高社区工作的协同性

2013 年民政部发布的《关于加强全国社区管理和服务创新实验区工作的意见》提出"完善社区治理结构，形成社区党组织领导，社区居委会主导，社区公共服务机构、社区社会组织、业主组织、驻区单位和社区居民多元参与、共同治理的格局"。从中可以看出，社区居委会和社区社会组织是社区共治网络中两个非常重要的主体，尤其是社区社会组织的内源性特征和本土化实践取向更契合社区自治的组织化需求，因而被更多地赋予了社区治理结构转型后主体补缺的角色期待。[①] 在培育社区社会组织的过程中，要建立社区内部不同主体的合作伙伴关系，形成社区共治的网络结构。一方面，改变社区居委会行政化的局面，减少社区居委会对政府的依附、社区工作内容的行政化以及社区自治组织内部的科层化，避免社区治理的内部竞争、内部消耗。另一方面，引导社区居委会以各种方式，对社区社会组织赋权赋能，使社区居委会和社区社会

---

① 刘杰、李国卉：《"伙伴关系"何以可能？——关于社区居委会与社区社会组织关系的案例考察》，《江汉论坛》2019 年第 11 期，第 123～127 页。

组织在提供社区公共服务上形成合力，协同开展社区治理服务工作。

（三）加大政府购买服务力度

政府对社区社会组织的扶持主要通过政府购买服务、设立孵化培育资金、建设孵化基地等方式，帮助解决社区社会组织在活动资金、组织协调和活动场地等方面面临的实际困难，满足社区社会组织的发展需求。其中，政府购买服务的方式是指，通过委托－代理关系，在满足社区需求的过程中，提高社区社会组织的自主性和能力，推动社区社会组织积极参与社区治理，成为社区共治网络中的重要成员。在社区社会组织培育的过程中，应当继续加大政府购买服务的力度，鼓励社区社会组织作为项目承接主体开展社区服务，为社区社会组织提供资金扶持，培育数量庞大的活跃社区社会组织，形成分工明确的社区治理格局。同时，通过项目化的方式，引导社区居委会在与社区社会组织联合开展项目时，起到监管和引领作用，保证项目的执行效果，引导社区社会组织自主开展活动、健康有序发展。

第五章　社区共治网络互动：
"三社联动"机制

第一节　"三社联动"作为社区共治
网络发展路径

一　"三社联动"机制的创设与实践

在社区共治网络发展阶段，通过对社区社会组织进行精心培育，社区社会组织的数量达到一定规模、作用日渐显现，社区共治网络的规模也随之不断扩大。在这一过程中，社区共治网络效应的发挥需要以社区为平台，建立社区内活跃治理主体之间的联系，形成联动机制，增进组织间的合作与交流，畅通社区参与经验和技术交流渠道，形成社区共治氛围。

在社区治理实践中，"三社联动"成为一种通行且比较有效的社区共治网络发展路径。"三社联动"的地方实践首先发端于上海市，最早称为"三社互动"。2004 年，上海市民政部门提出社区、社工、社团"三社互动"的概念，并且形成"以社区为工作平台、以社工为队伍抓手、以社团为组织载体"的工作思路。各地也都结合实际情况对"三社联动"展开探索。这一工作思路改变了公共服务由政府统包统揽的局面，通过政府购买服务方式，在街道或社区实施以综合服务为主的社会工作制度，即一种"三社联动"的实践模式。2010 年，南京等地陆续推动街居体制改革，突出街道在社会治理中的基础性地位，以公众需求为导向，通过社区减负、项目外包的形式引入社会组织和专业社工人员提供社区服务等，进行"三社联动"

的实践探索。① 2013 年，民政部、财政部制定的《关于加快推进社区社会工作服务的意见》正式提出要"建立健全社区、社会组织和社会工作专业人才联动服务机制"。随后，全国各地纷纷开展对"三社联动"机制的探索。2015 年 10 月，民政部在全国社区社会工作暨"三社联动"推进会上指出，各地在"三社联动"的政策、机制、路径等方面积极开展创新探索，有效发挥了"三社联动"优势，为加快发展社区社会工作、全面推进"三社联动"奠定了良好基础。②

　　"三社联动"是在社会治理体制机制创新背景下提出来的、社区治理实践的重要创新机制。"三社联动"是指通过政府牵头购买社区服务，将专业社工机构引入社区，与社区多元主体间进行互动，提供专业技能和知识的服务，最终实现社区多元服务供给的治理机制和社会动员机制。徐永祥、曹国慧指出，"三社联动"作为政府主导的基层社会治理创新模式，是居委会、社会组织（包括专业社工机构和社区社会组织）和社会工作者在社区领域围绕社区居民开展的社区治理活动，其目的是提高居民福祉、实现基层民主、促进社区内生性发展。③ 顾东辉认为，"三社联动"至少有"主体联动"和"要素联动"两种解读，也可以视为二者的整合，即社区传统机构、专业社工机构和其他社会机构，针对社区议题，基于社会理性而协作行动，并依托社会工作方法，实现社区发展任务。④ "三社联动"不是社区内多种主体之间的无规则互动，而是在政府提供相应监管和保障下，社区居民通过组成社区社会组织等途径与形式充分参与社区治理。其中，专业社工机构中的社会工作者运用自身的专业知识和技能，为社区公共生活提供专业化服务，从而形成一种基层社

---

①　曹海军：《"三社联动"的社区治理与服务创新——基于治理结构与运行机制的探索》，《行政论坛》2017 年第 2 期，第 74 ~ 79 页。

②　顾东辉：《"三社联动"的内涵解构与逻辑演绎》，《学海》2016 年第 3 期，第 104 ~ 110 页。

③　徐永祥、曹国慧：《"三社联动"的历史实践与概念辨析》，《云南师范大学学报》（哲学社会科学版）2016 年第 2 期，第 54 ~ 62 页。

④　顾东辉：《"三社联动"的内涵解构与逻辑演绎》，《学海》2016 年第 3 期，第 104 ~ 110 页。

会治理新模式。

二 "三社联动"与社区共治网络发展

"三社联动"的本质是充分调动社会组织、社会工作者、社区居民的力量，转变原有的社区管理格局，形成多元主体共同参与的社区治理模式。"三社联动"是一种新型治理网络的构建过程。网络化治理被视为一种与传统等级制及市场化治理相对应的新型治理机制。[1] 在网络化治理过程中，社区多元主体通过互动合作，建立相应的工作机制，最终形成共治网络，将互相分隔的资源要素重新整合利用。[2] 实践中，"三社联动"从整合力量与资源、推动居民社区参与和丰富社区治理网络等方面促进了社区共治网络的发展。

首先，"三社联动"整合了社区网络成员和资源。"三社联动"是通过重新整合权力结构，实现治理资源在多主体之间的共享。社区共治网络主体间由于存在巨大的结构和角色差异，在资源利用上呈现明显的互补关系，"相容性利益"普遍存在。而社区居委会在社区资源上居于相对强势的主导者地位，以社会组织和社会工作为增量的"社会力量"应该加强与具有"行政属性"的居委会的联系互动。[3]"三社联动"采用项目化运作方式，调动专业社会组织和社区社会组织参与，以项目化的方式推进社区居民服务。社区居委会、社会组织在共同目标和共同利益的驱动下，互相进行权力和资源交换，让"社会事情社会办"，实现权力资源、物质资源和信息资源的共享。"三社联动"机制通过"嵌入""渗透""新生式"等推进策略，加强社区专业人才的队伍建设，提高"三社联动"主体的能力，有助于构建起多元主体参与社区共治的格局，进而更好地界定和解决公共问题，有效降低社会治理成本。[4] 同时，"三社

---

① 陈剩勇、于兰兰：《网络化治理：一种新的公共治理模式》，《政治学研究》2012年第2期，第108～119页。

② 孙涛：《以"三社联动"推进基层社会治理创新》，《理论月刊》2016年第10期，第148～152页。

③ 俞可平：《论国家治理现代化（修订版）》，社会科学文献出版社，2015，第121页。

④ 孙涛：《以"三社联动"推进基层社会治理创新》，《理论月刊》2016年第10期，第148～152页。

联动"在居民和社区之间搭建了重要的沟通桥梁，将居民分散的公共决策需要集合起来，并在此基础上进行系统的分析，最终形成符合群众利益的政策建议，作为协调配置社区服务资源的重要依据。

其次，"三社联动"调动了居民与社区社会组织参与的积极性。当前，社区治理既要满足居民需求，也要实现基层自治。也就是说，在提供更多社区服务的同时促进社区自我组织化。实践中，"三社联动"采取专业社工机构承接政府出资购买社会服务的模式，对政府、社会组织和受益人群具有多重好处[1]，有助于形成多元化的社区服务供给网络。在此期间，还能形成自发的居民志愿服务活动，既通过多元化公益组织为居民提供服务，也能扩大社区治理的组织化基础，从而实现服务与治理的双重目标。[2] 在"三社联动"机制中，积极鼓励居民参与社区公共活动，表达自身公共生活诉求，并遵循自愿原则，组织居民形成自组织，参与社区公共服务和治理，增强了社区服务功能，提高了社区居民的自治能力，丰富了社区共治网络的成员类型。[3]

最后，"三社联动"辐射各类组织参与社区治理。"三社联动"的特点是"全员联动"，很多社区不仅是社会组织和社区两个层面联动起来，还带动了辖区单位、其他社会力量和市场主体参与社区治理，形成资源联动合力，有效预防和解决社会问题，促进社区融合。[4] 因此，"三社联动"有助于社区共治网络的发展，社区、社会组织和社会工作者联动，实际上架构起一套网络式联动机制，它要求各主体依靠协作、合作和协调等多重运行机制强化彼此之间的关系[5]，重新整合原来相互分隔的各种要素的功能和效用，以促进治理结构的"扁平化"，使不同

---

① 王浦劬、莱斯特·M. 萨拉蒙、卡拉·西蒙、利昂·E. 艾里什：《政府向社会组织购买公共服务研究：中国与全球经验分析》，北京大学出版社，2010，第 207 页。

② 方舒：《协同治理视角下"三社联动"的实践反思与理论重构》，《甘肃社会科学》2020 年第 2 期，第 157~164 页。

③ 李文静、时立荣：《"社会自主联动"："三社联动"社区治理机制的完善路径》，《探索》2016 年第 3 期，第 135~141 页。

④ 李文静、时立荣：《"社会自主联动"："三社联动"社区治理机制的完善路径》，《探索》2016 年第 3 期，第 135~141 页。

⑤ 曹海军、吴兆飞：《社区治理和服务视野下的三社联动：生成逻辑、运行机制与路径优化》，《华南师范大学学报》（社会科学版）2017 年第 6 期，第 30~37、189 页。

治理主体相互借鉴、彼此学习、共同提高，逐渐形成一个稳定的社区共治网络。①

第二节　"三社联动"的有效性评价

在社区共治网络发展阶段，社区场域内有了更多新的治理主体，为发挥社区共治效应，需要建立社区内活跃治理主体之间的紧密联系，形成联动机制，增进组织间的互动与合作。在社区治理实践中，"三社联动"成为一种通行且比较有效的社区共治网络发展路径。

《中共中央　国务院关于加强和完善城乡社区治理的意见》明确提出要加强"三社联动"机制建设。实践中，各级地方政府通过"三社联动"等机制，从整合力量与资源、推动居民社区参与和丰富社区治理网络等方面促进社区共治网络的发展。然而，官方文件并没有明确"三社联动"的有效性评价指标和具体实施要求。因此，需要根据社区网络发展的周期性任务，结合"三社联动"实践，总结可以衡量"三社联动"互动成果的指标，对"三社联动"的有效性加以评价。本书基于生命周期的网络有效性分析框架，结合对"三社联动"实践的考察，从组织、网络、社区三个层面确定"三社联动"有效性评价指标。

一是"三社联动"中参与互动的组织数量。在组织层面上，"三社联动"是以整合社区网络和资源为目标，需要多主体互动合作提供社区服务的过程。因此，参与社区共治网络的多元主体数量，是评价"三社联动"有效性的重要指标。参与"三社联动"的组织数量越多、组织类型越丰富，越能体现社区多元主体对社区居民多维度需求的满足水平，进而反映社区共治网络的发展程度。居民对社区服务产品的需求是立体化的，既包括安全维稳、环境治理、邻里和谐等社区秩序维持需求，也包括文体娱乐、医疗卫生、公益慈善等公共服务产品需求，需要在不同维度上进行满足。通过数量众多的组织之间的互动，社区多个主体获得

① 孙涛：《以"三社联动"推进基层社会治理创新》，《理论月刊》2016年第10期，第148~152页。

相互交流、学习的机会，社区居委会的自治性、专业社工机构的服务能力、社区社会组织的自主性得到居民和政府部门的认可；社区居委会、专业社会组织、社区社工机构在各自的业务范围内提高了工作、服务效率。因此，应当将"三社联动"中参与互动的组织数量作为"三社联动"有效性在组织层面的评价指标。

表5-1　六个案例社区"三社联动"的组织类型和组织数量对比

单位：家

案例社区	联动组织总数	专业社工机构数量	社区社会组织数量	辖区单位及企业商户数量
A	14	1	6	7
B	9	1	5	3
C	14	2	5	7
D	10	0	6	4
E	19	2	9	8
F	6	0	4	2

二是多元主体互动关系的质量。在网络层面上，通过"三社联动"形成社区治理多主体之间的良性互动关系是社区共治网络进一步发展的重要基础，也是评价"三社联动"网络是否发挥应有作用的重要评价指标。在"三社联动"过程中，各类组织的良性互动，可以使多个组织的服务覆盖居民的各项需求，且不同组织提供服务的重叠率降低。专业社工机构或具有枢纽性作用的社区社会组织在社区网络中发挥一定的居间协调作用，可以通过资源分配和服务管理等提高社区服务的有效供给。多元主体互动关系是逐步建立并递进发展的，本章将其分为相互认识、交流咨询、活动联办三个互动阶段。在相互认识阶段，多元主体之间建立了初步联系，其中包括互相知晓对方的基本理念、服务方法和行动模式等机构情况，组织负责人彼此互相了解。在交流咨询阶段，多元主体之间就一些具体合作项目进行了信息交换，转介过事务或服务对象，对彼此情况进行了更深层次的了解，并就合作达成了初步意向。在活动联办阶段，多元主体就具体项目开展了实质性的合作，如签署合作协议、

共同举办活动、进行组织培育、建立定期合作和交流的机制等。多元主体以规范的形式，共同推进社区共治网络发展。目前，多数社区的组织间互动进入交流咨询阶段。在“三社联动”取得显著发展成果的社区中，主体之间互动已经进入活动联办阶段，如E案例社区所在街道购买的服务，在全区里面是最多的，合作都要签协议。在“三社联动”过程中，多元主体的良性互动主要体现在相对平等、独立自主、各司其职、形成合力。相对平等，是指虽然社区居委会仍然是资源的主要提供者和分配者，但是要尊重社区社会组织、辖区单位等其他治理主体在社区共治网络中的地位和作用，在决策上不能独断专行，要将其他多元主体纳入决策机制，确保决策的科学性和系统性。独立自主，是指多元主体在互动过程中要保证各个组织的独立性，根据组织自身的判断，去执行相应的行动策略，提供社区服务，而不是沦为某个优势组织的附庸，失去自身应当发挥的作用。各司其职，是指在互动过程中，不同组织面向的社区服务需求和社区问题应有所不同，承担的责任和发挥的职能与作用也不同。良好的互动应当是各主体充分发挥自身的优势和特点，推动共治网络发展。形成合力，是指最终多元主体互动的结果指向性明确、目标一致，最终形成多元化的社区公共服务，实现社区共治目标。因此，多元主体之间是否形成了良性的互动关系，可以作为“三社联动”有效性在网络层面的衡量指标。

三是居民满意度和社区凝聚力。在社区层面上，居民对社区公共服务的认可，以及社区参与程度和社区凝聚力的提高，是“三社联动”的重要落脚点。“三社联动”是一种社区服务的供给方式和社区治理模式，社区居民对其服务和治理效果有最大的发言权。因此，社区需求的满足程度以及社区问题的解决程度，最终会通过居民满意度得以体现。一方面，“三社联动”的核心是通过多元主体的互动，为社区提供多样化、更具效率的优质社区公共产品。作为服务对象的居民是最直接的利益相关者，对社区公共产品的价值最有发言权。另一方面，通过“三社联动”，居民会有更多元的社区参与和自我组织渠道，在社区参与中可以提高社区信任度，进一步增加社区社会资本总量。居民的社区感即居民的凝聚力和向心力的提高，可以推动更多的居民融入社区公共生活，成为社区治理共同体的一部分。因此可以说，社区凝聚力是"三社联动"有效性的直观反映，是社区共治网络在互动过程中的重要产出，是衡量"三社联动"有效性的重要依据。例如，在 A 案例社区中，居民参与社区公共事务的积极性得到了明显提高。"群众基础都有了，其他的工作就好开展了。关键是居民信任社区，有事愿意跟社区说，愿意向社区反映。"① 因此，在社区层面的"三社联动"有效性，突出地体现为居民自组织能力的提高以及社区凝聚力与归属感的增强。

第三节 "三社联动"机制的多案例研究

一 六个案例的"三社联动"模式

通过对六个案例的对比分析发现，各个案例社区的"三社联动"具体实现路径存在差异，会受到社区资源禀赋，社区发展过程，社区居委会负责人认知、动员和创新能力等因素的制约，因此呈现不同的发展模式。其中包括基于传统"三社联动"意义，通过政府向专业社工机构购买服务，专业社工机构嵌入社区，为居民提供专业化和多样化的服务，与社区内其他组织联动，推动社区共治网络发展的"外来嵌入型"联动模式；由社区居委会主导，整合辖区内部资源，建立联动平台，推动社区共治网络发展的"内生平台型"联动模式；由社区居委会主导，辐射自身周边组织直接提供服务，推动社区共治网络发展的"内生辐射型"联动模式。这三种发展模式，均旨在通过社区居委会、社区社会组织以及社区内外其他类型的组织之间的互动，提供多元化、立体化、系统化的社区公共产品，以满足社区居民的公共服务需求，同时调动社区居民参与公共生活的积极性。但是这三种发展模式在实现路径上具有较大差异，详细归纳其形成背景、形成条件和运作方式，有助于更好地总结"三社联动"的有效性机制。

---

① 访谈记录：20191119AZ。

(一)"外来嵌入型"联动模式

"外来嵌入型"联动模式是当前基层社区推进"三社联动"建设的主流模式,将"社区、社会组织和社会工作专业队伍"理解为社区居委会、社区社会组织、专业社工机构及其社会工作者,在我国各地社区治理实践中广泛存在。其核心机制是专业社工机构通过项目合作或者服务合作的方式,参与社区共治。在本书调研的六个案例社区中,B案例社区和E案例社区是典型的"外来嵌入型"联动模式。

1. "外来嵌入型"联动模式的形成背景

近年来,随着社会组织管理体制改革和政府购买服务的推广,专业社工机构在国内迅速发展,特别是专业社工机构成为政府购买服务的主要供应商。社会工作已经成为一门独立的学科和专业,运用专业化理论、科学的工作方法开展社会服务,得到了从官方到普通民众的普遍认可。随着社会福利服务重心逐渐向城市社区转移,社区成为专业社工机构重要的服务场域。专业社工机构将获得的各类社会服务项目落地社区,逐渐成为城市社区建设的一种新现象。[①] 于是,通过项目化的方式,社区居委会与专业社工机构合作,提升社区服务的专业化程度,成为社区建设中的一种常态。在这一背景下,B案例社区和E案例社区均引入专业社会组织(社工机构)参与社区治理。

2. "外来嵌入型"联动模式的形成条件

通过对B案例社区和E案例社区的分析以及与其他案例社区的对比发现,形成"外来嵌入型"联动模式的案例社区具有以下几个独特的条件。第一,社区居委会成立时间较短,内部资源相对匮乏。丰富的组织形态和互动关系需要建立在社区社会资本之上,而一些新建小区往往缺少这些社区基础,因此缺乏联动的基础条件。为更好地满足社区居民需求,社区引入外部专业社会组织的动力充足。相对来说,刚成立小区的居委会更倾向于选择与专业社会组织合作,形成"外来嵌入型"联动模式。例如,在E案例社区中,购买社会组织的服务是社区所需要的。第

---

① 王杨、邓国胜:《社工机构与社区居委会合作机制的理论解释——四个合作案例的比较分析》,《中国行政管理》2017年第11期,第55~60页。

二，社区居委会负责人对专业社工机构的认知水平较高。虽然近几年专业社工机构的影响力逐渐扩大，但是在社区层面，许多社区居委会负责人对专业社工机构的认知还停留在初步阶段。从对多个案例社区的观察发现，目前尚有不少社区居委会负责人对专业社工机构的认识存在一定的偏见和误解，这也是很多社区没有选择与专业社工机构合作开展"三社联动"的首要原因；相反，对专业社工机构服务能力认可度较高的社区居委会，容易在政策推动下与其达成合作。第三，社区居委会二次赋权意识较强。"外来嵌入型"联动模式存在显著的赋权增能运作机制。社区居委会在被基层政府和街道办事处赋权的基础上，进一步向专业社会组织、社区社会组织和社区居民赋权增能。例如，B 案例社区的负责人说道："我们后期在做的时候，可能相对来说他们是主要的工作支撑，我们是辅助，可能是这样的，（我们）提供场地和人员，但是具体的事情是由他们来做，然后引导这些志愿者"。① "外来嵌入型"联动模式通过提高社区服务专业化程度、居民组织化程度来增强居民自治能力和社区治理能力。②

3. "外来嵌入型"联动模式的运作方式

可以将"外来嵌入型"联动模式的主要运作方式总结为：第一，基层政府从制度供给、资源支撑、设施建设等方面扶持联动；第二，社区居委会、社区社会组织及其他组织从设施开放、资源共享、居民动员等方面组织联动；第三，专业社工机构从能力建设、技术支持、需求收集等方面嵌入联动；第四，社区居民以合理表达自身需求的方式参与联动。这一联动模式得以运作，主要是依靠专业社工机构与社区居委会之间委托-代理关系的建立，以外部引入方式注入并整合社区资源，以项目化、专业化方式推动社区网络多元主体互动。

（二）"内生平台型"联动模式

"内生平台型"联动模式，是指社区居委会在服务社区居民和推动

---

① 访谈记录：20191010BZ。
② 陈伟东、吴岚波：《从嵌入到融入：社区三社联动发展趋势研究》，《中州学刊》2019年第1期，第74~80页。

社区建设过程中，通过建立一个社区内的组织互动平台，在居委会、社区社会组织、辖区单位等主体之间建立起一个联结组织培育、资源分配和意见协调的纽带，通过组织互动平台进行资源引入和整合，或者重新分配资源，培育更多的社区社会组织，并调动辖区单位和其他组织参与互动，从而实现一种特有的"三社联动"模式。其核心机制是将内生组织互动平台作为纽带，激发社区活力，促进内生社区社会组织等多元主体联动。"内生"，意味着社区居委会在平台搭建以及联动中起主导作用。经过对六个案例社区的对比发现，A案例社区和C案例社区属于此种联动模式。A案例社区建立了"劝导队"，C案例社区建立了"共建联盟"，这两个组织的互动平台成为资源互动、组织培育和组织互动的纽带，促进社区共治网络发展。

1. "内生平台型"联动模式的形成背景

社区共治网络发展是一个持续性的过程。因此，社区共治网络发展要改变"政府在行动、社会在行动、居民无行动"的现实境况，就需要完善"三社联动"模式以重构社区结构与功能，并向社区赋权增能，把社区事务的决定权和行动权赋予居民，增强居民自治意识，提高居民自治能力。[①]城市社区管理体制改革后，在我国实行的社区管理体制中，社区居委会一直扮演着中枢角色。在长时间的社区建设过程中，社区居委会通过不断探索，形成了相对稳定和具有社区适应性的社区自治机制。特别是在一些发展时间较长的社区，由于社区居民结构相对稳定，社区居委会对社区资源和居民公共服务需求有较为精准的了解和掌握。在一些治理绩效较高的社区，社区社会组织已有一定的规模和相对成熟的模式，与辖区单位有较紧密的联系。在此基础上建立的组织互动平台，可以拓展资源汲取和组织协调的渠道，在社区居委会和社区社会组织、辖区单位多主体之间，发挥沟通协调作用。因此，在这种联动模式中，社区内部没有足够的动力，需引入专业社工机构将项目落地社区开展"三社联动"。例如，A案例社区的负责人在座谈中说道："咱们社区内部，

---

① 陈伟东、吴岚波：《从嵌入到融入：社区三社联动发展趋势研究》，《中州学刊》2019年第1期，第74~80页。

其实能力都挺强的，自己都能联系专家了。这个（我）就觉得社会组织反正也发展得没有那么专业，我就不必再把这个事儿委托给社会组织来做了。"① 因此，社区居委会拥有较强的网络治理能力和长期有效的社区治理，是"内生平台型"联动模式形成的重要背景。

2."内生平台型"联动模式的形成条件

在 A 案例社区和 C 案例社区可以发现，"内生平台型"联动模式的形成具有以下共同特点。一是内部资源相对丰富。"内生平台型"联动模式以社区资产为基础，较丰富的社区社会组织、较强的居民公共意识、积极的社区参与是建立枢纽型社区社会组织和进行内生社区动员的前提条件。例如，C 案例社区是典型的"单位制"社区，辖区内主要成员单位为一家大型央企，因此资源基础相对稳定，有利于发挥"内生平台型"组织的效用。

> 我们社区现在一共有 70 多家单位，经常来参加活动的有 50 多家。这个指的是联盟，就是共建联盟、共建单位。共建联盟既有社会组织，也有企事业单位。国企咱们院里的这些退休活动站都有。（访谈记录：20191015CW）

二是社区居委会具有持续性治理创新能力。A 案例社区和 C 案例社区的社区居委会成立时间较长。通过基层政府长期的能力建设，社区居委会专业化服务能力较强，能够根据实际情况，以专业的方法和知识设计项目，培育社区社会组织，动员多元主体参与。社区居委会可以充分实现服务居民与组织居民两个重要功能：激发内生社区社会组织和社区的活力，在此基础上实现社区工作者、社区社会组织和社区居民的联动。随着社区建设的发展和社区内组织、资源的丰富，社区居委会能够持续创新，整合社区资源，规划建立组织互动平台，并逐渐促进其完善发展。例如，在 A 案例社区中，社区居委会建立的"劝导队"，实际发挥了组织互动平台的作用。在条件相对成熟后，社区居委会有明确的意愿，有意识地成立组织互动平台，并不断探索和完善其功能。A 案例社区虽然

---

① 访谈记录：20191119AZ。

经历过一次负责人的更迭，但是对"劝导队"作为组织互动平台的安排保持着持续、稳定的投入和创新。

> 要传承老书记这些工作做法，还有我们的劝导队，这么不容易，要给它发扬起来。（访谈记录：20191119AZ）

3. "内生平台型"联动模式的运作方式

"内生平台型"联动模式的运作方式主要可以归纳为：第一，基层政府是主要的资源提供者，在制度供给、资金支持等方面提供相应资源；第二，社区居委会从提升专业化水平、赋权社区社会组织和社区居民、搭建组织互动平台、链接社会资源、收集居民需求等方面引导联动；第三，社区社会组织和社区居民从提升自身公共意识、承担自治责任、内化自治行动和增强自治能力方面参与联动。这一联动模式得以运作主要是依靠社区居委会搭建组织互动平台和链接资源，以内部动员和整合的方式进行社区动员，以平台化方式推动社区网络多元主体互动。

（三）"内生辐射型"联动模式

"内生辐射型"联动模式，是指在服务居民和社区建设过程中，社区居委会依靠自身影响力，在社区党员、积极分子中挖掘和培育社区社会组织，动员社区居民参与，并与专业社工机构建立初步的接洽和咨询关系，社区社会组织发展水平较低，仅提供有限的社区公共服务。其核心机制是以社区居委会为中心，以社区居委会中心的内部居民群体为主要动员对象，激发社区活力，促进内生社区社会组织和其他主体参与互动。实际上，"内生辐射型"联动模式是"三社联动"的初期形态，虽然具有一定的"三社联动"特征，但是尚未完全达到"三社联动"的要求，是处于过渡阶段的联动模式。在社区共治网络的发展过程中，"内生辐射型"联动模式通常是"外来嵌入型"联动模式的初期准备阶段。由于"内生辐射型"联动模式具有联动规模的有限性，社区居委会在与专业社工机构达成合作后，将逐渐向"外来嵌入型"联动式发展。在六个案例社区中，D案例社区和F案例社区属于"内生辐射型"联动模式。

1. "内生辐射型"联动模式的形成背景

"内生辐射型"联动模式的形成背景与"内生平台型"联动模式相似，是社区居委会长时间居于社区治理中心位置的结果。但与"内生平台型"联动模式不同的是，重构社区结构与功能、社区赋权增能、居民自治意识和自治能力培养等网络发展任务，超出部分社区居委会的能力范围，因此建立社区内部的"平台型"组织或网络相对困难，社区内部动员乏力。由于社区居委会的认知或合作能力有限，其引入专业社工机构的过程相对缓慢，社区共治网络的发展缓慢，多主体互动还停留在较低水平。例如，D案例社区负责人说道："社工机构到我们这儿来，头两天接触过，可能我们社区居民基数太大了，人家也感觉到有压力。尤其是刚开始的活动，我们也说不好具体的，你说服务对象能有多少或者你这摊子要摊多大，我们也不好说。"① 这说明，在此种模式中，社区居委会没有充分认识到专业社工机构的能力，对专业社工机构能在社区共治网络中发挥的作用也没有清晰的认识。

2. "内生辐射型"联动模式的形成条件

D案例社区和F案例社区形成"内生辐射型"联动模式有一些共同的条件。一是内部资源基本能够满足社区居民需求。与"内生平台型"联动模式相同的是，形成内部联动需要以社区内部资源为基础；不同的是，"内生辐射型"联动模式中的社区资源相对有限，但是由于社区居民参与不足，社区需求的表达和开发有限，现有社区资源可以满足有限的社区居民需求。二是社区居委会具有一定的资源动员能力。在"内生辐射型"联动模式中，社区居委会虽然专业化服务能力不突出，但是能够有效地动员社区内部以居委会为中心的群体。已有研究指出，社区居委会是社区最重要的治理主体，并得到基层政府和街道办事处的赋权，使社区内逐渐形成以居委会为中心的圈内（社区内群体）和圈外（社区外群体）两大阵营。② 在"内生辐射型"联动模式中，社区居委会有效

---

① 访谈记录：20191015DL。

② Margarethe Kusenbach, "A Hierarchy of Urban Communities: Observations on the Nested Character of Place," *City & Community* 7 (3) (2008): 225 - 249.

动员了社区积极分子自我组织成立社区文体组织和志愿服务组织，利用闲暇时间自愿参与社区居委会的安保、卫生、文体和调研等工作，以满足基本的社区服务需求。比如，在 F 案例社区，社区居民组成了文体队伍和治安巡逻志愿者服务队等组织，可以参与社区居委会的安保、文体和志愿服务等工作。因此，虽然这类社区尝试探索与专业社工机构合作，但是动力仍然不足，合作处于初期阶段。

3. "内生辐射型"联动模式的运作方式

通过对 D、F 两个案例社区的分析发现，"内生辐射型"联动模式的运作方式主要为：第一，基层政府是扶持者，从制度供给、资金支持、设施建设以及专业社会组织对接等方面扶持联动；第二，社区居委会是引导者，从社区社会组织培育、居民动员、设施开放、需求收集、活动策划等方面引导联动；第三，社区社会组织、社区居民、其他组织是共同参与者，从需求表达、主动参与、志愿行动、协商自治等方面参与联动。这一联动模式得以运作主要依靠社区居委会的组织培育和资源调动，以内部动员和整合的方式进行社区动员，以中心辐射的方式推动社区网络多元主体互动。

表 5 – 2　三种"三社联动"模式的比较

联动模式	形成背景	形成条件	运作方式	典型案例
外来嵌入型	● 专业社工机构成为政府购买服务的主要供应商 ● 专业社工机构落地城市社区实现福利服务下沉	● 社区居委会负责人内部资源相对匮乏 ● 社区居委会负责人对专业社工机构的认知水平较高 ● 社区居委会较高的赋权程度	● 基层政府扶持联动 ● 专业社工机构嵌入联动 ● 社区居委会、社区社会组织及其他组织联动 ● 社区居民参与联动	B 案例社区、E 案例社区
内生平台型	● 社区居委会成为社区治理的中枢 ● 社区居委会能力建设落实到位	● 内部资源相对丰富 ● 社区居委会具有持续性治理创新能力	● 基层政府扶持联动 ● 社区居委会引导联动 ● 社区社会组织、社区居民参与联动	A 案例社区、C 案例社区
内生辐射型	● 社区居委会成为社区治理的中枢 ● 社区内部形成以社区居委会为中心的群体	● 内部资源基本能够满足社区居民需求 ● 社区居委会具有一定的资源动员能力	● 基层政府扶持联动 ● 社区居委会引导联动 ● 社区社会组织、社区居民、其他组织参与联动	D 案例社区、F 案例社区

二　"外来嵌入型"联动模式的互动达成过程

"外来嵌入型"联动模式的实质是在政府购买服务引导下,专业社工机构嵌入社区,与社区居委会、社区社会组织、辖区单位等其他治理主体开展合作,为居民提供专业化、多样化的服务并参与社区治理的过程。"三社联动"的作用是保持社区治理中合理充足的组织参与,促进社区治理组织之间的互动关系,提升组织间的合作层次,动员广泛的社区参与,进而推动社区共治网络发展。

一般来说,在"外来嵌入型"联动模式中,社区居委会、专业社工机构和社区社会组织等主体间互动的达成分为三个阶段。第一个是专业社工机构嵌入阶段。这一阶段的主要互动方为社区居委会和专业社工机构。通过某一合作契机,社区居委会和专业社工机构通过接洽和意见交换,确立了正式或非正式契约关系,明确了合作内容和方向。在二者达成合作的过程中,资源互赖与政策空间成为合作最重要的内外动力,社区居委会和专业社工机构在资源上具有高度互补性,二者具有强烈的依靠对方资源实现自身发展的动力,这是合作的坚实基础。而从中央到地方各级政府的政策导向、基层政府的宣传推介,为社区居委会和专业社工机构之间的合作提供了可能。第二个是社区动员阶段。这一阶段,在社区居委会和专业社工机构正式合作的基础上,社区各主体通过利益联结,在整合多方利益的基础上,实现推动社区共治网络发展目标的一致性,从而广泛动员和整合社区资源,并通过激励机制,持续整合社区资源,推动社区共治网络发展。第三个是融合阶段。"嵌入型""三社联动"模式的合作机制逐渐常态化,专业社工机构逐渐融入社区治理,成为社区共治网络的重要主体,广泛动员社区居民参与社区共治。最终,居民在社区公共活动中,既成为服务的对象,也不断参与社区公共服务提供,成为服务的生产者。

本书通过对两个典型的"嵌入型""三社联动"案例的分析发现,B案例社区和 RF 社会工作事务所,E 案例社区和 LZ 社会工作事务所、ER社会组织发展咨询研究中心达成并开展了持续合作,完成了嵌入、动员和融合三个阶段。通过对两个案例中专业社工机构与社区居委会的互动达成过程的归纳，本书发现"嵌入型""三社联动"模式的三个阶段存在共同的影响因素和作用机制，可将三个阶段的过程发展机制归纳如下（见表5-3）。

表5-3　"嵌入型""三社联动"模式的互动达成过程

	嵌入契机	专业社工机构嵌入动机	社区居委会合作动机	持续性因素	有效性因素
B案例社区、RF社会工作事务所	街道邀请专业社工机构给各社区开展社会治理讲座，专业社工机构与社区认识后，开展项目	获取项目经费，提升机构在街道的知名度，巩固与街道建立的良好信任关系	用专业社会工作的理念与方法影响、改造和提升传统的社区工作，减少社区居委会的工作量	与社区居委会共同培育社区社会组织，引导社区社会组织与社区居委会、专业社工机构进行资源互换	对居民进行持续培育，鼓励居民参与合作生产，自我提供社会公共服务
E案例社区、LZ社会工作事务所	通过市级社会组织服务项目联系社区，并通过主管机构领导介绍	获取项目经费，探索运用创新工作方法，提升服务水平	增强居民的凝聚力和向心力，减少社区居委会的工作量，增强社区活动效果，培育社区社会组织领袖	以承办社区居委会委托培育社区社会组织项目的形式，联结社区共治网络各主体利益	积极培育社区社会组织，鼓励社区社会组织引导居民进行共同生产
E案例社区、ER社会组织发展咨询研究中心	区社工委专业社会服务进街道项目，在项目开展过程中，专业社工机构与社区进行合作沟通	树立服务品牌，获取项目经费	提升居民自治能力，促进居民参与社区公共活动，引入专业力量开展活动	与社区辖区单位和社区商户沟通，通过互惠的方式，鼓励单位和社区商户提供资源，参与社区公共服务	通过建立社区协商议事制度，鼓励居民参与公共决策，制定社区公共政策

（一）嵌入阶段：资源互赖与政策机会为内外动力

在"外来嵌入型"联动模式的嵌入阶段，社区内两个重要的社区治理主体——社区居委会和专业社工机构确立合作关系。在这一阶段，社区居委会和专业社工机构在某种合作契机下建立联系，基于各自的动机和需求，就在社区治理中的合作达成共识。通常，双方以项目化方式达成合作，专业社工机构嵌入社区，成为社区共治网络的重要主体。通过对两个"嵌入型""三社联动"案例的分析，本书发现，在这一过程中，双方达成合作的关键在于社区居委会和专业社工机构各自的内部及外部动力。

对两个案例的归纳分析显示，促进专业社工机构和社区居委会达成合作的内在动力，是二者之间的资源互赖关系。社区居委会和专业社工机构具有很强的资源互补性，能够在合作中获得双方都需要的资源，从而实现自身的发展。这是二者达成合作的基础。从外部动力来看，专业社工机构嵌入社区共治网络，是中央和各地方政府实现社区治理现代化政策执行的重要路径，各级地方政府部门运用多种政策工具对其进行支持，而且作为社区居委会的上级单位，地方政府部门和街道办事处在推动专业社工机构发展和参与社区治理政策，购买专业社工机构的服务，转介专业社工机构到社区服务等方面提供了制度空间和政策机会，为二者的合作创造了重要的外部动力。

首先，资源互赖是专业社工机构和社区居委会达成合作的基础。已有研究指出，专业社会工作嵌入是为了拓展社会工作的发展空间，并在合作中汲取所需要的各项资源。① 通过对 B、E 两个案例社区进行分析可以看出，一方面，专业社工机构需要项目资金、活动场地和一定的社会影响力以拓展自身的发展空间。与社区居委会合作，可以使专业社工机构获得项目经费或者将已有的政府购买服务项目落地实施，增强项目执行效果。此外，专业社工机构与社区居委会合作，还可以打造自身的服务品牌，提炼并形成自身的服务特色，有利于进一步加深对合作社区乃至本地区社会服务需求的了解，有利于在本地区寻找更多的合作机会，实现机构自身的发展。例如，ER 社会组织发展咨询研究中心负责人说："我们以往联系的社区及社区社会组织是很有限的，通过培育项目，有更多的社区认识和认可了我们。"② 另一方面，对于社区居委会来说，社区公共服务在居委会日常工作中占用了大量的人力和时间。在 B 案例社区和 E 案例社区中，参与社区公共服务工作的人员比例分别达到 44% 和

---

① 王思斌：《社会治理结构的进化与社会工作的服务型治理》，《北京大学学报》（哲学社会科学版）2014 年第 6 期，第 30～37 页。
② 访谈记录：20191125ERJ。

20%。而且，社区居委会日常忙于应付上级政府部门下沉的各项行政事务，为居民提供公共服务的精力有限。此外，在举办社区服务活动中，社区居委会由于视角不同、专业性不足等原因，往往会陷入思路僵化、创新不足的困境。例如，在 E 案例社区中，社区居委会主任说道："因为社区建设，我也做了好多年了，我也感觉都遇到瓶颈了，不知道这个再往下怎么走了，其实前两年我真的挺困惑的。"[①] 在这种情况下，社区居委会具有强烈的寻找专业社工机构谋求合作的动机与愿望，希望通过与专业化机构合作，提升社区公共服务的整体质量与效率，解决社区专业人才不足的难题，减轻社区居委会在社区服务供给方面的压力。总之，专业社工机构对社区居委会的依赖主要体现在发展空间和经济资源方面，而社区居委会对专业社工机构的依赖则主要体现在专业性服务资源方面。在专业社工机构和社区居委会承认并明确了相互之间的依赖关系后，双方即可以选择合作，它们会主动采取资源交换的措施。因此，资源互赖关系的形成和发展，是驱使专业社工机构和社区居委会达成合作的重要内在动力。

其次，制度空间和政策机会构成了专业社工机构和社区居委会达成合作的重要外部环境。一方面，制度空间和政策机会是专业社工机构能够持续稳定获得资源支持的重要基础。从目前出台的各项政策可以看出，政府鼓励在社区治理等领域更多地引入专业的社会力量，进一步加大政府购买服务的力度，并以此创新社区治理模式，这为专业社工机构的发展提供了重要的空间。[②] 目前，中央出台了多项政策，加强专业社工机构建设，促进专业社工机构发展。经过一段时间的发展后，专业社工机构正逐渐成为政府购买服务的重要合作伙伴。一系列政策措施引导了专业社工机构的规范化发展，同时给予其资金支持，为专业社工机构进入社区提供了政策保障。[③] 利好政策频繁出台，在很大程度上增强了"三

---

① 访谈记录：20191120EW。
② 岳经纶、谢菲：《政府向社会组织购买社会服务研究》，《广东社会科学》2013 年第 6 期，第 182~189 页。
③ 王杨、邓国胜：《社工机构与社区居委会合作机制的理论解释——四个合作案例的比较分析》，《中国行政管理》2017 年第 11 期，第 55~60 页。

社联动"各方的合作意愿，为各主体合作提供了重要平台。在对 B 案例社区和 E 案例社区的访谈中，专业社工机构明确提到基层政府在促进合作方面的重要作用。

> 事务所从成立之初就扎根 FT 街道……进入 FT 街道就开始跟各个社区（打交道），刚开始的时候其实是对 24 个社区全部摸底，跟所有的书记、主任打交道。（访谈记录：20191118RFW）

> 因为最早的时候是在 2014 年，咱们区开始宣传这个（专业社工机构），区里培训一年。（访谈记录：20191120EW）

从案例资料中可以看出，基层政府对专业社工机构的支持态度和推介行为是促进社区居委会与之合作的重要契机。越来越多的基层政府认识到专业社工机构的优势，希望其进入社区，开展服务。基层政府的支持态度，降低了合作建立信任关系的成本，缩短了合作考虑的时间，同时消除了社区对合作风险的担忧。①

（二）社区动员阶段：利益联结与激励机制持续整合社区资源

在社区动员阶段，基于专业社工机构和社区居委会的正式合作，社区共治网络的发展需要更广泛地调动社区内部资源，将辖区单位、商户、物业等各类主体的资源持续整合进社区服务提供和社区问题解决过程中。在这一阶段，调动更多治理主体和整合更多治理资源的主要机制在于利益联结，而使多元主体合作和资源整合状态持续的机制则主要在于激励机制的形成。

首先，缺少利益联结机制是社区资源共享和合作共治困难的根本原因，因此，构建多元主体之间的利益联结是社区动员的前提。社区内部常见的治理主体基于各自的理性，利益追求通常存在一定的张力，导致

---

① 王杨、邓国胜：《社工机构与社区居委会合作机制的理论解释——四个合作案例的比较分析》，《中国行政管理》2017 年第 11 期，第 55～60 页。

在行动上缺乏统一的目标。例如，社区居委会一方面需要完成基层政府下沉的管理服务任务，另一方面需要完成精神文明建设活动、社区公共事务和公益事业、民间纠纷调解和协助维护治安等自治任务。社区社会组织则需要获得资源支持，以维持组织运营和发展，并在此过程中满足组织成员和服务对象的需求。辖区单位在社区内部的利益关注点在于有助于满足单位发展和员工利益诉求的工作与生活环境，以解决实际困难为目标。社区商户主要通过社区商业活动获利，因此可能影响其经济利益的客户、信任、知名度、美誉度和周边环境等为其利益关注点。而居民的利益关注点则在于希望社区公共生活多元化和高质量发展，社区环境宜居。从 B、E 两个案例社区中可以发现，专业社工机构嵌入社区共治网络后，主要发挥各主体之间"黏合剂"的作用，寻找多方主体共同的利益关注点，通过议题设置，增进各方主体的沟通和参与，促进多方之间的资源互动，形成一致的社区发展目标，调动各主体参与社区共治的积极性，从而最广泛地调动社区资源，形成社区合力。例如，在 E 案例社区中，专业社工机构和社区居委会合作开展社区社会组织培育项目，专业社工机构设置了一个十年社区文化回顾的社区达人秀项目主题，以增强社区文化认同为目标，调动多元主体参与。其中，LZ 社会工作事务所积极引入外部专业资源，为社区社会组织提供资金、资源、师资，为多元主体提供展示和自我推介的机会，构建了一种各方主体利益联结并共同指向社区公共利益的常态机制。

　　其实只是爱好，但是如果没有这么一个平台，没有这样的一个群体，就没有老师给它做指导。所以说我们也是推荐老师，包括开展达人秀，作为评选……我记得请老师做了一个摄影展，就是大家拍照片然后把它们洗出来。这是它的一个变化，从有这个想法，到建立，再到他们能够成立起来这么一支队伍。（访谈记录：20191125LZY）

　　其次，互惠关系在利益联结机制中发挥了核心作用。社会学理论尝试从微观视角出发，将合理性作为理性人行动的重要准则，假设任何行动者都在追求最大利益的前提下开展各种行动。① 在社区各主体的互动中，利益难以精准测量，但多元主体均是在实现自身利益最大化的前提下开展合作的。因此要满足各方的利益期待，通过合作使各方取得收益，并将此作为强化合作的依据，推动合作的持续发展。② 各方参与合作是通过自身的资源不断换取所需利益，并持续进行正向循环的社会互动过程。③ 互惠原则是组织间社会交换的核心部分，合作的达成即互惠交换基础之上各方的理性选择。为实现利益联结机制的常态化发展，必须让各方主体在合作中受益，在合作中实现对自身有利的目标。在此过程中，直接利益交换和互惠关系是非常重要的两个因素。直接利益交换是人们判断合作倾向的重要因素，是指在交换中能够直接得到的利益④，主要体现在利益交换上。而互惠关系则是指通过自身的行动改变对方的行动策略，从而实现合作的效用最大化。在专业社工机构的利益联结中，它通过不断改善互惠关系，促进合作持续深入地展开。例如，在 E 案例社区中，ER 社会组织发展咨询研究中心针对商品房商户较多的特点，探索促成商户和其他主体建立互惠关系。

　　　　社区中的一些底商、驻区单位、有公益精神的企业，之前会支持社区开展一些工作，但是有一些和社区的联系没有那么紧密，所以我们通过这种攻坚会议或者直接去走访这些企业，进行一些政策的宣传。一些活动，如社区文化广场活动，我们会邀请辖区单位参加，看看它们能不能协助提供一些小奖品或者装饰品、桌子等这样的支持。（访谈记录：20191125ERJ）

这种工作，实际上就是促成社区多元主体互惠关系的形成，建立

---

① 丘海雄、张应祥：《理性选择理论述评》，《中山大学学报》（社会科学版）1998 年第 1 期，第 118～125 页。
② 侯钧生主编《西方社会学理论教程》（第三版），南开大学出版社，2010。
③ 谭明方：《社会学如何研究社会》，《学海》2002 年第 2 期，第 74～79 页。
④ Olof Leimar & Peter Hammerstein, "Cooperation for Direct Fitness Benefits," *Journal of Evolutionary Biology* 19（5）（2006）：1400－1402.

主体之间的利益联结，从而促进指向社区公共利益的多元主体合作的达成。

最后，多元主体在建立互惠关系后，保障稳定持续互动的关键在于有效激励机制的形成。在"三社联动"过程中，其合作不以一次交易或一纸契约为单位，而是以社区共治的过程持续为目标。因此，合作的达成并不止于合作行为的开始，还必须考虑合作过程的持续性。管理学对持续合作的研究认为，"有效的合作激励机制可以提高信息在组织间传递的真实性与可靠性，降低由于信息不对称引起的道德风险与逆向选择问题，是解决委托代理问题的关键"。[①] 对 B、E 两个案例社区的分析发现，一方面，"三社联动"形成了双方资源共享的激励机制，巩固了合作关系。资源障碍是社区多元主体共同面临的发展障碍，因此需要建立行之有效的激励机制，以资源共享的形式，不断推动互动的持续发展。在具体互动过程中，社区服务具有的公共性特征，使专业社工机构和社区居委会在服务对象选择上相对灵活，容易实现资源共享。例如，B 案例社区居委会与专业社工机构开展的环保活动，既提高了当地环保社区社会组织的服务能力，又改善了社区公共卫生环境，形成了正外部效应。

> 这个环保组织的活动一直比较单一，就是大家每周五上午八点到社区，然后去社区里面捡拾垃圾、清除小广告等。我们对这个组织进行了重新定位，除了对社区里面的环境卫生进行维护之外，还加入了垃圾分类工作。我们一方面培训了专业的垃圾分类宣导人员，另一方面对大众进行了垃圾分类知识的传播和宣导。（访谈记录：0191118RFW）

资源共享的激励机制意味着，在合作中，各方都能获得最大的利益，促进自身发展，为完成合作目标做出重要贡献。因此，激励机制为合作

① 王丽杰、郑艳丽：《绿色供应链管理中对供应商激励机制的构建研究》，《管理世界》2014 年第 8 期，第 184～185 页。

的持续性提供了重要保障。另一方面，"三社联动"形成了各自合法性增强的激励机制，促进社区多元主体持续开展合作。社区中的多元主体，包括社区居委会、专业社工机构、社区社会组织、商户、辖区单位和物业等组织，其在制度环境下生存，会受到合法性因素的制约，在政府的引导和支持下，居民的认同会形成制度性激励，在认可双方合作合法性的基础上，持续强化这一合作关系。比如，针对小区乱停车的现象，E案例社区通过专业社工机构的宣传，让居民了解到社区的难处，让社区商户在社区共治网络中发挥作用，推出符合自身利益的服务内容，从而提升社区居委会、社区商户以及其他社区共治网络主体的合法性。

> 针对这个停车位的问题，我们首先让居民了解到社区"两委一站"确实有自己的困难，了解到不是街道和社区不作为，让他们有一个认知上的改变，然后再针对目前的情况判断我们能做出哪些力所能及的改变……我们针对社会资源还在推动一件事，看能不能和社区的志愿服务积分挂钩，可以用志愿服务积分去兑换驻区企业的优惠服务，比如说拿着这个积分他就可以直接到这个单位去抵多少金额的优惠。（访谈记录：20191125ERJ）

激励机制的形成，既保证了多元主体之间持续开展合作，也保证了社区内部资源整合状态的延续，有助于完成社区动员任务，促进社区共治网络发展。

（三）融合阶段：合作生产促进有效互动

"三社联动"促进社区共治网络发展有赖于多个组织合作的达成与持续，同时社区参与是社区多元主体有效互动的内生动力。对 B、E 两个案例社区的分析发现，运用居民广泛参与的合作生产机制，能够促进多元主体有效互动和社区融合。

近年来，越来越多的学术研究专注于公共服务的合作生产。"合作生产"作为一个学术概念和世界范围的专业实践而兴起。具体地说，"合作生产"是用来描述一个新兴的公共服务提供过程的概念，它设想公民直接参与城市服务的设计和提供专业的服务代理。① 西方的政策制定者和政治家认为,公民的合作生产是创造创新公共服务的必要条件,能实际满足公民的需求。例如,B 案例社区面对的一个难题是社区环境问题,为吸引更多居民参与活动,专业社工机构设计了多项活动主题,由社区居民参与社区活动设计和活动执行。居民提出回收再利用的环保方案,专业社工机构就带领居民将自己上交的废油做成肥皂,回馈给居民。在这一过程中,专业社工机构发挥的是引导和协调作用,将资源引入社区,由居民参与共同创造公共服务产品。又如,E 案例社区和 ER 社会组织发展咨询研究中心合作发起了一个资源地图项目,由社区居民和社区社会组织参与绘制社区资源地图,发现社区资源所在,重新认识社区和个人、组织的关系,增强社区认同感。在参与这一项目过程中,社区居民逐渐形成了自组织,专业社工机构对这些自组织进行培育,以提高其参与能力,使其在社区共治中发挥更大作用。

> 我们针对某一类资源,给予了不同的干预策略,比如说,针对社区社会组织,更多是一些理念的灌输和价值观的引导,使其认识到自己也是多元协同治理结构中的重要一员。(访谈记录:20191125ERJ)

可见,在社区治理中设置合作共创工作机制和公众参与机制,以社区公共产品或问题解决为主题,调动公众的社区参与,实现基于社区服务和治理的合作生产,可以促成公民的直接参与和资源的高效流动。社区共治是一个在地化的任务,需要一种持续的内部驱动力。社区居民既是社区公共服务的对象,也是社区公共性生产的关键主体。缺少居民参与的专业社工机构嵌入和"三社联动",难免出现内部动力不足的问题,难以达成社区发展的目标。"三社联动"不是一种外在于社区居民的联

---

① William H. Voorberg, V. J. J. M. Bekkers, & Lars G. Tummers, "A Systematic Review of Co-Creation and Co-Production: Embarking on the Social Innovation Journey," *Public Management Review* 17 (9) (2015): 1333 - 1357.

动，只有社区内的居民具有社区责任感并有能力以独立主体身份参与社区公共产品生产和社区问题解决的过程，才能真正形成和发展社区共治网络。因此，动员社区参与，提高社区主体能力，唤醒社区居民的自主性和社区意识，是"三社联动"促进社区共治网络发展的落脚点。只有社区居民真正广泛参与合作共创，才能够实现"三社联动"形塑社区共治网络的有效互动和融合的目标。

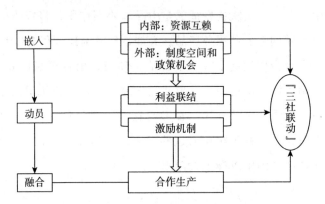

图 5-1　"外来嵌入型""三社联动"模式的互动达成过程

三　"内生型""三社联动"有效性的影响因素

1. 两种联动模式的"三社联动"有效性

如上所述，"内生平台型"联动模式和"内生辐射型"联动模式都属于社区居委会占据主导地位的"三社联动"模式。但是，在"三社联动"有效性方面，二者存在比较明显的差异。通过对"内生平台型"联动模式和"内生辐射型"联动模式两组四个案例社区进行对比分析可以发现，两类联动模式的有效性差异明显。"内生平台型"联动模式的多元主体互动效果显著，能够有效地提供社区公共服务，社区居民参与的积极性较高，社区凝聚力显著增强。相比之下，"内生辐射型"联动模式依旧维持原有的社区管理格局，虽然培育了社区社会组织，初步调动了辖区单位、商户参与社区事务的积极性，但是社区居委会仍然居于主导地位，社区居民的参与程度较低，多元主体互动效果和社区凝聚力增强尚不显著。因此，社区居委会开始尝试引入专业社工机构参与社区共治。

按照本书评价"三社联动"有效性的三个标准，四个案例社区"三社联动"有效性的排序为 A、C、D、F，主要体现为以下几个方面的差异。一是"三社联动"中参与互动的组织数量。属于"内生平台型"联动模式的 A 案例社区和 C 案例社区参与互动的组织数量，明显多于属于"内生辐射型"联动模式的 D 案例社区和 F 案例社区。二是多元主体互动关系的质量。在互动关系质量方面，A、C 两个案例社区的社区居委会、社区社会组织及辖区单位等多元主体形成了平等且目标一致的良性互动关系，而 D、F 两个案例社区的多元主体互动关系的平等性与自主性则相对较弱。例如，C 案例社区与社区社会组织以及辖区单位在社区服务上取得了一致的发展目标。

> 我之前也说过，程度浅的就是我知道社区发生什么事，再深一点，就是能出行、能参加，更深一点的就是我能来提供服务，来主持或者参与这些活动，最深的参与程度就是我是管理人、我是负责人，自我管理、自我行动这种，就是说最近居民参与的程度有没有变化。（访谈记录：20191015CW）

将居民参与程度作为共同工作的目标，是构成多元主体良性互动关系的基础。而在 F 案例社区，社区党委、社区居委会的强主导，使多元主体之间存在一种命令和从属关系，社区社会组织和辖区单位等的参与比较被动，没有形成良性的互动关系。三是居民满意度和社区凝聚力。居民满意度是一个主观指标，主要讨论居民对社区治理效果的主观感受，由居民从设施开放与维护、需求响应、环境宜居、治安稳定四个方面对社区进行评价。本书采用李克特量表编制问卷，每个社区随机选取 50 位居民进行面访，对赋值分数加总然后求均值，作为居民满意度的得分。从数据比较来看，居民满意度的案例社区排序是 C、D、A、F，并未发现两种不同类型联动模式的规律，可能原因在于，对混合社区、"单位制"社区和商品房社区的满意度调研为分组测量，受访居民对高低值区间的判断可能受不同调查员面访解释的影响。在社区凝聚力方面，根据多元参与主体和居民的自述，以及参与式观察的判断，"内生平台型"

联动模式显著高于"内生辐射型"联动模式。A、C 案例社区的居民参与活跃，主要基于"我们"的社区感较强，对社区的归属感和责任感也均处于较高水平。D、F 案例社区居民则相对疏离，较少自主参与社区事务，对社区的认同不足，比较缺乏归属感（见表 5-4）。

表 5-4　四个"内生型""三社联动"案例社区的有效性对比

案例社区	联动组织总数（家）	互动关系	居民满意度	社区凝聚力	"三社联动"有效性
A	14	平等、目标一致	0.76	强	较高
C	14	平等、目标一致	0.96	强	高
D	10	不对等、被动	0.90	较弱	较低
F	6	不对等、被动	0.56	弱	低

2. 有效性的影响因素

如上所述，"内生型""三社联动"的有效性存在明显差异，总结有效性的影响因素，有助于探索有效的研究路径和方法，对进一步推进以"三社联动"机制构建为核心的社区治理创新，推动社区共治网络发展具有重要的现实意义。通过四个案例社区的对比，可以发现，"三社联动"有效性的影响因素主要包括以下三个。

（1）社区社会组织发展程度

"三社联动"的根本目标是有效提供社区服务，满足社区需求。在社区共治网络中，作为多元主体的重要组成部分，社区社会组织除承担提供社区公共服务的职能外，还担负着回应居民需求、参与社区公共决策的任务。在"内生平台型"联动模式中，经过多年培育，社区社会组织的发展水平相对较高，其扎根社区，可以快速准确地反映居民的社会公共服务需求，并且带动社区居民参与社区公共生活，营造良好的社区公共生活氛围。社区社会组织的类型相对多元化，能够提供更多维度的社区公共服务，满足更多社区居民的公共服务需求。社区社会组织较高的发展水平，为"三社联动"提供了基础。相较而言，在"内生辐射型"联动模式中，社区社会组织仍然与社区居委会保持着类似于上下级发布命令和接受命令的关系，自主性较差。此外，社区社会组织数量相对较少。虽然从绝对数量来看，D 案例社区的活跃社区社会组织数量可观，但是 D 案例社区的人数是其他三个案例社区的三倍左右，因此，实际上社区社会组织服务平均人数仍然较少。与"内生平台型"联动模式相比，"内生辐射型"联动模式的社区社会组织类型相对单一，以安全维稳类社区社会组织为主，与社区居委会职能高度重叠，缺乏输出多元服务和广泛动员的能力（见表 5 – 5）。这一结论印证了网络生成阶段是社区共治网络发展的基础，为社区共治网络的互动和发展提供了必要的主体基础和社区基础设施。

表 5 – 5　社区社会组织发展程度与"三社联动"有效性

案例社区	活跃社区社会组织数量（家）	社区社会组织类型（丰富、贫乏）	示例	"三社联动"有效性
A	6	丰富	A 案例社区党委书记："因为这里的情况相对比较特殊，一个是党委的力量很强，支部的力量也比较强，劝导队的影响力太强大了，把社区的风气一下给带起来了。"	较高
C	5	相对丰富	C 案例社区党委书记："我们准备把目前社区这 9 个离退休活动站从之前的这 50 多家联盟单位里剔出来，把它专门组织起来。"	高
D	6	贫乏	D 案例社区党委副书记："志愿服务组织大概是'两帮一'，有时候也是就近，同楼或者是靠近的，相对比较熟悉一些也方便，而且双方都得是自愿，有时候他可能需要帮助，我们也找到他了，他自己本人不愿意接受这个，这几个人还要互相对上眼。得谈得来，您老来他挺烦的，他就有抗拒心理。"	较低
F	4	相对贫乏	ER 社会组织发展咨询研究中心总干事："他们明年要购买我们一个项目，等于现在还是在建立关系，或者说还是在梳理大概要怎么去支持、怎么深入合作的一个阶段。制约的因素就是该社区机构的规模、人数和项目数。"	低

（2）社区治理网络密度和特征

对四个案例社区的多主体治理网络分析，主要考察了网络密度和基于中心性分布的特征。社区治理网络密度反映了在一个社区治理网络内，社区居委会、社区社会组织、辖区单位和社区商户等多主体之间沟通、交流、合作的程度和频率。社区治理网络的特征主要通过不同主体的中心性分布来体现。一个节点的中心性主要体现组织在网络中具有怎样的权力，或者说居于怎样的中心地位，进而体现组织的影响力。① 一个社区治理网络中多个主体的中心性分布，可以体现一个网络结构的单中心/多中心特征。

在社会网络分析中，一个整体网络的密度是通过各个节点之间当前关系的总数除以理论最大的关系数，整体网的密度越大，对个体的影响越大。网络密度主要通过各个节点的可达性，体现网络的"凝聚力"。② 按照互动程度，对四个案例社区治理网络中各个组织的认识与否、信息交换、事务转介和服务协作四个整体网络的密度进行对比发现，社区治理网络的密度对"三社联动"有效性有显著的积极影响。这与关于集群网络的研究结论相一致，集群密集网络对企业效率和效益的两面性作用使集群发展呈现效率和效益相平衡的态势。具体来说，相互信任、规范、权威和制裁等制度根植于紧密联结的成员网络中，更容易拥有相同的行为预期，有利于行为规范的形成和实施，实现了网络中各种类资源的相互共享，并提高了社区治理中决策和行动的效率。

对中心性的衡量主要通过中间中心性，其主要体现一个节点在多大程度上位于网络中其他"点对"的"中间"，具有较高的中间中心性，体现了行动者对资源控制的程度。社区治理网络中的一个节点与其他节点中间中心性相比差距极大的网络可以视为一个单中心的网络，而网络中有多个中间中心性相对较高的节点的网络则可以视为一个多中心趋势的网络。通过对四个案例社区治理网络各个组织的认识与否、信息交换、

---

① 刘军编著《整体网分析 UCINECT 软件实用指南》（第二版），格致出版社，2014，第127页。

② 刘军编著《整体网分析 UCINECT 软件实用指南》（第二版），格致出版社，2014，第203页。

事务转介和服务协作四个整体网络的中心性分布进行对比发现，A、C两个案例社区的网络特征呈现多中心趋势，D、F两个案例社区的网络特征呈现单中心性。多中心趋势网络特征案例社区比单中心网络特征案例社区的"三社联动"有效性更高，即社区治理网络的多中心特征对"三社联动"有效性有显著的积极影响。

如图5-2至图5-9所示，"内生平台型"联动模式案例社区A，在认识与否、信息交换、事务转介和服务协作四个整体网络的密度明显大于"内生辐射型"联动模式案例社区D。"内生平台型"联动模式案例社区A的四个整体网络特征呈现一定的多中心趋势，除了社区党组织、社区居委会中间中心性最大外，社区社会组织、物业和社区商户等组织中也出现了中间中心性较大的组织。这显示出，除社区党组织、社区居委会外，"内生平台型"联动模式社区通常会存在一个资源引入、整合、再分配的平台或组织。这一平台或组织构成了一个次级网络，分担社区党组织、社区居委会的压力，帮助其完成资源配置的工作，并对其他类型组织施加影响，促进网络互动，在网络发展中发挥管理和协调作用。

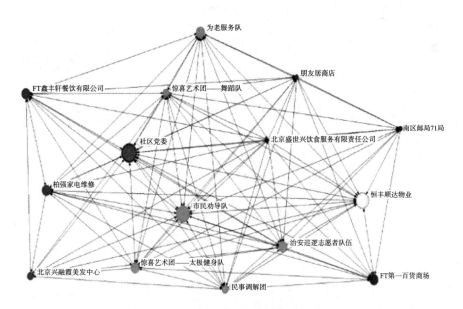

图5-2　A案例社区相互认识整体网络

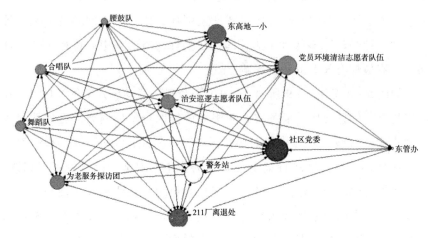

图 5 - 3　D 案例社区相互认识整体网络

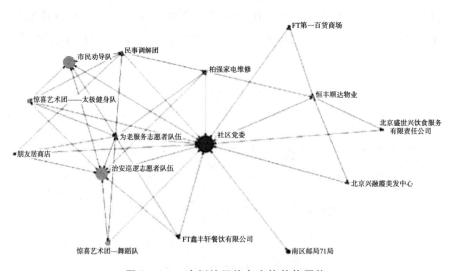

图 5 - 4　A 案例社区信息交换整体网络

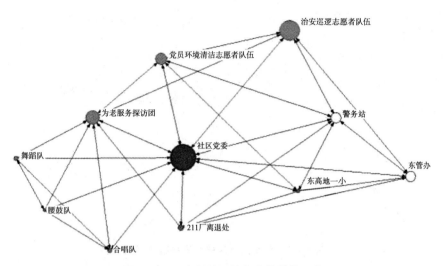

图 5-5　D 案例社区信息交换整体网络

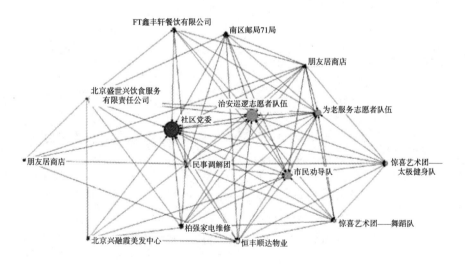

图 5-6　A 案例社区转介事务整体网络

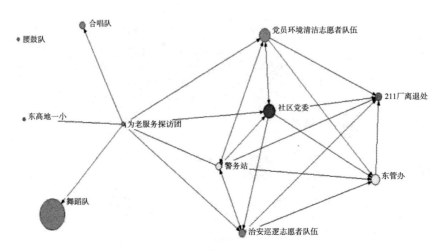

图 5-7　D 案例社区转介事务整体网络

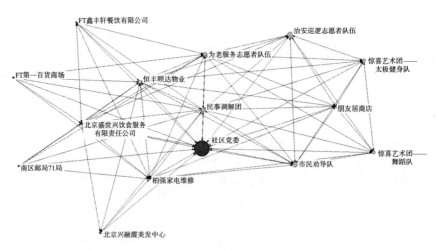

图 5-8　A 案例社区服务协作整体网络

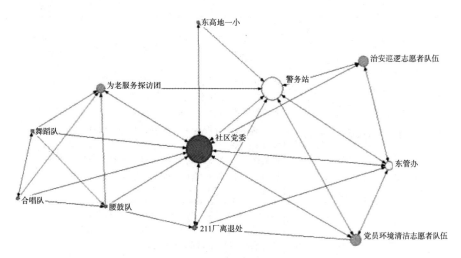

图 5-9 D 案例社区服务协作整体网络

而在"内生辐射型"联动模式中,社区党组织、社区居委会处于中心地位,呈现单中心网络特征,其他各主体之间的联结和互动较少,缺少次级网络和管理组织。密度大且呈现多中心趋势的网络推动了社区资源的高效流动,更好地调动了社区内部动力,提高了"三社联动"在组织、网络和社区三个层面的有效性(见表 5-6)。

表 5-6 社区治理网络密度、网络特征(单中心、多中心)与"三社联动"有效性

案例社区	网络密度	网络特征(单中心、多中心)	示例	"三社联动"有效性
A	0.562	多中心趋势	A 案例劝导队队员:"我总结了一下,社区党委给大家建立了一个平台,实际上这个平台通过利用老百姓的能力,一下把自身的作用给扩大化了。"	较高
C	0.728	多中心趋势	C 案例社区党委书记:"这 50 多家(单位)是内生性的,包括唱歌的、跳舞的,还有像曹老师这样组织一些人帮助咱们治安巡逻的……但是我们的特点是什么?它是 9 个离退休活动站都在,所以这些老人都在本社区参加活动。"	高

续表

案例社区	网络密度	网络特征（单中心、多中心）	示例	"三社联动"有效性
D	0.335	单中心	D案例社区党委书记："志愿服务大概是'两帮一'，有时候也是就近，同楼或者是靠近的，相对比较熟悉一些也方便，而且双方都得是自愿，有时候他可能需要帮助，我们也找到他了，他自己本人不愿意接受这个，这几个人还要互相对上眼。得谈得来，您老来他挺烦的，他就有抗拒心理。"	较低
F	0.291	单中心	F案例社区党委书记："我们这个志愿者队伍，其实说白了，就是带工作目标的，过个节假日值班，目前为止他们主要的工作就是值班巡逻。"	低

（3）社区参与程度

本书通过对两种模式四个案例社区的分析发现，社区参与程度也是影响"三社联动"有效性的一个重要因素，主要体现在社区居民参与社区公共事务的积极性上。"三社联动"以提高社区服务供给水平和问题解决效率为目标，社区参与是评判社区服务供给水平和问题解决效率的路径，社区形成过程的研究将社区参与视为现代社区的形成机制，这是参与的公共性、过程性和再生产能力使然。[1] 杨敏按照有无公共议题和是否参与决策过程，将中国的社区参与分为四种类型，分别对应强制性参与、引导性参与、自发性参与和计划性参与实践。[2] 第一，直接影响社区生活质量的公共性议题，易引发社区居民的关注，可以有效引导居民将关注点转向公共领域。这对于社区服务的供给者和社区治理的主体而言，是"三社联动"中获取服务需求和居民立场的立足点和出发点。第二，在参与社区公共生活中，居民能够以决策者身份参与社

---

① 转引自杨敏《作为国家治理单元的社区——对城市社区建设运动过程中居民社区参与和社区认知的个案研究》，《社会学研究》2007年第4期，第137~164页。
② 杨敏：《作为国家治理单元的社区——对城市社区建设运动过程中居民社区参与和社区认知的个案研究》，《社会学研究》2007年第4期，第137~164页。

区决策。在此过程中，多主体的信任水平在良性互动中不断提升，社会资本得到充分积累。第三，参与的过程性使社区居民的主人翁意识得到显著提升，对将社区转化为具有共同公共生活诉求和良好秩序规范的社会共同体具有重要作用，成为社区生产凝聚力的必要手段。可见，具有公共议题和参与决策过程的参与类型具有更强的公共性、过程性和再生产能力。①

从两种模式四个案例社区的对比可知，在社区参与程度上，属于"内生平台型"联动模式的 A、C 案例社区较高，而属于"内生辐射型"联动模式的 D、F 案例社区较低。在"内生平台型"联动模式中，社区居民参与程度高，主要体现为计划性参与和引导性参与，具有公共议题和一定的参与决策过程，对"三社联动"议题、服务的反馈相对及时，进而加快了社区公共服务和公共物品的优化速度，提高了多元主体的互动效率以及"三社联动"的有效性。而在"内生辐射型"联动模式中，社区居民参与程度不高，主要体现为强制性参与和自发性参与，缺乏公共议题，因此在社区服务和社区事务方面，以社区党组织、社区居委会制订计划落实为主，难以体现公共性，针对性不强，无法对居民的需求进行有效获取。而且由社区居委会作为强力的推手开展的服务，缺乏多元主体之间互动、决策和社区意识的凝聚过程，因此"三社联动"有效性不高（见表5-7）。

表5-7 社区参与程度和"三社联动"有效性

案例社区	社区参与活跃居民数（人）	社区参与类型	示例	"三社联动"有效性
A	800	计划性参与	A案例社区党委书记："我们的劝导队这一块，组长会我们开过了，大家也达成一个共识，劝导队实际上就是流动的摄像头，随时关注社区的各种变化，如文明养狗、防范入室盗窃、堆物堆料放火、安全等方面。"	较高

---

① 杨敏：《作为国家治理单元的社区——对城市社区建设运动过程中居民社区参与和社区认知的个案研究》，《社会学研究》2007年第4期，第137～164页。

续表

案例社区	社区参与活跃居民数（人）	社区参与类型	示例	"三社联动"有效性
C	1500	引导性参与	C案例社区党委书记："这三支舞蹈队的年龄层次不同，包括老、中、青三代，因为年轻人不愿意跟老人一块儿去跳舞，所以就衍生出一支队伍来，然后可能这几支队伍里跳得好的，又衍生出一支队伍来，目前是这么一个情况。"	高
D	400	自发性参与	D案例社区党委书记："有一个固定的日子，这样居民来参加活动的时候就不用我们特意通知了，因为毕竟是参加公益活动，所以我们也没有特定的对象，他到这个日子习惯性地就来。"	较低
F	150	强制性参与	F案例社区党委书记："我们这个志愿者队伍，其实说白了，就是带工作目标的，过个节假日值班，目前为止他们主要的工作就是值班巡逻。"	低

"内生平台型"联动模式和"内生辐射型"联动模式在发展过程中可能向"外来嵌入型"联动模式转化或者与"外来嵌入型"联动模式结合，成为一种更具融合形态的"三社联动"模式。例如，在 A 案例社区中，社区居委会负责人说道："我们有一个观点，就是党委也好，居委会也好，做好党建的工作，做好自己的工作，做好居民支持的工作就好了，有一些具体专业的事情完全可以外包出去，但是外包这个事儿，肯定不是一蹴而就的，肯定要慢慢磨合，这个经验很重要。"① D 案例社区负责人说道："如果有社会组织来这儿服务那多好，它策划一个方案，服务的人数很多，这对于它来说其实是节省成本的，最后做的绩效又好看，我觉得这是一个挺好的选择。"② 这说明，无论是"内生平台型"联动模式还是"内生辐射型"联动模式，都有引入专业社会组织参与社区治理的需求和意愿。"外来嵌入型"联动模式和"内生型"联动模式之间并非泾渭分明或相互排斥，而是可以相互转化或融合运用的。随着社区治理

---

① 访谈记录：20191119AZ。
② 访谈记录：20191015DL。

创新逐渐深入，专业社会工作逐渐发展，可以将外部引入和内部提升相结合，整合社区内外部资源，促进社区共治网络的扩张发展和深层次互动，提高"三社联动"有效性。

第四节　"三社联动"机制的研究发现与政策建议

通过对六个案例社区"三社联动"模式及其有效性的分析，可以发现，"三社联动"是促进社区共治网络发展的重要互动机制，它以社区为平台，以"三社"为核心主体，形成多元主体参与的社区治理模式，增进组织合作和资源流动，推动居民参与社区建设，促进社区共治网络的发展。

一　"三社联动"的有效性机制

（一）社区治理网络的横向与纵向拓展

有效的"三社联动"模式显示，社区共治网络在发展阶段必然经历一个积极的扩张期。在这个扩张期，其以社区为平台不断吸纳各种组织和资源，扩大网络范围。这种扩大既包括横向上组织数量和组织类型的增加，网络规模的扩展，也包括纵向上合作的深入，网络内组织能力的提升，社区治理网络密度的加大，组织间交流的日益频繁，合作经验和技术交流的畅通。

社区治理网络的横向拓展表现在组织数量和组织类型的增加。组织数量和组织类型的增加来源于内部挖掘和外部引入两个途径。从内部挖掘来看，一方面，"三社联动"的过程，实际上是培育居民结社精神、提升居民公共生活参与度的过程。在这一过程中，公民在互动中提升了社区公共生活的能力，并且在社区多元主体互动中，获得了社区参与的经验，最终实现将自身从服务的接受者向服务的供给者转化。在转化过程中，具有潜在结社能力和意愿的居民将会以高度的自发性，去寻找其他具有相同兴趣和价值取向的居民，通过组建社区社会组织，以组织化的方式，更深层次地介入社区公共生活，成为社区公共生活更具活力、更富有效率的多元主体，这是内部挖掘社区社会组织的原因。另一方面，"三社联动"的过程，是广泛调动辖区内各类单位参与的过程。辖区单位和商户坐落在社区内，拥有以地理位置为纽带的地缘关系，但是这些单位具有性质不同、行政级别不一、关系互不隶属、业务类型差异化等特点。这些特点导致各单位封闭式运作，浅层次互动或没有互动，对社区治理的参与程度非常有限，社区治理网络的多样性不足。"三社联动"网络互动充分调动了辖区单位和商户参与，进一步增加了社区治理网络的数量和类型的多样化，提供了更多元的社区公共服务。从外部引入来看，专业社工机构是"三社联动"中嵌入社区共治网络的重要力量。专业社工机构作为"三社联动"中的多元主体之一，不仅为社区共治带来了专业的理论、方法，科学的发展规划，还在社区治理中担负着整合多元利益，对接多元治理主体，提升社区多元主体服务和治理能力，调动社区多元主体积极性的重要职责。

社区治理网络的纵向拓展表现在社区多元主体更频繁的互动与更紧密的合作，社区治理网络的密度逐渐加大，社区共治合作层次逐渐加深。"三社联动"的过程，是重塑社区治理格局的过程。在这一过程中，最重要的就是以多元共治的主体关系取代原有命令式的、松散的、单向的主体关系。通过"三社联动"促进社区共治网络互动，社区居委会与社区社会组织之前存在的命令式关系，转化为资源互赖的共生合作关系。辖区单位和社区商户，从原来的游离于共治网络之外，转变为积极参与社区共治网络，将自身利益与社区治理网络的共同利益紧密联结，成为推动社区治理的重要力量。而居民则从原来在社区共治网络中单纯作为接受者的单向关系，转化为既是接受者又是供给者的双向关系。在这一过程中，社区共治网络密度进一步加大，多元主体在互相认识、信息交换、转介事务和服务协作等逐渐深入的频繁互动中，共同形塑了多中心治理趋势。

（二）以社区资产为本发掘社区动能

从发现社区问题、满足社区需求出发的社区合作到从发现社区特色、资源和优势出发的"三社联动"模式，实际上体现了社区治理中从问题视角向优势视角的转变。而以资产为本的社区发展模式就是优势视角理论在社区工作领域的发展，Kretzmann 和 McKnight 提出了以资产为本的社区发展理论模式。该理论模式主要由三个要素组成，"第一，资产为本。要从本社区实际已经掌握的资源出发，而不是从可能目前存在的问题出发。第二，内在聚焦。即要加强对本地居民和团体的能力，而不是直接给予其物质帮助。第三，关系驱动。在社区治理过程中，要不断调整多元主体之间的关系"。[①]

有效的"三社联动"模式以广泛的社区参与和充沛的社区内部动力为特征，这意味着以资产为本的社区发展模式具有关键性作用。也就是说，在"三社联动"过程中，要围绕社区在发展过程中已经形成的资产进行系统性的规划，充分重视业已形成的社区关系、社区网络、社区信任和规范的社区社会资本的作用。在"三社联动"过程中，要充分发挥社区社会组织、辖区单位、社区商户和社区居民在改造社区公共环境、追求高质量社区公共服务方面的意愿。以提升能力为核心，让在地化的社区社会组织和居民通过互动，实现社区服务供给和社区问题解决中服务需求界定、服务内容策划、执行和反馈在社区内部的循环。同时，在"三社联动"过程中，要紧密关注各主体之间关系的建立和深化，将各主体纳入社区共治网络，建构社区内部各主体的资源互赖和互惠合作关系，促进多方主体的合作伙伴关系深化发展。

对社区资产的充分重视和发掘激发了社区的动能，扩大了"三社联动"促进社区共治网络发展的作用。"三社联动"中每个组织能够调动的内外部资源对于整体社区需求来说是微不足道的，无法解决社区的根本问题。社区关系驱动的资产资源互动策略，从社区内部关系的建立出发，发动社区内部的资产，动员社区参与，培育社区主体能力，唤醒社区成员的社区意识，自主投身"三社联动"的社区共治网络发展目标中。社区内部动能的充分激发是有效整合和配置资源的关键，通过外部

---

① 参见陈红莉、李继娜《论优势视角下的社区发展新模式——资产为本的社区发展》，《求索》2011 年第 4 期，第 75～76 页。

资源注入和内部资源整合，有效实现了合作目标，最大限度地满足了社区发展的需要。

二　"三社联动"路径优化的政策建议

（一）调整政社关系，搭建"三社联动"平台

调整政社关系是"三社联动"的题中应有之义，也是"三社联动"促进社区共治网络发展的重要目标之一。从概念上来看，"社区、社会组织、社会工作者联动"是关于社会领域各主体之间的关系，然而，"三社联动"包含"三社"内部的优势互补以及社会与政府之间的互联互动。① "多元主体在社区管理服务的委托与代理、集权与分权、管理与自治方面充满着复杂的互动关系，这些实际上是民主化和国家与社会的关系在社区中的表现。"②

从本书的研究结论也可以看到，各级政府的推动在"三社联动"中发挥着关键性作用。各级政府在合作意识培养、合作平台搭建等方面可以有效提高"三社联动"的有效性，而这本身与政社关系的调整密切相关。因此，要优化"三社联动"的路径，各级政府必须找好自身在社区治理中的定位，从直接推动到政策引导和搭建平台，真正实现政社分开；要充分重视城市社区内部各主体的需要及自主性，在政策上予以正确的引导，充分运用多重政策工具，提供更完善的制度供给。地方政府要创造条件让社会组织积极参与基层社会治理工作，要采用政府购买服务的方式将社会组织可以解决好的、不必由基层政府解决的事项交给社会组织来处理。通过政府购买服务和释放空间为社区社会组织与专业社工机构合作搭建更广阔的社区合作平台，通过科学监督保障社区治理在合法合规的框架下进行。在具体的"三社联动"合作主体、合作方式和服务内容等方面，应由社区内部各治理主体通过平等协商合作解决。

---

①　叶南客、陈金城：《我国"三社联动"的模式选择与策略研究》，《南京社会科学》2010 年第 12 期，第 75 ~ 80 页。

②　王思斌：《论民本主义的社区发展观》，《社会科学》2001 年第 1 期，第 35 ~ 39 页。

（二）推动社会治理重心下移，强化社区自治和服务功能

党的十九大报告指出，要"加强社区治理体系建设，推动社会治理重心向基层下移"。因此，必须重视将资源、服务下沉到基层，处理好自治与共治的关系。要加大对社区治理的投入，特别是财政资源的支持。无论是社区社会治理，还是社区基础设施建设、社会事业发展以及困难群众的生活保障，都离不开财力的支撑。因此要将社区公共服务纳入财政预算，保障财政对社区公共服务建设的支持和政策引领。[①]

强化社区自治和服务功能。应注重社区的自治功能，实现基层民主自治，回归社区居民在社区治理中的主体地位。鼓励社区居民通过组建社区社会组织等自组织方式，合理、有序地表达对社区公共事务的意见，积极参与社区自我管理和自我服务。还应强化社区的服务功能，以居民为中心，设置需求发现、识别、反应和回应机制。社区服务功能的实现，是以社区共治网络中多元主体的合作为形式展开的，应当认识到，基层政府，社区居民，辖区单位、商户、物业、专业社工机构和社区社会组织等，都是社区共治的主体力量，需要在社区服务供给上发挥合力。地方政府应为协调好社区各方主体行动、增强整体合力提供必要的支持和服务。

（三）推动社区管理主体与专业社工机构平等合作伙伴关系的建立

政府应当充分意识到，专业社工机构嵌入是"三社联动"模式发展的重要阶段。要创造条件让专业社工机构积极参与社区治理，在此过程中推动社区管理主体与专业社工机构建立平等合作伙伴关系，以更好地发挥专业社工机构和社会工作者的作用。目前，社区居委会的行政化色彩浓厚，其并不将自身视为居民利益的代表，而更多地认为自身主要是替政府办事的机构。这在一定程度上影响了社区内部居民的有效参与，不能有效地发现和动员社区内部资源。同时，社区居委会以政府自居，往往在与专业社工机构、社区社会组织和社会工作者的合作中居高临下，

① 叶继红：《社会治理重心下移的机制培育》，人民网，http://theory.people.com.cn/n1/2018/0814/c40531 - 30228209. html，最后访问日期：2019 年 12 月 27 日。

认为自己掌握了更多的社区资源，难以与社区社会组织、专业社工机构和社会工作者平等合作。因此，需要进一步厘清社区居委会的职能，推动社区居委会社会化，使其与专业社工机构、社区社会组织和社会工作者良性互动。

要通过能力建设的方式，提高社区居委会在社区治理中的合作能力。引导社区居委会在社区服务和社区事务中赋予专业社工机构平等的表达、协商和行动权利；尊重专业社工机构的专业性，支持专业社工机构运用专业方法提供社区服务、整合社区资源和促进多主体互动；划分自身与社区社会组织的权责范围，保证权责相符，职责分担；注重各方在合作中的平等受益机会，形成互惠关系；推动社区居委会和专业社工机构以平等的合作伙伴关系，实现社区共治网络的发展。此外，政府要扮演好社区居委会和专业社工机构之间协调者和仲裁者的角色。在两者工作出现矛盾时，及时发现问题所在，按照客观、公平的原则帮助两者解决问题，推动和谐共处，形成共同推动社区共治网络发展的合力。

第六章 社区共治网络统筹：党建引领 社区治理及其有效性机制

"党建引领"自通过社区建设工作被借用到社会科学领域以来，就频繁地出现在党和政府对各项工作的政策宣言和行动策略中。自社区建设在全国开展以来，党组织的领导地位逐步在社区建设的相关政策中被确立和强化。2017 年，《中共中央 国务院关于加强和完善城乡社区治理的意见》中提出了"充分发挥基层党组织领导核心作用"的要求。在党的十九大报告以及党章修改中，基层社会治理框架下党组织的领导地位得以进一步明确。① 党的十九届四中全会提出"必须加强和创新社会治理，完善党委领导、政府负责、民主协商、社会协同、公众参与、法治保障、科技支撑的社会治理体系"。各地方关于党建引领社区治理的地方政策不断出台，基层政策实践经验逐渐涌现，加强基层党组织建设、探索引领社区治理的路径成为新的政策风向标。

第一节 党建引领社区治理的制度与理论面向

2000 年，中共中央办公厅、国务院办公厅转发的《民政部关于在全国推进城市社区建设的意见》指出"社区党组织是社区组织的领导核心，在街道党组织的领导下开展工作"，这是"社区建设"概念正式出现在公共政策中。2004 年，中共中央办公厅转发的《中共中央组织部关于进一步加强和改进街道社区党的建设工作的意见》，明确了社区建设中街道社区党组织应定位于"领导、协调"功能。2009 年《民政部关于进一步推进和谐社区建设工作的意见》以及 2010 年中央办公厅、国务院办公厅印发的《关于加强和改进城市社区居民委员会建设工作的意见》强

---

① 郑琦：《加强新时代基层党组织建设》，《理论视野》2018 年第 10 期，第 61～66 页。

调，基层党组织是城乡社区组织体系的核心，在构建社会主义和谐社会中应当发挥重要作用。党的十八大报告指出，要"创新基层党建工作，夯实党执政的组织基础"，并强调基层党组织的组织建设，扩大党组织和党的工作覆盖面，扩充党组织的功能。2015 年，中央城市工作会议指出，做好城市工作，必须加强和改善党的领导。随后，党的十八届三中全会进一步强调加强党委领导。2016 年，民政部、中共组织部、中央综治办等十余个部门联合印发《城乡社区服务体系建设规划（2016—2020 年）》，进一步强调要"充分发挥社区党组织领导核心作用，组织社区党员干部成立联系服务群众团体"。社区党组织的服务功能被补充到领导核心的功能框架中。2017 年，《中共中央 国务院关于加强和完善城乡社区治理的意见》强调，要"充分发挥基层党组织领导核心作用。把加强基层党的建设、巩固党的执政基础作为贯穿社会治理和基层建设的主线，以改革创新精神探索加强基层党的建设引领社会治理的路径"。至此，党建引领社区治理的概念正式进入中央文件，城市基层党建进入创新发展阶段，党在社区治理中的全面引领成为加强和完善城乡社区治理的根本前提。2017 年，党的十九大报告强调，要把街道社区、社会组织等基层党组织建设成为宣传党的主张、贯彻党的决定、领导基层治理、团结动员群众、推动改革发展的坚强堡垒。新修订的党章进一步规定："街道、乡、镇党的基层委员会和村、社区党组织，领导本地区的工作和基层社会治理。"党的十九届四中全会进一步强调健全党组织领导的城乡基层治理体系。《中共中央 国务院关于加强基层治理体系和治理能力现代化建设的意见》进一步强调，要坚持党对基层治理的全面领导，把党的领导贯穿基层治理全过程、各方面。党建引领社区治理成为新时代基层治理的重要政策议题和现实课题。

首先，党建引领社区治理的制度安排，是基于夯实党的执政基础指向的国家政权建设的需要。"单位制"式微后，社区逐渐成为国家在城市中实现社会整合和社会控制的新机制[①]，社区建设开始担负起基层政权建设使命。而中国共产党作为一种使命型政党，以有效组织社会为根

---

① 魏姝：《城市社区空间下的政府、政党与社会——城市社区治理结构演化的案例研究》，《公共管理高层论坛》2006 年第 2 期，第 244～256 页。

本依靠力量，在不同时期、不同阶段都极为重视对社会和自身的组织建设。党建引领基层治理是社会转型背景下政党组织社会的再出发[①]，旨在从基层夯实政党[②]，即一方面要把党的领导切实落到基层；另一方面要在社会基层各领域，围绕中心、服务大局，在推动发展的过程中为党组织自身发展赢得空间与资源[③]，巩固党的组织基础和群众基础。其次，社会转型是党建引领社区治理提出的现实背景。在"单位制"解体、住房商品化和土地城市化等多重机制作用下，社区治理面临诸多挑战，呈现碎片化状态。面对社区组织割据、资源耗散、自治主体分化、动员机制孱弱等难题，传统行政整合方式因政府部门的体制分割而归于失败，于是制度设计开始将注意力转向具有"总揽全局、协调各方"整合能力的执政党，寄望于党作为主导性力量来激发和整合社区组织与资源。[④]由于执政党执掌国家政权，具有发挥社会整合功能的制度基础和组织资源[⑤]，"依靠政党组织力量，再造社区秩序，在政权建设目标之内进行社区'共同体建设'被认为是中国社区治理发展实践的一条经验"[⑥]。

研究表明，发挥党建引领的倡导、整合与协调作用是打造共建共治共享社会治理格局的关键。[⑦]于是，探索党建引领社区治理的有效路径，成为基层党组织致力解决的主要任务。党建引领社区治理议题同时包括党建和社区治理两个基本面向，在实践过程中，蕴含着"政治整合与社会建构"的双重意志。[⑧]将党建引领作为一种基层治理的制度和机制，

①　叶敏：《政党组织社会：中国式社会治理创新之道》，《探索》2018年第4期，第117～122页。

②　李威利：《从基层重塑政党：改革开放以来城市基层党建形态的发展》，《社会主义研究》2019年第5期，第127～134页。

③　郑琦：《加强新时代基层党组织建设》，《理论视野》2018年第10期，第61～66页。

④　渠敬东、周飞舟、应星：《从总体支配到技术治理——基于中国30年改革经验的社会学分析》，《中国社会科学》2009年第6期，第104～127、207页。

⑤　刘惠：《中国共产党社会整合研究》，人民出版社，2016，第80页。

⑥　吴晓林：《治权统合、服务下沉与选择性参与：改革开放四十年城市社区治理的"复合结构"》，《中国行政管理》2019年第7期，第54～61页。

⑦　叶敏：《政党组织社会：中国式社会治理创新之道》，《探索》2018年第4期，第117～122页。

⑧　吴晓林：《治权统合、服务下沉与选择性参与：改革开放四十年城市社区治理的"复合结构"》，《中国行政管理》2019年第7期，第54～61页。

是基于政党的政治功能和社会功能的双重假设：在政治功能方面的基本假设是，党建引领基层治理是执政党统合社会、巩固执政的社会基础的有效途径；在社会功能方面的基本假设是，党建引领会优化社会治理体系，提高社区治理绩效。[①]

综合政治整合与社会建构两方面制度目标，结合社会整合理论，党建引领社区治理有三个主要面向。

第一，社区治理的组织间联合。关于社区治理的大量研究表明，组织间联合对社区治理起关键性作用。"社区治理中的组织主要包括社区党委、社区居委会、社区社会组织和专业社会组织（社工机构），社区党委为社区建设的领导者，社区居委会和社区居民为主体，专业社会组织（社工机构）和社区社会组织则是重要的参与者。"[②] 社区建设的实践经验显示，在保持各类组织地位的基础上组织间相互嵌入，建立相互合作的规范与共识、交涉与协作的机制有助于提高治理绩效。[③] 然而，如前所述，由于理念张力、责权分离，组织间合作（联动）的模式与机制的推行很难真正造就一个反映政社关系实质转变的组织间联合或联盟。而真正的组织间联合的状态是一种如涂尔干所说的代表"分工与整合"平衡关系的社会团结，是在组织间不同分工基础上建立的有序联系。这种组织间联合在形式上表现为社区内组织为促进社区共同福利的有效而持久的集体行动，实质上构成的是一种在政社合作治理模式下，基层国家和社会之间建立起的共同促进社区发展的合作伙伴关系。

第二，社区居民普遍认同。"社会整合理论认为，密集的社会交往，并激发在此基础上强烈的有意义的生活的共同情感、认同、支持和顺从，才可能产生社会整合状态。"[④] 也就是说，社会整合最根本的特征是一种

---

① 叶敏：《政党组织社会：中国式社会治理创新之道》，《探索》2018 年第 4 期，第 117 ~ 122 页。

② 陈丽、冯新转：《"三社联动"与社区管理创新：江苏个案》，《重庆社会科学》2012 年第 2 期，第 33 ~ 39 页。

③ 郎晓波：《"三社联动"推进社会建设——来自杭州江干区的经验》，《浙江学刊》2013 年第 6 期，第 66 ~ 70 页。

④ Michael Hughes & Walter R. Gove, "Living Alone, Social Integration, and Mental Health," *American Journal of Sociology* 87 (1) (1981)：48 – 74.

社会成员之间相互认同的状态，社会整合的程度取决于个体与组织之间相互认同的程度。因为"一个团结的群体就是其成员对于彼此有强有力的社会吸引力，意味着个人对一个群体的认同程度，以及对于与构成他们现实社会世界的他人的共同事务的感受程度，和对社群与社会的归属程度"。① 社区的整合状态不仅仅是组织或资源的结合与调配，其落脚点在于居民彼此以及居民对社区事务、社区共同体的认同与归属感。社区居民普遍认同是社区整合较高层次的要求，为实现这一整合状态，需要形成将社区成员整合在一起的共同价值体系。共同价值决定着社区成员追求的目标，以及制度设计的导向，体现为塑造社区成员和制度的文化体系。社区内部应当具有由一系列价值模式组成的、被社区成员广为认同的规范体系，通过社区内各种形式的社会化过程，规约个体和组织的行为，为社区治理系统不同构成部分功能的发挥提供与结构和制度的刚性相配合的内心世界及外部环境。②

第三，社区共同体志愿性忠诚。忠诚被认为是衡量社会整合的重要指标，并普遍地存在于各种社会形态中。社会资本理论认为，共同体的公民身份体现为积极参与公共事务。关于我国城市社区治理中公众参与的研究发现，在实践中社区参与形式性推进的问题普遍存在，社会资本只是一个潜在的现象。"搭便车"行为及规避参与折射出的是公共精神和主体意识不足，是社区共同体志愿性忠诚的欠缺。这种志愿性忠诚状态，体现为社区中个体之间各种形式的互助合作，"可能借助他人的帮助达成自己的目标，就是你帮助我完成我的工作，我帮助你完成你的工作，而非有一个固定的团体一起来从事某种事业行动，这种行动出于个人裁量"。③ 个体间的互助合作发展体现为自主性、自觉性的社区参与和自我超越的价值观，志愿性忠诚显示出社区共同体中个体的公民身份。

---

①　Richard Adams & Richárd Serpe，"Social Integration，Fear of Crime，and Life Satisfaction，" *Sociological Perspectives* 43（4）（2000）：605 – 629.

②　褚松燕：《在国家和社会之间》，国家行政学院出版社，2014，第 56~57 页。

③　Abraham Maslow，John Hoigmann，& Margaret Mead，"Synergy：Some Notes of Ruth Bene-dict，" *American Anthropologist* 72（2）（2009）：320 – 333.

第二节　党建引领社区治理作为网络统筹路径

一　社区共治网络整合的需要

随着多元主体互动的增加，社区共治网络逐渐走向相对成熟的阶段，即实现网络中组织规模和密度的合理化，进入和退出的组织数量基本持平，组织间的关系定位稳定，功能发挥良好，体现社区共治网络优势。社区共治网络要走向成熟阶段，需要完成整合任务，协调不同主体间的冲突和张力。党组织担负着领导社区治理的重要职责，以党组织为核心引领社区多元主体共治，是中国情境下社区共治网络整合的需要。

帕森斯指出，"所有社会都有整合问题，这些整合问题是价值制度化过程的焦点"。① 政党作为公共权力与社会公众的联结体，对社会发展起着引导和促进作用。社会整合不仅是所有政党的重要社会功能，也是马克思主义政党的政治使命。

首先，社区治理中通过党建进行社会整合是政党基本功能的体现。在"单位制"解体、住房商品化和土地城市化等多重机制作用下，基层治理资源贫弱，行政体系难以有效应对转型中的多重治理危机。"帕森斯认为只要把角色预设为行动者对某一位置的行为期待，一定的角色必定在社会结构中发挥一定的功能。"② 政党与冲突和整合天然相关，李普塞特和罗坎曾在书中指出，"政党是冲突的力量和整合的工具"。萨托利指出，政党"凝聚"功能很重要的一方面即体现在解决社会分裂相关问题，进行社会整合。③ 马克思主义政党强有力的政党建设优势，保证了其社会整合职能的履行，使之成为维持政治体系稳定的决定性力量，以及维系各种具有不同利益需要的社会力量的纽带。党建引领社区治理，

---

① 帕森斯：《现代社会的结构与过程》，梁向阳译，光明日报出版社，1988，第157页。
② 刘润忠：《社会行动·社会系统·社会控制——塔尔科特·帕森斯社会理论述评》，天津人民出版社，2005，第7页。
③ 转引自叶麒麟《社会整合、政党政治与民主巩固——基于制度可实施性的分析》，《浙江社会科学》2012年第12期，第32~39页。

发挥基层党组织的领导核心作用，是由政党作为国家与社会的桥梁和中介的基本属性决定的，应突出体现在社区治理中党建社会整合功能的实现上。

其次，社区治理通过党建进行社会整合，由党组织在社会和谐发展模式中的行动优势决定。和谐是社会成员在达成一定价值共识的基础上对利益进行动态协调而达致的一种积极的社会交往状态，也是国家在保持社会稳定和社会变迁之间的平衡中所期望的一种社会发展模式。和谐、均衡是社会整合理论的基本诉求，社区治理的和谐状态需要系统内部协调以克服结构性张力，实现整合功能，进而构成整个系统的动态秩序均衡状态。归根结底，这一过程由处于既有社区治理结构中的行为者决定，以行为者的动机为动力机制。在社区治理中，社区党组织、社区居委会、专业社工机构、社区社会组织、辖区单位等均为行为者，相对于其他行为者而言，社区党组织的优势在于同时具有内生性和外生性。党的组织体系来自社区之外，因此是嵌入社区的；社区内各类组织中存在相当数量的党员，按照党章可以成立党组织，因此也是内生的。社区党组织对社区各类组织和各项工作的领导保证了其纵向上利益传输渠道的作用，党员在各类组织中的分布提升了社区党组织横向上协调、沟通社区治理成员的群众基础。因此，在社区治理中，社区党组织通过协调行动实现社会整合功能的优势显著。

二　社区有效治理的现实要求

社区共治网络发展的根本目标是实现社区有效治理。从各地的实践来看，近年来，社区党组织在社区治理中发挥着越来越重要的作用。一些地方探索社区大党委制，发挥区域化党建对社区共治的支持作用，推出社区党建、红色物业、小区党支部建设等党建引领模式，社区党组织通过组织动员、资源链接、服务链接等机制引领社区治理。事实表明，社区党建引领工作做得好的地方，社区共治效果就会较好。[①] 社区党组织在社区共治

---

① 吴晓林：《党建引领与治理体系建设：十八大以来城乡社区治理的实践走向》，《上海行政学院学报》2020 年第 3 期，第 12～22 页。

网络中发挥统筹作用，整合社区多元主体，是社区治理的实践发展要求。

首先，社区治理的碎片化需要社区党组织"有效在场"。无论是自动形成的社区治理主体多元化，还是培育和建构的社区共治网络，都需要面对社区治理的碎片化问题。"随着社会转型，社区空间范围内主体的异质性、财产的私有性和资源的碎片化，为社区治理带了诸多困难，需要再造可治理的邻里空间。"① 同时，随着国家向社会放权和社会自我生长，社区范围内出现了多元治理主体，不再由社区居委会包揽治理权，"新的社区治理主体业委会、物业公司等出现并广泛参与社区事务，社区权力结构开始呈现从'一元集权型'向'多元分散型'转变"②。社区居委会引入和培育的专业社工机构及社区社会组织也有各自的价值取向和行动策略，"不同的治理主体隶属于不同的权威来源和关系体系，有着各自不同的利益追求，难免造成社区多重组织割据、资源耗散，缺乏有机整合，协商合作机制难以建立起来"③ 的困难。在社区治理场域中，社区党组织作为一个行动主体，居于主导性地位，可以为其他主体进入场域建构一系列规则。党组织在社区治理中的"有效在场"使社区党组织作为一种相对独立的政治力量存在于基层社区中，不断地扎根社区乃至融入社区，使基层党建与社区治理实现有机融合，增强社区治理效果。④

其次，社区党组织在社区共治网络中的统筹，有助于提高社区治理有效性。"党建"作为一种基层治理的要素⑤，在社区共治网络发展和逐渐成熟的过程中，需要存在引领力和整合力。引领力体现为社区领导力和对社区网络内部主体的价值与行动倡导，整合力体现为社区共治网络

---

① 孙小逸、黄荣贵：《再造可治理的邻里空间——基于空间生产视角的分析》，《公共管理学报》2014 年第 3 期，第 118～126、143～144 页。

② 石发勇：《业主委员会、准派系政治与基层治理——以一个上海街区为例》，《社会学研究》2010 年第 3 期，第 136～158 页。

③ 李友梅：《城市基层社会的深层权力秩序》，《江苏社会科学》2003 年第 6 期，第 62～67 页；徐丙奎：《快速城市化地区社区治理的权力困境及分析》，《福建论坛》（人文社会科学版）2013 年第 3 期，第 171～175 页。

④ 黄六招、顾丽梅：《超越"科层制"：党建何以促进超大社区的有效治理——基于上海 Z 镇的案例研究》，《经济社会体制比较》2019 年第 6 期，第 62～70 页。

⑤ 韩福国、蔡樱华：《"组织化嵌入"超越"结构化割裂"——现代城市基层开放式治理的结构性要素》，《西安交通大学学报》（社会科学版）2018 年第 5 期，第 47～57 页。

的资源整合与组织协调。党组织统筹可以实现对社区共治网络的引领力和整合力，进而提高社区治理的有效性。一方面，社区党组织统筹可以有效促成社区集体行动。社区治理主体的多元化，并不意味着社区集体行动可以达成。社区集体行动既需要组织化的力量，也需要有效的社区资源动员和社区自我服务。社区党组织借由其包容性和开放性优势，为基层治理场域中的不同主体提供行动舞台，吸纳新生社会空间中组织和个体参与基层治理，将政党有效动员与社区共治紧密融合起来，实现对新社区各类资源的有效动员，解决社区集体行动困境。另一方面，社区党组织统筹可以促进社区问题的自我解决。社区党组织的有效动员可以促进党组织的有效服务，促进社区内部问题的自我解决。任何社区治理单一主体都难以有效缓解社区治理中多元化需求和治理资源分散的矛盾，而社区党组织逐渐从"组织覆盖"向"服务覆盖"转变，将基层党建与社区治理进行有机融合。社区党组织以"柔性化"方式吸纳社会力量主动参与，撬动社区治理的社会资源，提供社区服务，满足社区多元化服务需求，实现社区问题的自我解决，进而促进有效的社区治理。[①]

第三节　党建引领社区治理有效性机制的多案例研究

一　党建引领社区治理的有效性

（一）社区治理绩效测量

在西方学术界，绩效评价是当代各国政府提高效率和公共服务质量

---

① 黄六招、顾丽梅：《超越"科层制"：党建何以促进超大社区的有效治理——基于上海Z镇的案例研究》，《经济社会体制比较》2019 年第 6 期，第 62～70 页；郑长忠：《社区共同体建设的政党逻辑：理论、问题与对策》，《上海行政学院学报》2009 年第 5 期，第 62～69 页；陈家喜、林电锋：《城市社区协商治理模式的实践探索与理论反思——深圳南山区"一核多元"社区治理创新观察》，《社会治理》2015 年第 1 期，第 84～92 页；王蔚、王名、蓝煜昕：《引领与统领：社区共治中的社区领导力——武汉百步亭社区个案研究》，载王名主编《中国非营利评论》（第十九卷），社会科学文献出版社，2017，第 117～131 页；袁方成、杨灿：《嵌入式整合：后"政党下乡"时代乡村治理的政党逻辑》，《学海》2019 年第 2 期，第 59～65 页。

的重要管理工具，但是社区并不具备政府职能，社区治理是指社区作为集体可以解决一些个人、市场、国家无法解决的问题。① 因此，在研究中，社区治理绩效多通过社区指标或者社区能力予以衡量，以区别于政府绩效概念。有研究将社区指标分为四类：生活质量路径、持续发展路径、健康社区路径、标杆与绩效测量路径。② 而对社区能力的考察则包括对组织的考察和对人群的考察。对组织的考察主要是关于社区外部机构的性质和作用、社区内可用的资源和财务支持等，有助于快速评估社区发展计划的进度。③ 对人群的考察则主要是关于领导力、资源、问题评估、联系和网络及社区态度等方面④，帮助捕捉社区的"社会活力"。

　　我国的社区内涵有别于西方国家的社区内涵，社区是伴随着"单位制"的解体和经济体制的转型而兴起的，因此其社会管理与社会服务功

---

① Samuel Bowles & Herbert Gintis, "Social Capital And Community Governance," *The Economic Journal* 112 (483) (2002): 419 – 436.

② 龚翔荣、陈天祥：《基于粗糙集的城市社区治理绩效指标分析——A 市 50 个样本社区的调查数据》，《北京行政学院学报》2018 年第 5 期，第 34～40 页。

③ Matthew Chinman, Gordon Hannah, Abraham Wandersman, Patricia Ebener, Sarah B. Hunter, Pamela Imm, & Jeffrey Sheldon, "Developing a Community Science Research Agenda for Building Community Capacity for Effective Preventive Interventions," *American Journal of Community Psychology* 35 (3 – 4) (2005): 143 – 157; Glenn Laverack, "Evaluating Community Capacity: Visual Representation and Interpretation," *Community Development Journal* 41 (3) (2005): 266 – 276; Michele Lempa Drph, Robert M. Goodman, Janet Rice Phd, & Adam B. Becker, "Development of Scales Measuring the Capacity of Community-Based Initiatives," *Health Education & Behavior* 35 (3) (2008): 298 – 315.

④ Thomas M. Beckley, Diane Martz, Solange Nadeau, E. Wall, & B. Reimer, "Multiple Capacities, Multiple Outcomes: Delving Deeper into the Meaning of Community Capacity," *Journal of Rural and Community Development* 3 (3) (2008): 56 – 75; Marion Gibbon, Glenn Laverack PhD MSc, & Marion Gibbon, "Evaluating Community Capacity," *Health & Social Care in the Community* 10 (6) (2002): 485 – 491; Robert M. Goodman, Marjorie A. Speers, Kenneth Mcleroy et al., "Dentifying and Defining the Dimensions of Community Capacity to Provide a Basis for Measurement," *Health Education & Behavior* 25 (3) (1998): 258 – 278; Suzanne F. Jackson, Shelley Cleverly, & Blake Poland et al., "Working with Toronto Neighbourhoods Toward Developing Indicators of Community Capacity," *Health Promotion International* 18 (4) (2003): 339 – 350; Selma C. Liberato, Julie Brimblecombe, Jan Ritchie, Megan Ferguson, & John Coveney, "Measuring Capacity Building in Communities: A Review of the Literature," *BMC Public Health* 11 (1) (2011): 850; Sarah A Lovell, Andrew Gray, & Sara Boucher, "Developing and Validating a Measure of Community Capacity: Why Volunteers Make the best Neighbours," *Social Science & Medicine* 133 (2015): 261 – 268.

能一直是学界关注的焦点。有研究认为，社区服务功能应当形成居民对公共服务的满意度，而管理功能则体现在社区自治能够有效补充政府公共服务，社区在承担社会管理职责中发挥基础性作用。① 具体到社区治理绩效的衡量方法方面，通常与不同的研究视角及各异的治理目标相关，主要包括基于行政化视角的社区居委会绩效评价、基于社会网络视角的社区社会资本水平考察、基于公共服务视角的居民满意度调查和基于自治理视角的社区自治效果评估等不同理解。

（二）党建引领社区治理有效性的评价

按照网络生命周期的理论假设，社区共治网络进入成熟阶段的核心表现是网络中组织的规模和密度达到合理化，进入和退出的组织数量基本持平，组织间的关系定位稳定，作用发挥良好，社区共治的优势开始显现。社区共治网络进入成熟阶段，需要进行统筹，协调不同主体间的冲突和张力，以形成"社区共识"。在中国情境下，社区领导力集中体现在社区党组织的引领上，以社区党组织为核心、引领社区多元共治是实践中的网络统筹路径。

因此，网络统筹路径的有效性应同时体现在组织、网络和社区层面的有效性上。作为统筹的目标，服务评价是党建引领社区治理有效性在组织层面的终极体现。按照网络有效性的评估，"组织层面的网络有效性是三个层次当中最微观的层次，但也是网络有效性的核心体现，组织主要涉及网络所致力于服务的顾客、网络的代理人以及参与网络的利益相关方组织，网络的有效性主要讨论这些组织之间的相互联系"②。最有效的网络是既能够满足客户和其他利益相关方的需要，也能促进网络内组织成员解决问题和自我发展，并实现网络委托人目标的网络化③。作为

---

① 转引自徐林、方亦儿、薛圣凡《社区资源禀赋、治理模式与治理绩效》，《浙江社会科学》2017 年第 3 期，第 27 ~ 36、156 页。

② Keith G. Provan, Amy Fish, & Joerg Sydow, "Interorganizational Networks at the Network Level: A Review of the Empirical Literature on Whole Networks," *Journal of Management* 33 (6) (2007): 479 – 516.

③ Keith G. Provan & H. Brinton Milward, "Do Networks Really Work? A Framework for Evaluating Public-Sector Organizational Networks," *Public Administration Review* 61 (4) (2001): 414 – 423.

统筹目标，社区共治网络中组织的规模和密度达到合理化，进入和退出的组织数量基本持平，即保持社区共治网络的规模和稳定性是党建引领社区治理有效性在网络层面的评价指标；作为统筹目标，通过社区共治网络各个组织间的协调，形成"社区共识"，解决社区问题，即各类社区问题的解决是党建领域社区治理有效性在社区层面的指标。据此可以确定党建引领社区治理有效性的具体评价指标（见表 6-1）。

表 6-1　党建引领社区治理有效性的具体评价指标

分析层次	一级指标	二级指标	测量方式
组织层面	居民社区治理满意度	社区安全、社区环境卫生、服务需求响应、公共设施开放与维护	居民社区服务满意度问卷
网络层面	社区共治网络成员规模	成员数与社区规模比	面访
社区层面	社区管理与秩序水平	居委会自治能力、物业服务管理、社区参与、社区稳定	社区治理绩效主管单位问询

结合已有研究，本章对案例社区的党建引领社区治理有效性主要通过居民社区治理满意度、社区共治网络成员规模、社区管理与秩序水平三个指标进行测量。居民社区治理满意度是一个主观指标，主要讨论居民对社区治理效果的主观感受，由居民从社区安全、社区环境卫生、服务需求响应、公共设施开放与维护四个方面对社区进行评价。采用李克特量表编制问卷，每个社区随机选取 50 位居民进行面访，对赋值分数进行加总然后求均值，作为该社区治理绩效的得分。社区共治网络成员规模主要通过对六个案例的参与式观察，结合街道、社区文件进行定量和定性的比较。社区管理与秩序水平主要从居委会自治能力、物业服务管理、社区参与和社区稳定四个指标进行测量，主要以社区所属街道和社区业务主管部门对社区管理与秩序维持效果的外部评价为依据。就上述内容问询相关部门负责人，以打分方式获取对六个案例社区管理与秩序水平的评价，最终使用 0~1 的数值区间计算六个案例社区的治理绩效分值。

例如，在混合社区中，A 案例社区通过党建引领多元主体参与社区治理，解决了许多长期存在的治理难题。通过市民劝导队的志愿服务，老旧小区的社区环境得到改善，长期影响居民满意度的难题得到解决。

> 你看我们社区的整体环境（很好），这个劝导队的作用在老旧小区发挥得很好。然后就是因为这个老旧小区改造，楼里边刷楼刷了一年。一个小广告都没有，包括现在，极少，就是因为大家的维护。（访谈记录：20180108AZ）

同时，社区的凝聚力增强，社区居民的参与度提高，A案例社区居委会成为FT区首个居民直接选举的社区居委会。社区安全状况得到长期维持，2017年入室盗窃零发案，居民社区服务满意度高。社区党委曾被授予"全国创先争优先进基层党组织""北京市创先争优先进基层党组织"等荣誉称号。社区先后被评为"首都城市环境建设先进单位""首都文明社区""平安社区""全国和谐社区建设示范社区"。B案例社区通过党建引领多元主体参与社区治理取得了一定的成绩，调动了以巧手编织社、环境志愿者服务队为代表的社区社会组织积极参与社区服务，在一定程度上改善了社区环境，激发了社区居民参与的主体意识，培育了社区居民的公共精神。社区社会组织在组织自身活动的同时注重体现公益价值，为社区居民的居住环境和日常生活贡献力量。但是积极参与社区治理的组织数量较少，参与程度较低，如何调动驻社区单位和社区居民参与的积极性是社区工作人员面临的一个难题。

> 我刚才说了，社区60岁以上老年人有1300多人，加上流动人口，大概有2000人，占小区居民总数的不到1/3。但是老年人退休后一般都是在家带孩子，他们参与社区的活动是比较少的。再有一点，我也说了，它是一个学区房小区，流动人口比较多，参与社区工作和活动、反馈、互动的也比较少。（访谈记录：20180226BL）

又如，在"单位制"社区中，C案例社区通过党建引领社区治理，以社区党委领导下的"共建联盟"为平台，切实开展了议事协商、志愿服务、"两新"组织自我管理等服务项目，有效解决了养老、环境、治安等社区治理过程中的一系列难题，为 FT 区"单位制"社区的治理工作提供了丰富的实践经验。目前，"共建联盟"已经由驻站组织扩展到社区外，各成员单位联手成功举办了各种社区主题活动 30 余场次，受益居民 4000 余人，覆盖社区 66% 以上的人口。

　　先是老人志愿者给居民理发，忙不过来了，我赶紧给发廊老板打电话，让他们过来帮忙，4 名理发师一早上为 50 多个人理发。现在天冷了，快过年了，我协调 DX 区的××口腔医院为居民讲讲冬季口腔的护理。律师来了，他们免费为居民提供房产、赡养方面的咨询……为什么这些企业和商户愿意来社区？他们来社区送服务，这一天的工资怎么办？他们说，我们也想做点贡献，回报社会。"共建联盟"就是搭建了这样一个回报社会的平台。（访谈记录：20180105CL）

　　C 案例社区先后被评为"全国创建学习型家庭示范社区""首都文明社区""北京市先进居委会""首都绿色社区"等。D 案例社区作为街道范围内面积最大、人口最多的社区，虽然初步探索出党建引领下的大社区老年服务和环境治理等经验，发挥了社区党组织的统领作用，用"小老帮大老"、"绿色清洁日"和"积分银行"等方式，动员党员为广大居民提供贴心的、个性化的服务，但是由于党建工作方法相对单一，社区治理中存在的志愿者后备力量缺乏、服务专业化水平较低、老年服务压力大和社区环境差等问题难以得到根本性解决。

　　目前老年志愿者的年纪偏大，缺少"新鲜的血液"，后续队伍建设出现断层，志愿者老龄化。让他们做具体的事没有问题，但是让他们提出新的服务思路很难。（座谈会记录：20180205D）

　　志愿者不懂得如何与老年人沟通交流。志愿者说话声音太大了，或者用词不太注意了，服务对象不乐意，伤了多年的同事、邻里感情。（访谈记录：20180306DW）

二　党建引领社区治理有效性的影响因素讨论

（一）政策工具的使用与党建引领社区治理有效性

针对当今全球范围内对公共问题处理的深刻反思，以及政府机构改革的浪潮，萨拉蒙指出，"变革的核心，不仅在于政府公共管理行为范围与规模的根本调整，更在于政府施政基本形式的深刻转变。用于处理公共问题的方式、手段和政策工具大量增加"。[①] 公共行动新工具的衍生变化创造了新的机遇，使工具使用者能够根据公共问题的不同性质来采取相应的公共行动。这一发展变化使诸多政府机构和非政府机构都可以参与满足公共需求的事业。政策工具是理解和管理全新公共行动的一个重要方法。

1. 工具类型与有效性

在有关政策设计和政策实施的文献中，政策工具的分类是研究最重要的关注点。[②] 如前所述，由于政策主体、客体和环境的极大不同，党建引领社区治理的政策工具需要在本土化的政策实践过程中进行归纳，建立关于工具的分类框架，并在此基础上分析政策主体对特定工具选择的原因和原理及其对社区治理绩效的实际影响。

政策执行的委托 - 代理理论指出了行政结构设计对有效实施的影响，并扩展了"自下而上"的政策执行研究见解，即需要一种高级官员控制基层官员，同时赋予他们足够的自主权以有效执行工作的结构。其中，有效实施政策制度设计非常重要，政策工具主要来完成这项工作。[③] 对工具选择的系统分析通常始于试图确定单个或数量有限的维度，这些维度沿着政策工具的类别发生变化，政策工具分类通常依据工具属性或治理方式，为此可以进行有用的政策区分。例如，胡德根据使用资源和一般治理原理采用两个维度，从实质性及程序性方面，区分了规范、权威、

① 莱斯特·M. 萨拉蒙：《政府工具：新治理指南》，北京大学出版社，2016。

② Anne Schneider & Helen Ingram，"The Behavioral Assumptions of Policy Tools," *The Journal of Politics* 52 (2) (1990)：510 - 529.

③ Michael Howlett, M. Ramesh, & Anthony Perl, *Studying Public Policy：Policy Cycles and Policy Subsystems* (Oxford：Oxford University Press, 2009), pp. 167 - 168.

财产、组织四类政策工具。① 又如，豪利特按照货物和服务生产与交付中国家活动的水平高低，区分了自主性、混合型和强制性工具。② 施耐德和英格拉姆提出了颇具代表性和影响力的权威工具、激励工具、能力工具、象征性和鼓励性工具、学习工具的分类。③ 其分类方法的基本假设是，为了使政策对社会产生预期的影响，许多处于不同情况下的人必须根据政策目标做出决策并采取行动。这些行动可能涉及遵守政策规则、利用政策机会以及促进政策目标的自发行动。强调行为特征的政策工具框架必须从个人决策和行动理论出发，强调与决策和行动有因果关系但可以被政策操纵或影响的变量。这个时候，关于不同目标人群的行为受到何种类型政策工具影响的观念，成为政策工具分类的主要依据。

结合已有政策工具的分类依据，通过对六个案例的分析，研究发现，基层社区政策实践者主要采用了四类工具，分别是结构工具、引领工具、学习工具和统合工具（见表6-2）。这四类工具分别对应政策目标的多个方面，针对不同的目标群体，运用各异的治理方式。结构工具，是指为扩大党组织的组织和活动覆盖面，提高统筹协调能力和政策穿透力，社区党组织在组织建设、支部设置和管理等方面，用以强化党组织领导和提高影响力的政策手段。在基层社区政策实践中主要包括建立功能型党支部、建立"两新"组织党支部和党组织发起（嵌入）社区社会组织等具体工具。结构工具主要针对各种可能的政治力量，目标群体是基层党组织及其覆盖群体，通过创新设置党的组织机构，运用体制吸纳、组织嵌入等机制，主要面向党在基层社区的政治领导力增强的目标。引领工具，是指为加强基层社区的政治理论认同，统一思想、指导实践，在社区思想建设和宣传教育方面，用以提高党组织的思想引导能力的政策手段。在基层社区政策实践中主要包括党员学习活动，理论宣传工作，荣誉表彰、典型引领等具体工具。引领工具主要针对社区范围内的全体党员与群众，运用

---

① Christopher Hood, *The Tools of Government* (Chatham: Chatham House, 1986), pp. 124 – 125.

② Michael Howlett, "Managing the 'Hollow State': Procedural Policy Instruments and Modern Governance," *Canadian Public Administration* 43 (4) (2008): 412 – 431.

③ 参见贺先平《增强和巩固党在城市基层的执政基础——广西城市社区党建调查与研究》，《求实》2013年第S2期，第30～34页。

党的符号、信息传递机制，主要面向党在基层社区的思想引领力增强的目标。学习工具，是指为动员多元主体和群众参与，提高社区参与程度和自治水平，在社区公共事务和服务中，用以提高组织化参与和治理协同的政策手段。在基层社区政策实践中，主要包括议事协商会议、咨询委员会和居民小组等具体工具。学习工具的目标群体相对开放，包括社区利益相关的各类组织和个人，通过赋权和提供服务，促进参与主体的互动和协同。这一工具主要面向党在基层社区的群众组织力增强的目标。统合工具，是指为引导社区各类组织、群体和各方力量参与社区治理，发挥社会调节和共治合力，在社区事务和服务中，用以动员社会力量参与社区共治和群众服务的政策手段。在基层社区政策实践中主要包括购买服务、服务补贴、积分银行和资源提供等具体工具。统合工具的目标群体也相对开放，包括社区利益相关的各类组织和个人。这一工具通过提供项目、资金、资源等方式，促成在社区事务和服务中的合作，在利益分化的背景下广泛动员社会力量，主要面向党在基层社区的社会号召力增强的目标。

表 6 - 2　党建引领社区治理的四类工具

工具类型	具体工具	目标群体	治理资源/方式	政策目标面向
结构工具	建立功能型党支部	组织：基层党组织	组织机构/吸纳、嵌入	党的政治领导力
	建立"两新"组织党支部			
	党组织发起（嵌入）社区社会组织			
引领工具	党员学习活动	个人：党员、群众	符号、信息传递	党的思想引领力
	理论宣传工作			
	荣誉表彰、典型示范			
学习工具	议事协商会议	组织：社区利益相关的各类组织 个人：党员、群众（个体）	赋权、提供服务/互动、协同	党的群众组织力
	咨询委员会			
	居民小组			
统合工具	购买服务	组织：社区利益相关的各类组织 个人：党员、群众（个体）	项目、现金、资源/合同及交换	党的社会号召力
	服务补贴			
	积分银行			
	资源提供			

2. 工具组合运用与社区治理绩效

（1）政策工具运用的复合性与社区治理绩效

以上四类政策工具均可在六个案例中找到实际运用方式。其中，引领工具作为基层党建的传统性政策工具在六个案例中得到普遍使用，包括党员学习活动，理论宣传工作，常规性和创新性的荣誉表彰、典型示范活动等具体政策工具，通过党组织符号嵌入社区治理活动。结构工具运用方面，比如，A 案例社区和 B 案例社区通过建立功能型党支部，形成具有特色的社区党委—党支部—党小组组织结构。根据社区内党员的个人情况和兴趣爱好，将其划分到相应的党支部和党小组，形成紧密联系的组织，以便实现党组织体系和功能的拓展。又如，A 案例社区在劝导队成立党支部的基础上，将劝导队的骨干党员组织起来成立新的社区社会组织并建立党小组。学习工具运用方面，C 案例社区的"共建联盟"议事协商平台，由社区党委牵头，于 2013 年 7 月 1 日成立社区共建联盟，37 家成员单位首批加入联盟。联盟制定了章程，确定了理事会治理机制，出台了理事会会议制度、工作制度和议事规则。此外，新成员需要签署"协议书"，才能加入联盟。如今，社区共建联盟成员覆盖了社区党委、辖区单位、物业、非公企业、个体商户、社区社会组织等 70 多家组织。联盟设立理事会，下设三个服务分社，分别为志愿服务分社、议事协商分社和"两新"组织自管分社。统合工具运用方面，E 案例社区党委利用党建经费购买了专业社工机构的服务，当专业社工机构、社区社会组织开展社区服务或居民活动时，社区党委会为其无偿提供场地或联系物业提供后台支持等。虽然六个案例中的社区党委均普遍运用了多种党建引领的政策工具，但是在工具运用的复合性程度方面存在比较明显的差异。研究发现，工具运用的复合性程度越高，具体政策工具使用越充分，社区治理绩效越高。在 A、C、E 三个高绩效案例社区中，社区党委均综合运用了结构工具、引领工具、学习工具和统合工具，且具体政策工具使用比较充分。而 B、D、F 三个案例社区在具体政策工具使用上不充分（见表 6-3）。

表 6-3　六个案例社区运用党建引领社区治理政策工具的具体情况

案例社区	结构工具	引领工具	学习工具	统合工具
A	①成立功能型党支部；②党员成立社区社会组织；③建立"两新"组织党支部	①支部学习；②支部评优；③劝导队典型示范（媒体和上级党政部门）	①大党委议事协商；②劝导队议事小组	①为社区社会组织购买服装、工具等物资；②场地无偿使用
B	建立功能型党支部	①支部学习；②支部评优；③党组织符号嵌入社区活动（党员清洁日）	大党委议事协商	为社区社会组织购买服装、工具等物资
C	建立"两新"组织党支部	①支部学习；②支部评优；③联盟成员典型示范；④设置党建引领的专门符号（如学雷锋服务日）	①社区共建联盟议事协商；②"两新"组织分会议事协商；③居民小组	①为社区社会组织购买服装、工具等物资；②积分银行；③场地无偿使用
D	党员指导社区社会组织的发展	①支部学习；②支部评优；③面向群众的党员服务活动	大党委议事协商	场地无偿使用
E	党员指导社区社会组织的发展	①支部学习；②支部评优；③面向群众的党员服务活动	大党委议事协商	①购买专业社工机构的服务；②场地无偿使用；③为社区社会组织提供服务补贴；④为志愿服务活动提供工具和配套设施
F	党员指导社区社会组织的发展	①支部学习；②支部评优；③面向群众的党员服务活动	大党委议事协商	①购买专业社工机构的服务；②为社区社会组织购买服装、工具等物资

　　研究指出，党建引领社区治理的政策目标在于，"把党的领导贯彻到社区治理全过程，提高党的政治领导力、思想引领力、群众组织力、社会号召力，真正把党的理论优势、政治优势、制度优势、密切联系群众

优势转化为社区治理的实际效能"。① 党建引领社区治理具有政权建设和社会建构的双重价值目标，因此政策工具的综合性和优化组合对引领行动的目标实现至关重要。党建引领政策工具的复合运用，主要通过影响工具的可接受性和可见性，提高政策执行效果和社区治理绩效。现实中，党建引领政策目标具有一定的宏观性和抽象性，易使目标群体产生理解偏差，而避免出现这一倾向的关键是通过生产具有可接受性且清晰可见的政策工具，来明确规定政策主体与其影响目标人群之间的政治关系。首先，可接受性主要取决于一项政策工具在多大程度上迎合政策对象的利益与倾向，以及一项政策工具在多大程度上给予政策对象以自主性，让他们有自我管理决策权以及监督权的考虑。② 引领工具具有传统性优势，有助于党组织在社区治理中统筹协调地位的确立。然而，引领工具在社区治理其他主体中存在"自上而下"的权威性印象，党建引领必须组合运用其他类型政策工具予以平衡，结构工具、学习工具和统合工具承担了这一任务。结构工具、学习工具和统合工具分别适应了国家整合、社会自治和市场交换的逻辑，赋予多元治理主体更多权能、利益及合法性，因此容易被政策目标群体接受。其次，政策工具可见性指的是一项政策工具可以被记载的程度。政策工具的特征研究认为，一项政策工具的可见性越差，其成果就越不容易得到理解。党建通常易被理解为"党组织内部的建设"，而党建引领社区治理突出参与和多元的政策特征，需要通过多层次的政策工具进行表达。因此，基层政策实践者在基于政策目标设置结构、引领、学习和统合政策工具框架时，架构丰富清晰的具体政策手段十分必要，其将为社区治理多元主体等政策目标群体理解党建引领政策提供全面且具体的信息，使政策被认真考虑和接纳。政策工具的复合性提高了政策工具的可接受性和可见性，使多元主体参与和党组织领导协调的政策倡议在社区治理中被切实执行，以优化社区治理结构，形成一种稳定的社区服务多元供给和公共事务多方参与的模式，提高社区治理绩效。

---

① 郭声琨：《坚持和完善共建共治共享的社会治理制度》，《人民日报》2019 年 11 月 28 日，第 6 版。

② B. 盖伊·彼得斯、弗兰斯·K. M. 冯尼斯潘编《公共政策工具：对公共管理工具的评价》，顾建光译，中国人民大学出版社，2007，第 168～177 页。

（2）关键政策工具的适切性与社区治理绩效

研究发现，除了政策工具运用的复合性之外，不同案例在选择运用四类政策工具中有不同的侧重点。在不同类型的社区中，关键政策工具的使用程度也会对社区治理绩效带来显著影响。在克里斯托弗·胡德提出的政策工具选择的政治学模型中，"工具选择取决于国家目标和国家资源的性质，以及作为对象的社会行动主体的组织和能力"。[①] 这一理论模型在基层社区政策实践者的工具选择机制中具有一定的微观解释力。

在混合社区中，结构工具运用得越充分，社区治理的绩效越高。A案例社区和B案例社区均为混合社区，相比之下，A案例社区对结构工具的运用充分，并在政策目标实现中发挥了关键作用。社区打破了按小区建支部、按楼门建设党小组的传统模式，利用社区社会组织凝聚力强、参与人员积极性高的优势，将成立多年的社区文体团队、治安巡逻志愿者队伍、巾帼志愿者队伍等社区社会组织整合起来，成立劝导队党支部、文明传播党支部、安全维稳党支部、爱心帮扶党支部四个功能型党支部。功能型党支部下又设立特色党小组，文明传播党支部下设三个党小组——义务宣教党小组、文娱健身党小组、书画编织党小组；安全维稳党支部下设三个党小组——治安巡逻党小组、民事调解党小组、信访代理党小组；爱心帮扶党支部下设三个党小组——助残济困党小组、邻里守望党小组、为老服务党小组。功能型党支部在社区安全治理、环境卫生治理、居民服务、社区文化营造等方面发挥了重要作用。A案例社区建立功能型党支部的工具运用形成经验后，在街道范围内推广，因此B案例社区也在已有党支部设置的基础上，尝试建立了一个社区社会组织党支部。其他政策工具方面，A案例社区和B案例社区中统合工具的运用均停留在相对传统的初级阶段，如为社区社会组织提供物资和建立积分银行等，尚未采用利用党组织服务群众经费购买社会服务等手段。在学习工具运用上，A案例社区有一个劝导队的议事协商平台，各个居民小组的议事活动比较丰富且形成了相关制度。劝导队的议事

---

① Christopher Hood, "Using Bureaucracy Sparingly," *Public Administration* 61 (2) (2003): 197–208.

协商平台是在劝导队党支部的基础上，随着劝导队党支部的不断发展壮大而逐渐分化和互动形成的，因此属于由基于结构工具衍生而来的学习工具。

　　结构工具在提高混合社区治理绩效方面的作用，可能与混合社区的政策目标群体和资源禀赋现状有关系。混合社区多以老旧小区为主，居民老龄化程度严重，社区流动人口较多；社区配套设施不足，物业管理不完善，公共服务整体滞后。因此，混合社区治理面临着物质资本和社会资本双重匮乏的困境。一方面，居民的消费能力总体偏低，对有偿物业服务的接受度低，社区缺乏提供公共服务的市场化、专业化力量，社区居民的公共服务需求难以得到有效保障。另一方面，混合社区的流动人口数与本地居民数持平或倒挂现象，直接带来了人际交往和情感交流不足、社区内价值认同缺失等一系列问题，居民社区参与水平较低，社区参与态度消极。因此，在混合社区，党建引领社区治理政策实践运用统合工具和学习工具或缺少可利用的资源和社会参与网络，或居民的接受度和认可度较低。相比之下，混合社区的老党员较多是一个重要的政治性资源优势，因此，对于混合社区的政策目标群体和治理资源而言，结构工具成为党建引领社区治理的政策首选。比如，A 案例社区建立了功能型党支部，打破了按照小区、楼门和户数设置党支部的传统模式，从党员的兴趣和能力出发，按照功能重新设置党支部。首先，为社区老党员包括回社区报到的在职党员发挥作用搭建了平台，激发了党员的积极性和潜能，促进了党员先锋模范作用的发挥。其次，按照功能划分党支部，使党支部特色鲜明，在社区参与和社区服务方面具有显著的作用。最后，功能型党支部的规范与拓展，增强了党组织的凝聚力和战斗力。A 案例社区通过党建共同体调动各类主体的参与积极性，逐渐建构社区共同体，增强了社区的凝聚力和居民的归属感。

　　在"单位制"社区中，学习工具运用得越充分，社区治理的绩效越高。C 案例社区和 D 案例社区均为"单位制"社区，相比之下，C 案例社区党委以"共建联盟"为党建引领社区治理平台，充分运用多种学习工具，通过赋权、参与和协商来促进社区治理，提高了治理绩效。C 案例社区党委成立了"共建联盟"，并不断扩大联盟范围，使之覆盖了 70

多家组织，下设三个分社；制定社区共建联盟协议书、章程及议事规则，规定权责利规范程序；通过每月定期召开协调会议，提高社区议事协商和联合服务的制度化程度，调动多主体参与社区公共事务与便民服务，推动社区建设与治理工作的开展。D 案例社区党委虽然积极通过大党委开展社区议事协商，动员驻社区单位和社区社会组织参与，组织党员为广大居民提供个性化服务，但是其学习工具运用相对欠缺，参与主体有限，参与度和制度化程度较低，目前能够承担社区服务和社区治理功能的组织仅有 10 家左右，社区党委和社区居委会在社区事务和服务中基本停留在比较孤立的亲力亲为层面，多元主体参与社区治理的目标还未实现。C 案例社区和 D 案例社区对结构工具和引领工具的运用程度差异不大，C 案例社区的统合工具运用也相对充分。积分银行、为社区社会组织提供物资等手段均是在"共建联盟"议事平台的基础上，经讨论、协商后逐渐运用的，属于学习工具基础上生产的政策工具。

　　学习工具在"单位制"社区治理中发挥了重要作用，主要原因可能在于，"单位制"社区的社会资本相对丰厚，且学习工具本身具有开放性优势。一方面，在"单位制"时代，单位社区居民的构成非常稳定，单位相对的封闭性和社区功能的完整性，为社区社会资本的形成创造了前提条件。同时，由于单位社区中居民工作关系与邻里关系交织，社区成员的生产空间与生活空间重合，这种结构促进了居民之间的相互交流和亲密关系的形成。居民之间的关系，从密度上看，形成了密集的关系网络；从关系的强弱上看，属于格兰诺维特所说的"强关系"，发挥着最重要的社会支持作用。[①]"单位制"社区的社会资本基础是其他类别社区欠缺的治理资源。另一方面，已有研究认为，学习工具最重要的特征之一是它假设政策代理机构和目标人群可以了解行为，并从其他工具中选择有效的工具。[②] 促进学习的策略工具为目标群体提供了广泛的酌处权，他们随后可以尝试不同的策略方法，同时鼓励通过正式评估、听证

---

①　方亚琴、夏建中：《社区、居住空间与社会资本——社会空间视角下对社区社会资本的考察》，《学习与实践》2014 年第 11 期，第 83～91 页。

②　转引自 Anne Schneider & Helen Ingram, "The Behavioral Assumptions of Policy Tools," *The Journal of Politics* 52 (2) (1990)：510－529。

会等安排，从实践中汲取经验教训。利用学习工具的政策目标可能是开放性的，仅指定基础广泛的目标，而将工具的选择留给基层实践者和目标群体。C案例社区借用已有的、以单位为载体的集体性社会资本，通过搭建"共建联盟"议事协商平台，鼓励政策目标群体广泛参与政策实践和工具选择，通过促进目标与各参与主体之间的互动安排，完成党建引领社区治理具体策略选择、试验和经验总结过程，扩大赋权和参与范围，并在此基础上发展以社区为载体的社会资本，在原有单位认同的基础上，建立社区认同，提高社区治理绩效。

在商品房社区中，统合工具运用得越充分，社区治理绩效越高。E案例社区和F案例社区均为商品房案例社区，在四类工具运用中统合工具运用最多。E案例社区党委运用党组织服务群众经费和社区公益金，以多种有形报酬激励多主体参与社区治理，包括购买专业社工机构的服务，为社区社会组织开展活动提供补贴，为志愿服务提供工具和配套设施，将社区资源无偿提供给各类组织开展活动时使用等。社区党委引入F案例社区两家专业社会工作机构到社区提供服务，并且利用党组织服务群众经费购买了其中一家机构的项目服务，开展专业性较强的社区活动，提升社区服务品质。F案例社区虽然通过与E案例社区相似的有形报酬形式来激励多主体参与，但是其运用程度相对较低。例如，在购买专业社工机构的服务方面思路不明确，专业社工机构提供的服务内容与社区居委会开展的活动之间的差异不显著；为社区社会组织提供的资源有限；社区公共空间和资源向各类组织与群体的开放程度很低等。E案例社区和F案例社区在其他三类政策工具运用方面的程度基本一致，可见党建引领社区治理的统合工具运用程度对该类社区政策执行效果和社区治理绩效影响显著。

统合工具在提高商品房社区治理绩效方面的积极作用，同样与政策目标群体的特征和需求层次密切相关。统合性激励措施假定目标群体有机会做出选择，识别机会，并具有足够的信息和决策技巧，可以从最符合自己利益的选择中做出选择。商品房社区具有的建筑物区分所有权结构，使其治理结构具有不同于其他类型社区的特点，"开发商和物业公司、业主委员会等主体是商品房社区治理的重要主体，契约式治理为核心治理模式"。[1] 商品房社区治理中的有利因素包括社区冲突少、物业服务意识强。商品房社区治理中的不利因素包括社区意识高度缺失，社区居民对社区公共事务的关心程度和参与水平低等。E 案例社区运用党组织服务群众经费购买专业社工机构的服务，为社区社会组织提供服务补贴和服务资源，提高为居民服务的专业化程度，满足社区居民的个性化服务需求。其在使用学习工具时，也特别注重采用互惠性手段调动物业和商户参与社区议事协商的积极性。在商品房社区治理中，物业是非常重要的成员，E案例社区党委积极主动与物业联系，就居民共性需求交换意见，在提高物业费缴纳比例和居民服务认可度方面，为物业提供信息和建议，与物业建立了以"协作、互补、互助"为特点的关系。社区党委通过为底商提供消防安全指导等服务，与底商建立互相信任、互相支持的关系。另外，社区党委还会考虑底商的合理、合法利益需求（如提高知名度、增加客户人群等），同意底商提供带有一定宣传性质的纪念品等，吸引底商参与社区服务。在有形报酬和互惠服务的基础上，物业、底商等社区治理多元主体积极参与社区公共事务和居民服务，在契约式和协商式治理过程中，社区治理结构得以重构，居民的社区服务满意度和社区治理绩效得到提高。

（二）党建引领的网络特征与党建引领社区治理有效性

党建引领具有十分明确的结构性指向。随着社会转型，社区治理体系中存在的主要问题是空间治理单元的高流动性，国家在强调基层政府属地责任的同时，高度重视整合基层政府以外的社会多元力量参与社区治理，城市社区范围内的各类不同功能组织，共同构成了城市社会的"基层治理网络"[2]。在社区治理网络中，要强调发挥基层党组织的党建联建和多元整合作用，联结各类社区治理主体，通过主体衔接、序列整合，创设合作治理机制，形成齐抓共管的局面[3]，以回应现代社区开放

---

[1]　杨建科、张振：《社交网媒在商品房社区共同体形成和治理中的作用》，《城市问题》2017 年第 12 期，第 81~85 页。

[2]　石发勇：《准公民社区——国家、关系网络与城市基层治理》，社会科学文献出版社，2013，第 6 页。

[3]　曹海军：《党建引领下的社区治理和服务创新》，《政治学研究》2018 年第 1 期，第 95~98 页。

式治理格局①。一种理想的党建引领结构是"政党力量引导和规范社会力量,社会力量优化治理动力、功能和模式的政党力量有效整合社会,自治力量有效治理社会的'嵌入性整合'模式"②。

已有研究指出,党建引领的合作治理机制主要包括三个面向:组织、个人和资源。其中,组织对接是各种整合机制的基础③,是共治框架搭建的前提。被广泛推广的区域化党建引领社区治理的经验即以形成基层党组织和区域内各类单位与人群的组织化互动为路径,通过党的建设形塑一个多元主体的开放式合作治理网络结构,使党建与社会可以在基层空间有效互动。④ 基于组织对接在党建引领中的基础性作用,立足于组织层面的研究,笔者认为,党建引领的社区组织间合作治理网络是治理有效性的关键因素,其中社区党组织的地位、多主体互动特征、引领性关系,构成了党建引领的结构性特征,可能对社区治理绩效产生影响。根据社会网络分析,这些结构性特征可以运用中心性、统筹度和密度等网络指标进行衡量。已有对网络治理有效性影响因素的研究成果非常丰富,研究结论主要涉网络结构、网络管理以及网络治理模式三大影响因素。本章通过对六个案例社区的整体网络数据进行分析,考察党建引领社区治理的结构性特征和社区治理绩效之间的关系。

1. 党建引领的社区治理网络结构

网络研究的共识是,网络结构是网络有效性最重要的影响因素。网络本身被认为是分析单位,它是社会组织的形式,而不仅仅是行动者和他们的联系的总和。网络是一组参与者或节点,这些参与者或节点之间

① 李威利:《从基层重塑政党:改革开放以来城市基层党建形态的发展》,《社会主义研究》2019 年第 5 期,第 127～134 页;韩福国、蔡樱华:《"组织化嵌入"超越"结构化割裂"——现代城市基层开放式治理的结构性要素》,《西安交通大学学报》(社会科学版)2018 年第 5 期,第 47～57 页。

② 袁方成、杨灿:《嵌入式整合:后"政党下乡"时代乡村治理的政党逻辑》,《学海》2019 年第 2 期,第 59～65 页。

③ 李威利:《从基层重塑政党:改革开放以来城市基层党建形态的发展》,《社会主义研究》2019 年第 5 期,第 127～134 页。

④ 韩福国、蔡樱华:《"组织化嵌入"超越"结构化割裂"——现代城市基层开放式治理的结构性要素》,《西安交通大学学报》(社会科学版)2018 年第 5 期,第 47～57 页。

的关系是存在或不存在的。因此，网络被认为是根据它们的结构关系模式进行变化的。[1] 在网络分析中，网络结构主要由"网络密度、中心化、派系、碎片与结构洞及治理等予以衡量和可视化"。[2] 对六个案例的整体网络分析有三个核心发现：社区治理网络的统筹度对社区治理绩效有正向显著影响；社区党组织的中介中心性与社区治理绩效呈正相关关系；社区治理网络中子网络越丰富、次级组织密度交叠，社区治理绩效越高。

（1）社区治理网络的统筹度

通过对六个案例社区的整体网络分析可以发现，在认识与否、信息交换、事务转介、服务协作四个网络中，高绩效案例社区 A、C、E 的网络统筹度均高于低绩效案例社区 B、D、F（见表 6 - 4）。结论表明，社区治理网络需要统筹性整合，这与已有网络研究的基本结论一致，整合性的中心化要比多维度的联系效果更好，即垄断性的集权网络要比支离破碎的分权网络表现更佳，因为这有利于实现更好的控制。[3] 网络中心化需要通过整合才能增强网络效果，这从侧面证明了，党建引领社区治理制度设计在目标方向上的正确性，即致力于实现社区治理网络的统筹，以提高网络的效率。在社区治理空间内，社区党组织的领导和社区治理主体多元化结合优于领导（统筹）的多元治理网络。

表 6 - 4 六个案例社区的网络统筹度和社区治理绩效

案例社区	网络统筹度（认识与否）	网络统筹度（信息交换）	网络统筹度（事务转介）	网络统筹度（服务协作）	算术平均数	绩效
A	0.2602	0.7041	0.4439	0.3929	0.4503	高
B	0.1235	0.6389	0.2469	0.2222	0.3079	低

---

[1] Provan Keith & Kenis Patrick, "Modes of Network Governance: Structure, Management, and Effectiveness," *Journal of Public Administration Research and Theory* 18 (2008): 229 – 252.

[2] Provan Keith, Fish Amy, & Sydow Joerg, "Interorganizational Networks at the Network Level: A Review of the Empirical Literature on Whole Networks," *Journal of Management* 33 (2007): 479 – 516.

[3] Keith G. Provan & Milward H. Brinton, "A Preliminary Theory of Network Effectiveness: A Comparative Study of Four Community Mental Health Systems," *Administrative Science Quarterly* 40 (1995): 1 – 33.

案例社区	网络统筹度（认识与否）	网络统筹度（信息交换）	网络统筹度（事务转介）	网络统筹度（服务协作）	算术平均数	绩效
C	0.6378	0.7704	0.3112	0.6758	0.5988	高
D	0.2300	0.5400	0.2700	0.6000	0.4100	低
E	0.489	0.3520	0.1540	0.1700	0.2916	高
F	0.375	0.2500	0.1250	0.1250	0.2188	低

（2）社区党组织的中介中心性

如果说社区治理网络的统筹度与社区治理绩效的正相关关系主要说明了社区治理网络需要整合的问题，那么社区党组织在社区治理网络中的中介中心性及其与社区治理绩效的关系主要回答的是社区党组织作为网络统筹中心的合理性问题。六个案例社区的整体网络数据表明，在认识与否、信息交换、事务转介、服务协作四类合作治理网络中，每个案例社区中社区党组织的中介中心性都显著高于网络中的其他组织。且基于三对案例社区的对比可以发现，社区党组织的中介中心性越高，社区治理绩效越高（见表6-5）。

表6-5　六个案例社区党组织的中介中心性和社区治理绩效

案例社区	社区党组织的中介中心性（认识与否）	社区党组织的中介中心性（信息交换）	社区党组织的中介中心性（事务转介）	社区党组织的中介中心性（服务协作）	均值（标准化）	绩效
A	16.715	106.583	43.268	20.631	25.714	高
B	2.686	15.500	16.650	1.700	18.658	低
C	79.400	128.500	40.000	46.500	46.825	高
D	6.167	36.667	1.333	41.822	23.889	低
E	26.741	54.808	38.718	18.341	21.068	高
F	9.286	32.500	12.450	5.900	16.358	低

以社区党组织为中心点的社区治理网络中心化对网络的信任和互惠有积极影响，这种中心化主要在社区党组织领导下，建立日常的信息互动与沟通体制，如A案例社区中的社区大党委等体制设置、C案例社区

中的社区共建联盟①，以及建立"一站式"服务机构②。这种中心化直接地体现为社区党组织在社区治理中的坚实领导。

（3）子网络与次级组织密度

六个案例社区的党建引领社区治理网络，均具有社区党组织统筹的中心化特征，子网络较少，次级组织密度交叠有限。但通过对比发现，高绩效的案例比低绩效的案例，形成了更多的子网络，次级网络组织间密度交叠程度相对较高。以混合社区的协作服务整体网络分析为例，A案例社区除了具有以社区党委为中心的一级网络外，还形成了社区社会组织的协作服务子网络和以物业为核心的商户协作服务子网络，且次级组织密度交叠程度较大，相互之间的连接丰富（见图6-1）。B案例社区虽然形成了以社区党委为中心的整合性中心化网络，但是子网络较少，社区社会组织、物业、商户等次级组织之间的连接较少，组织密度交叠程度低，处于未实际形成子网络阶段（见图6-2）。可见，对于党建引领社区治理而言，虽然整合性的中心化对社区治理的有效性非常重要，但是社区治理网络的丰富性、稳定性和合作性同样重要，即统筹的目的不应局限于统筹本身，而应落脚于互动与合作，实现多元共治，才能提高治理绩效。

2. 党建引领的治理模式与有效性

网络有效性研究认为，不同的网络治理模式对网络有效性会产生不同的影响。Provan和Kenis在研究中指出，网络治理的形式可以沿着两个不同的维度分类。第一个维度是网络治理是否可能被斡旋。首先，网络治理可能会或可能不会被斡旋。在一个极端，网络可以完全由包括网络的组织来管理，将与其他组织交互以管理网络，从而形成密集且高度分散的形式，就是共享式治理或共同治理。在另一个极端，网络可能是高

① "共建联盟"是党委发起的，单位的党员可以参与社区活动，但是档案在单位。每季度召开"共建联盟"理事会，由社区党委牵头。（访谈记录：20171227CL）

② 如E案例社区中吸纳物业、底商和社会组织的社区联合服务平台，提高提供整合性的服务能力，从而实现对社区内部各类资源（知识、技能、观念）的整合。Douglas Conrad, Sarah H. Cave, & Martha Lucas et al., "Community Care Networks: Linking Vision to Outcomes for Community Health Improvement," *Medical Care Research and Review* 60 (4) (2003): 95 – 129.

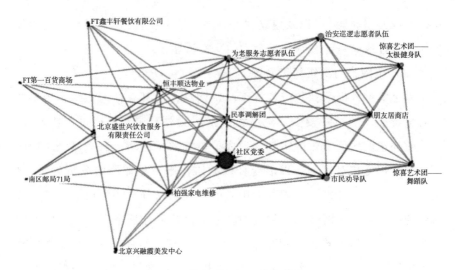

图 6－1　A 案例社区协作服务整体网络

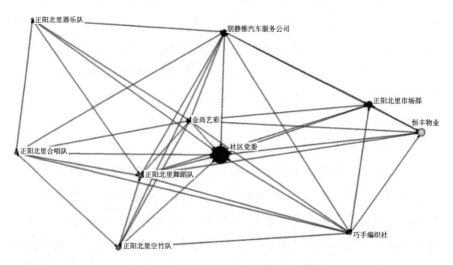

图 6－2　B 案例社区协作服务整体网络

度斡旋的，除了组织事务、客户、服务信息等的操作问题外，很少有直接的组织交互。相反，网络治理将通过单个组织发生，作为一个高度集中式的网络代理或牵头组织，对所有的网络维护和生存至关重要。在中间范围内，单个组织可能采取一些关键的治理活动，而将其他组织留给网络成员；或者，网络成员可以将治理职责划分在不同的子集或网络成员之间，而没有一个组织承担重要的治理任务。第二个维度是关注网络是参与者管理还是外部管理。正如下面所讨论的，参与者管理的网络在一个极端，由成员本身（共享）共同支配，或者在另一个极端，由扮演主导组织角色的单个网络参与者来管理。外部管理的网络由一个独特的网络管理组织来管理，它可以是由网络成员自愿建立的，也可以是网络形成过程的一部分。因此，可以将网络治理模式分为共享型网络、领导组织型网络以及网络管理组织型网络三类。这三类中的每一类都具有某些关键的结构特征，每类在实践中都有各种各样的原因，没有一个模型是普遍优越的或有效的；相反，每类都有其独特的长处和弱点，导致可能取决于所选形式的结果。①

通过对六个案例社区的分析可以发现，党建引领的治理模式具有共性特征，即均属于领导组织型网络，社区党组织是其中的领导组织。采取领导组织型网络治理模式，一方面是由于是党的领导在基层政权建设中发挥着重要作用，另一方面是由于我国社区治理发展的程度难以形成共享型网络治理模式。共享型网络治理模式有利于提升网络内部合法性，其成员参与度高，但由于缺少有效斡旋和集中管理，有效性不高。领导组织型网络治理模式有利于提升外部合法性，有效性高，但存在的问题是可能消极参与者的积极性不高，影响主体互动，参与度普遍偏低。

研究并未发现党建引领的领导组织型网络治理模式与社区治理绩效之间的因果关系，但是在社区治理绩效评分最高的 A 案例社区中存在领导组织型网络治理模式与网络管理组织型网络治理模式的结合。在 A 案例社区治理网络中，劝导队成为一个次级的网络管理组织，主要负责管理和协调社区社会组织子网络。A 案例社区内的社区社会组织均由劝导队孵化、分化而成。劝导队创建于 2007 年，是首都四大王牌群防群治组织——FT 劝导队的发源地。自建队以来，劝导队发挥了群防群治、服务社区的重要作用。A 案例社区党委在原劝导队的基础上建立了四个功能型党支部，功能型党支部下又设特色党小组，每个特色党小组建立在一个社区社会组织之上。通过分化，劝导内容从市容秩序扩展到小区的环

---

① Provan Keith & Kenis Patrick，"Modes of Network Governance：Structure，Management，and Effectiveness," *Journal of Public Administration Research and Theory* 18（2008）：229 – 252.

境卫生、安全维稳、市民行为和应急帮扶，劝导对象从商户商贩扩大到辖区住户。党的组织建设不断扩张使劝导队逐渐成为党建引领社区治理网络中的一个代理人，也是网络中的监管者，对动员社区社会组织参与社区治理，在社区社会组织发展新成员、培训队伍和沟通合作等方面发挥了重要作用。

根据已有研究，次级网络管理组织型的治理，意味着网络有一个比较能动的模式，且具有的资源可以保障网络的良性运转。没有次级网络管理组织的网络，往往需要成员对网络目标有非常深入的理解和认同，并且成员组织的协调会很难维持。次级网络管理组织的角色使网络功能合理化，这种控制对于一群服务提供者合作的动机而言，是一个关键指标，可以确保一群服务提供者在多元网络关系中，提供有效的服务。网络管理组织型治理在参与性与有效性方面介于共享型网络治理模式和领导组织型网络治理模式之间①，党组织的领导组织型网络治理模式与次级网络管理组织型网络治理模式相结合，可以在保持网络有效性的基础上，进一步增强网络的参与性，实现党建引领促进多元共治的目标。

党建引领社区治理有效性在网络层面的影响因素及影响机制见图6－3。也就是说，就社区共治网络而言，网络管理非常重要，因为网络管理是网络当中的高级管理者对组织之间相互关系的认识与管理，涉及决策性选择。一方面，网络管理要管理网络结构，通过党组织的集中统筹，实现网络的整合中心化，促进不同组织之间信息与资源的共享，同时将组织中的个人纳入网络系统。另一方面，网络管理是管理网络功能，通过发展二级网络、完善网络功能，满足网络内的多元需求；同时，通过建立次级网络管理组织，决定决策制定与组织目标，形成组织间的广泛交流与合作，并弱化领导组织型治理模式过分集中的网络管理风格，促成各组织对网络管理的积极态度，提高网络治理有效性。

---

① Provan Keith & Kenis Patrick，"Modes of Network Governance：Structure，Management，and Effectiveness，" *Journal of Public Administration Research and Theory* 18（2008）：229 - 252.

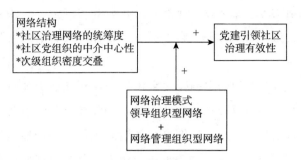

**图 6 – 3 党建引领社区治理有效性在网络层面的
影响因素及影响机制**

第四节 党建引领社区治理机制的
研究发现与政策建议

一 党建引领社区治理的有效性机制

（一）利益和价值平衡机制

随着"社会管理"向"社会治理"转变，"自上而下"与"自下而上"两种治理模式的结合成为社区治理制度和实践中的共识。特别是，随着社会治理重心下移，社区自治模式被寄予了更多的期待。然而，由于现实中自治主体的缺位、分化和异化，自治机制的作用并没有实现早期研究者的美好憧憬。研究发现，党建引领的国家整合机制实际上有助于有效动员社会多元主体力量共同合作。[①] 然而，国家的渗透可能形成社区治理的"体制化"，导致单向度的基层社会治理。党建引领提高社区治理绩效的关键机制在于能够在"自上而下"和"自下而上"的治理模式中实现平衡。换言之，社区治理的成效取决于社区党组织能否确立与区域内自治组织、辖区单位、社会组织等主体在参与治理中的平等关系，形成参与和互动的结构，同时保留自身在互动与协商过程中必要的

---

① 李国庆：《棚户区改造与新型社区建设——四种低收入者住区的比较研究》，《社会学研究》2019 年第 5 期，第 44～68、243 页。

整合与协调能力①，实现集中统筹。在高绩效案例中，社区党组织主要通过利益和价值平衡来化解"自上而下"整合与"自下而上"参与可能存在的矛盾。

首先，社区党组织的引领作用突出体现在对社区治理多元主体利益的平衡上。社区参与及合作治理首先是一种集体行动，涉及行为者为什么采取行动以及如何行动的问题。合作治理主体本身的性质不同，在合作过程中不可避免地会产生资源占用、业务竞争与权利保护等方面的利益冲突，使社区场域中个人利益与群体（集体）利益和公共利益并不总能达成一致。② 因此，利益平衡机制有助于为社区治理网络创造互惠的合作环境，增强集体行动达成的内在动力。例如，在 E 案例社区中，社区党委吸纳物业、商户和社会组织组成社区联合服务平台，定期听取各成员单位的意见及诉求，动员物业、商户为社区社会组织和居民开放资源，提供公益性服务（如免费提供活动场地和亲子课、免费理发等服务），同时倡导社区居委会和社区社会组织为物业收费及商户的社区推广提供一定支持。在社区治理中，社区党组织通过设计利益提取渠道，了解各类社区成员的基本利益诉求，并肯定其合理的利益追求，通过利益满足与协调，平衡利益关系，综合并代表公共利益，融合社区各类主体。

其次，社区党组织的引领作用在于平衡行政理性与公共性两种价值。③ 国家整合机制的回归并不意味着对行政理性的单一追求，没有社会力量参与的社区治理将重新退回到政府治理，公共性需要通过对话、参与在共同体中生成。如上文所述，虽然网络的中心化及领导组织型网络治理模式可以有效实现对治理效率的追求，但类似的结构特征对社区治理绩效没有直接贡献，而只有加入了子网络、次级网络组织密度以及网络管理组织型治理模式，才有助于提高社区治理绩效。因此，党建引领本身是一个双向建构过程，社区党组织既要建构自身在社区治理网络

---

① 陈毅、阚淑锦：《党建引领社区治理：三种类型的分析及其优化——基于上海市的调查》，《探索》2019 年第 6 期，第 110 ~ 119 页。

② 熊彼特：《资本主义、社会主义和民主主义》，绛枫译，商务印书馆，1999，第 372 页。

③ 王芳、陈进华：《城市社区协商：从基层民主到社区共治的内在逻辑及实践路径》，《江海学刊》2019 年第 5 期，第 148 ~ 154 页。

中的中心位置，又要培育具有自主能力的自治社区。这一建构和合作过程的核心是目标的共享和"关系"的制度化。① 党建引领的价值平衡机制主要通过协调运用激励手段与约束手段实现。其中，激励手段主要用于动员多元主体参与，而约束手段则致力于保持和提高党组织在网络中的权力和调控能力。在高绩效案例社区中，社区党组织在运用资源共享、合法性增强及政治驱动等激励机制的同时，运用了组织间契约、非正式承诺和社区公开等约束机制。一方面，激活社区活力，为社区治理主体的行动提供必要支持，使社区内部各主体零散的、随机的参与发展为制度化合作。另一方面，发挥社区党组织的统筹作用，为社区治理主体的行动确定制度化的边界和规定，使不同治理主体的利益冲突走向激励相容，调控社区治理网络的结构和功能，增强凝聚力，优化社区秩序。例如，在 C 案例社区中，社区党组织在区域化党建背景下，以建立社区共建联盟委员会的形式，倡导参与社区治理的组织间订立协议，强化各组织在资源和发展方面互惠的共享目标，激发合作动力。同时，社区党组织牵头号召各组织签订承诺书，主要就提供产品性质、产品推广程度和联盟活动名义使用等方面进行承诺，以确保联盟活动的公益性质，通过程序性规定，既满足联盟成员企业宣传推广的需求，又避免过度推销改变共建联盟公益性初衷。"'联盟'是由社区党组织牵头，协调各成员单位之间的多方位合作，挖掘各成员单位中的资源潜能，依照'社建共商、优势互补，资源共享、社企联动、共同发展'的原则，自愿结合组成的议事和协调机构。"② "以上第二条，有关联盟活动的限制，联盟成员单位不得主动收集居民的个人信息，从而防止联盟成员单位通过电话或微信等方式向居民过度推销本单位产品。但是，为了扩大企业影响力，联盟成员单位可以向居民发放本单位的宣传物资"。③

党组织有效管理社区治理网络的基础，不仅在于党组织的治理范围覆盖基层社区，还有赖于党建引领的治理网络结构已充分纳入社区组织

---

① 杨志云、毛寿龙：《制度环境、激励约束与区域政府间合作——京津冀协同发展的个案追踪》，《国家行政学院学报》2017 年第 2 期，第 97～102、127～128 页。

② 摘自 C 案例社区共建联盟协议书、章程及议事规则。

③ 摘自 C 案例社区共建联盟承诺书。

和居民。① 正如已有研究提到的，要成为真正具有承载国家意志和指令的实体，社区的主体性培育和自治能力是必须具备的基础性条件②，社区再生产能力是社区治理结构可持续的关键。社区党组织在构造社会基础的过程中完成自身转型，进一步提高对社区治理的领导力，将党的组织优势转化为社区治理效能。

（二）党的组织技术创新机制

研究指出，政党组织社会是解释中国式治理创新之道的基本框架，"党通过嵌入社会机体、引领和形塑社会，实现促进经济社会发展、巩固政治基础和维持社会秩序目标。综观中国共产党的历史，党的组织技术始终随着政策目标和内外环境的变化而变化"。③ 现代社会结构的挑战越复杂，执政党回应的方式或策略就越呈现多样化，④ 这一过程是党的组织技术创新的过程。中国共产党分别创造了"转型"、"吸纳"和"渗透"三种组织技术以应对社会转型中的民主政治逻辑、市场经济逻辑和复杂社会逻辑的挑战。

因应社区治理中的诸多挑战，在基层社区，为构建社会秩序、再造治理能力和巩固执政基础，党的组织技术进一步融合创新。在六个案例中，党的组织技术创新程度的不同，显著影响了社区治理绩效。研究主要发现了基层党建引领社区治理中"传递""吸纳""渗透""联合"四种组织技术。"传递"主要是指基层党组织通过党内领导权威和已有党组织网络架构，对社区范围内已建立党组织的各类组织，进行基于信息、事务、政策和制度的传递，以提高基层党组织的领导核心地位及其在社区治理网络中的统筹协调能力。"吸纳"主要是指基层党组织通过政治吸纳，将社区范围内新兴社会力量纳入党组织，使之成为党的

---

① 袁方成：《国家治理与社会成长：城市社区治理的中国情景》，《南京社会科学》2019年第 8 期，第 55～63 页。

② 袁方成：《国家治理与社会成长：城市社区治理的中国情景》，《南京社会科学》2019年第 8 期，第 55～63 页。

③ 景跃进：《转型、吸纳和渗透——挑战环境下执政党组织技术的嬗变及其问题》，载王名主编《中国非营利评论》（第七卷），社会科学文献出版社，2011，第 30～54 页。

④ 景跃进：《转型、吸纳和渗透——挑战环境下执政党组织技术的嬗变及其问题》，载王名主编《中国非营利评论》（第七卷），社会科学文献出版社，2011，第 30～54 页。

支持力量，巩固党组织的执政基础，并通过新兴力量党员参与党建活动，引导和动员社会力量参与社区治理，扩大社区治理网络范围。"渗透"是指基层党组织通过组织嵌入，将"支部建在社区各类组织上"，实现党的组织和党的工作全社区覆盖，扩大党组织网络，基层党组织借助这一网络进行社区议题设置和统筹协调，提高社区治理的整体性。"联合"是指基层党组织通过党组织与各类组织之间的相互嵌入形成党建共同体，基层党组织在保持与社区各类组织独立平等地位的基础上进行统筹协调，并在分工基础上共同为促进社区福利而持续集体行动，借由党建共同体建构社区共同体，提高社区治理的整体性、开放性和自主性。

不同于已有研究对"转型""吸纳""渗透"三种组织技术创新程度的判断①，本章提出了基层党组织"自上而下"的领导力和党建的开放性两个分析维度的四象限分类，即低领导力、低开放性，高领导力、低开放性，低领导力、高开放性，高领导力、高开放性四种组织技术分类（见图 6-4）。"传递""吸纳""渗透""联合"是基层党组织组织技术创新的一个连续体，领导力和开放性的耦合程度越高，组织技术的创新性越强。

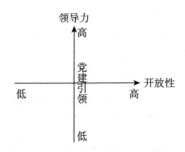

图 6-4 党建引领社区治理的组织技术分类

基于对六个案例社区的比较，"传递""吸纳""渗透""联合"四种组织技术对党组织在社区治理中进行集中统筹具有连续性支持作用，各案例社区党组织的组织技术创新位于这一连续体的不同发展阶段（见

---

① 景跃进提出"转型""吸纳""渗透"三种组织技术的创新性递减。

表6-6)。提高领导力和开放性的耦合程度，有助于党建引领双重价值的实现。

"共建联盟"是大党委的补充，大党委的概念是共建的别称。社区党委牵头，人不是很多，主要是面广。"共建联盟"一共有三个分社：志愿服务分社、议事协商分社和"两新"组织自管分社。无论有没有党组织，只要愿意进入社区服务，就可以加进来，有了"共建联盟"之后，社区外部的机构就可以进入社区，如西尔口腔、美尔目眼科、律师事务所等都是社区外组织。（访谈记录：20180102CL）

一方面，在"社区制"尚未完善、治理效能逐级递减的现状下，基层党组织对社区的统合能力面对严峻挑战，组织技术的创新必须以提高基层党组织在社区治理中的实际领导力为根本前提，在巩固党的执政基础上，拓宽党的活动和治理空间。另一方面，在一个资源分散分布和调控体系缝隙增多的现代社区，提高领导力的组织技术创新需要与党建工作的开放性相结合。无论是服务型党组织建设，还是党建联合体扩容等，"渗透"及"联合"创新的表现都以淡化党建工作的边界为目标，通过政党的社会化过程，实现基层党组织高度嵌入社区治理，引导社区重塑合作结构，整合党组织内外部资源，推动治理协调机制建立，推动社区治理组织间联合，再造社区秩序。

表6-6　六个案例中党建引领社区治理的组织技术使用

案例社区	组织技术	表现	创新性程度
A	"传递"到"联合"	社区各级各类党组织联合建设→吸收社区社会组织或商户精英入党→优秀党员牵头成立或嵌入社区社会组织→党组织联合体扩容为社区治理多主体合作网络	高
B	"传递"到"吸纳"	社区各级各类党组织联合建设→吸收社区社会组织精英入党	较低
C	"传递"到"渗透"	社区各级各类党组织联合建设→吸收社区社会组织、物业或商户精英入党→优秀党员牵头成立社区社会组织→党组织联合体扩容为社区治理多主体合作网络	较高

续表

案例社区	组织技术	表现	创新性程度
D	"传递"到"吸纳"	社区各级各类党组织联合建设→吸收物业精英入党	较低
E	"传递"到"渗透"	社区各级各类党组织联合建设→吸收社区社会组织、物业或商户精英入党→优秀党员牵头成立社区社会组织→服务型党组织建设构建社区服务合作平台	较高
F	"传递"到"吸纳"	社区各级各类党组织联合建设→吸收社区社会组织精英入党	较低

二 党建引领社区治理的政策建议

基于党建引领社区治理的多案例研究发现和机制总结，本书针对党建引领以实现社区共治网络统筹、促进网络向成熟迈进，提出以下政策建议。

（一）共建社区协同参与网络，促进组织间合作

参与和民主是社区治理的题中应有之义，社区治理中的整合是一种社区资源与社区力量的整合，是一种通往多元联动、协同治理的整合。"政党对于民主巩固的价值首先体现在，政党通过先进的组织、不断扩展的政党组织结构以及政党体制，来控制、调解和整合各种形式的参与活动……此外，政党的另一个最重要价值在于，不仅政党精英在决策过程中发挥着关键的作用，而且政党渐渐地在地方和国家层面占据着管理资源和分配资源的位置，扮演着主要的管理角色。"① 党组织应当通过在社区治理中的组织体系建设和资源分配协调，共建社区协同参与网络，引导社区治理主体厘清权责，完善沟通协商机制，推动社区治理组织间联合。具体可以从组织体系建设、资源分配、党建和治理协调机制三个方面入手。

第一，通过党的组织体系建设，重塑社区合作治理结构，建立纵向到底、横向到边的党组织网络，通过党建覆盖发挥党组织在社区治理中

---

① 转引自叶麒麟《社会整合、政党政治与民主巩固——基于制度可实施性的分析》，《浙江社会科学》2012年第12期，第32~39页。

的整合作用。除以往已形成的街道 – 社区 – 楼门等党组织体系外，在社区商业、社会组织、居民团体等组织上建立党小组，扩大党组织的覆盖面，提高党组织的动员能力。通过党的组织网络，建立社区合作治理主体间联系与合作关系；发挥党员干部的桥梁纽带作用，调动各类组织广泛参与社区治理。

第二，分配和整合党组织内外部资源，指引社区协同治理方向。首先，党组织可以运用自身的政治与社会资源整合优势，引导社区治理各类主体各司其职、发挥所长，明确各自权责。推动基层政府部门厘清与社区居委会的权责边界，引导社区居委会充分发挥自治职能，社会组织等社会力量积极提供社区服务，社区居民广泛参与社区事务决策，为社区治理指明方向。其次，党组织可以采用新的党建经费使用和分配形式，引导多元主体参与社区治理。通过购买社区社会组织、社区自治组织、居民团体的公益性或互益性服务的方式，培育社区自治力量。近年来，一些省市设立了党组织为民服务专项资金，通过购买服务的方式，支持社区内各类群体开展公益服务、扶贫济困等服务事项，满足社区党员群众的迫切需要，对引导社区参与和协同治理发挥了撬动性作用。最后，社区党组织可以通过区域化合作党建，在为驻社区单位提供服务的过程中，整合驻社区单位的丰富资源，调动区域内单位力量参与社区治理，实现"优势互补、资源共享"。

第三，健全党建和治理协调机制，借由党建共同体推进社区共同体建设。打通党建协调机制和平台与社区治理合作协调机制和平台，共建共享，以协调促党建，以党建促治理。首先，"推广建立党建工作协调委员会、社区大党委、社区共建理事会、社区议事协商会议等平台，把社区范围内隶属于不同系统、掌握不同资源、联系松散的党组织联结为紧密型的党建共同体。在此基础上，倡导制度化沟通协商，制定和完善党建协调平台的沟通协商议事规则，设计合理便利的党建共同体沟通协商流程，清晰界定沟通协商事项的范围"。① 而后，通过党组织功能扩充和

---

① 张开云、叶浣儿、徐玉霞：《多元联动治理：逻辑、困境及其消解》，《中国行政管理》2017 年第 6 期，第 24 ~ 29 页。

改造，党组织建设和社区治理联合开展工作，借助党建协调平台，按照议事规则流程，讨论社区公共事务。将协调重点放在开放会议和决策制定上，对社区多元参与主体赋权，扩大其参与社区事务的决策范围。借助党建共同体提供的参与通道和机制支撑，实现合作治理，建设社区共同体。

（二）加强治理理念和规范引导，增进社区认同

除了制度化和正式规则外，非正式规则（如传统文化、教育、宗教等）同样是社会整合的重要机制。有些学者尤其重视道德的整合作用，认为"如果人们的角色被神圣的传统合法化从而具有高尚的道德时，他们就能形成凝聚的群体"。[①]众多关于共同情感、宗教、教育的整合研究认为，"如果能够在文化中产生各种功能性团结、一致和整合的社会变化，将会减少个人的和社会的冲突以及解体"。[②]社区治理中的党建应当发挥其在统一思想、价值引领方面的功能优势，致力于倡导非契约性规则，加强社区成员对社区治理理念和规范的理解，增强居民的社区认同感。

第一，应加强社区治理理念、目标的宣传指引，增进社区成员的一致理解。如前所述，社区治理存在理念上的张力和"命名政治"的倾向，社区去管理主义、多元参与和"社会生活共同体"的目标与理想并未被社区治理的相关主体及社区成员广泛认知。新功能主义认为，行动不应被理解为高度规范化或机械化的过程，其首先是理解性，其次是实践性。[③]社区治理行动首先是相关主体和成员对社区治理的理解行动，党组织应当运用自身动员和宣传方面的传统优势，倡导社区治理的基本知识、理念和目标类型化，增进社会成员的理解。在理解的同时，社区治理行动进行着改变和作用于社区的过程，通过寻求马克思所说的实践来贯彻社区治理的意图。在这一过程中，应当引入策略性考虑，党组织

[①] Asghar Fathi, "Expressive Behavior and Social Integration in Small Groups: A Comparative A-nalysis," *Pacific Sociological Review* 11 (1) (1968): 29 – 37.

[②] Nicos Mouzelis, "Social and System Integration: Habermas' View," *British Journal of Sociology* 43 (2) (1992): 267 – 288.

[③] 杨善华：《西方社会学理论》，北京大学出版社，2005，第36页。

应当扮演"谋划者"角色，即在社区治理行动中统一思想、指引方向，以影响对社区治理行动的解释或理解过程，引导"自上而下"的社区管理与"自下而上"的社区自治之间的平衡，实现社区成员在治理理念与行动方向上的整合。

第二，应加强社区公民教育与训练，保障社区规范的运行。社区规范是社会资本的重要组成部分。帕特南认为，拥有规范制度是基于普遍互惠基础之上的合作体系得以培育的基础。在供给社区规范制度之外，规范必须得到有效运行。社区规范实施的对象是公民，公民对社区规范的判断、理解、信任水平直接影响规范可以运行的程度和制度化水平。党组织在社区居民中有广泛的政治认同，对居民进行思想和规范教育具有天然优势和群众基础。党组织应当在各种类型的社区参与式实践中，培养和训练社区居民的公民理性、契约意识、规范意识和公共精神，通过社区公民教育完成社区成员社会化过程，规约个体和组织的行为，保证各项社区规范运行，进而提升社区成员对社区共同事务的感受程度。社区居民拥抱更加积极的现代公民身份是社区公共参与和认同感凝结的基础，也是市民社会相对独立和健康成长的集中体现。

第三，应将党组织活动与社区意识构建相结合，在拓展政治功能的同时凝聚价值认同。党组织的政治功能在于从政治的角度做好人的工作，引导社会成员了解党和国家的纲领、路线和政策，认同党的主张并为之努力工作，进一步凝聚政治认同。在社区治理中，应当将党组织活动与社区群众急需解决的问题相结合，将党员先锋模范作用切实体现在对社区事务的积极参与和互助行动上。在切实加强党员干部理论学习的同时，务实增强党员干部社区参与能力、居民关系协调能力以及社区服务意识和水平。通过党组织积极行动和党员率先垂范，在凝聚政治认同的同时，提供一种社区意识、规范和行为导向，塑造社区的共同价值体系。在体现党员队伍先进性的同时，提升社区共同价值的认可度，使之逐渐成为一种价值自觉，提高社区成员的集体归属感，增进社区居民的普遍认同感。

(三) 协调、整合多层次利益，培养共同体意识与志愿性忠诚

利益整合机制是社会整合一种不言而喻的机制，可以理解为它是实现社会整合的前提条件之一。格苏尼和巴巴利特曾指出，社会整合最重要的部分是通过大众化生产满足人们的共同需求。[1] 社区参与及合作治理首先是一种集体行动，涉及行为者为什么采取行动以及如何行动的问题。从根本上说，参与与否或合作与否是一个利益问题，"人们所奋斗的一切，都与他们的利益有关"。[2] 社区场域中同时包含个人利益、群体（集体）利益和公共利益三个利益层次，但是个人利益、群体（集体）利益和公共利益并不总能达成一致，"对不同的个人或集团而言，共同的福利必然意指不同的东西"。[3] 如上所述，自治主体分化现象的产生与不同类型的个人、群体利益需求无法得到满足相关，进而影响社区公共利益的实现。因此，协调多元化、多层次利益是社区治理中党建整合的重要任务，党组织在社区治理中合法性的关键取决于其是否均衡处理了各方利益。

社区共同体的志愿性忠诚需要在满足社区个人、群体（集体）合理利益的基础上逐渐养成。党组织应充当社区治理中公民参与及合作行动的协调人，成为个人利益与群体（集体）利益、公共利益之间的连接点，在满足与协调个人利益与群体（集体）利益、综合和代表公共利益的过程中，融合社区各类群体，培养其共同体意识与志愿性忠诚。

第一，在社区治理中，党组织应设计利益诉求提取和反映渠道，了解各类社区治理主体的基本利益诉求。社区治理中的个体、群体和组织参与者都有其特定的利益体现与价值追求。党组织是广大人民群众利益的代表，必须设计利益诉求提取和反映渠道，到群众中去，充分了解社区治理中个体、群体和组织的需求，并肯定其合理的利益追求。实践中，一些地区的基层党组织通过各级党员联系群众机制，包括社区、驻点，一对一联系走访等多种党群"双向直通"机制，拓宽了社区利益诉求提取和反映渠道。全面了解各类主体利益诉求，有助于明确社区成员参与的动力来源，进而培育社区参与的动力机制。

[1] Carl Gersuny & J. M. Barbalet，"Citizenship：Rights，Struggle and Class Inequality，" *Contemporary Sociology* 20（1）（1991）：66.

[2] 《马克思恩格斯全集》（第1卷），人民出版社，1956，第82页。

[3] 熊彼特：《资本主义、社会主义和民主主义》，绛枫译，商务印书馆，1999，第372页。

第二，通过服务型党组织建设，促进利益融合。社区治理党建要致力于服务社区内各主体的实际需求，平衡利益要求，避免利益分化导致的群体分化，实现社区融合。同时，应通过党组织服务促进各类社区社会组织发展。在社会领域党建实践中，有的党组织通过背书的方式来帮助社区社会组织获得上级政府部门的信任和资源，满足其利益需求，这既提高了党组织在社区社会组织中的实际认同度，也优化了社区治理系统的内部关系。

第三，运用党组织激励手段，使居民内化公民参与意识及外化自治行动。党组织可以运用行之有效的吸纳社区骨干入党、优秀党员干部、党组织奖励表彰等方式，满足不同参与主体的发展需求；促进社区参与及合作治理中的资源交往与共享，使参与的个体和组织提高社会地位与生存能力，得到社会承认，激励社区成员持续地自觉参与社区自治及合作治理，养成社区共同体志愿性忠诚。

第四，在参与决策过程中积极回应社区公共利益诉求，引导持续性互助合作。在综合协调社区多元主体利益的基础上，党组织应当在社区事务决策中系统化表达和有效回应社区公共利益诉求。基层党组织应在社会治理的重大事项决策中切实发挥领导核心作用，积极响应社区治理中亟待解决的重点、难点问题，推动形成有利于社区公共利益的行动方案，促成社区治理的集体行动。此外，基层党组织还可以通过党建引领，营造良好的社区合作治理环境，促进社区成员和治理主体的自觉参与、互助行动与持续合作，从而在文化、观念层面实现社区整合。

第七章　结语

国家治理的根基在基层，社区治理是国家治理的基础环节。完善社区治理体系，推动社会治理重心向基层下移，实现共建共享共治的社区治理格局是新时代社会治理制度建设的重要内容。为此，需要进一步加强社区治理体系建设，建构社区治理共同体。

建构社区治理共同体需要具体而有效的路径和行动机制，以实现完善社区治理结构目标。长期以来，国家整合机制与社会自治机制被视为两种非此即彼的治理机制。中国特色的体制和制度总是在双重乃至多重价值中寻求审慎平衡，发挥多重价值的合力。当然，这需要超强的治理技巧，而这恰恰是中国之治的特色所在，难以用西方理论解释。网络作为一种重要的多组织治理形式，已经得到学者和实践者的广泛认同，网络协调在社区治理中的优势得到了普遍重视。网络既可以是在"自下而上"的过程产生的，也可以是网络参与者或政府官员做出战略决策的产物。中国特色的社区重构试图将"自上而下"与"自下而上"的力量结合起来，探索一种党委领导、政府负责和社会协同的社区共治网络建构之路。

本书试着突破已有研究从宏观和微观两极出发的视角束缚，正视组织间网络有效性的重要影响，从中观层面提出社区共治网络有效性的解释框架，对已有的社区共治路径进行科学评判。为此，本书结合社会学、公共管理的相关理论和组织理论，提出了具有一定原创性、基于生命周期的网络有效性分析框架。在此基础上，通过实证研究，本书建构了基于网络生成、互动和统筹三条进路的有效性影响因素模型，给出对社区社会组织培育、"三社联动"和党建引领社区治理等现实路径及其机制的理论解释。

本书以北京市 FT 区的六个典型社区为案例，经过近三年的跟踪研究，得出关于社区共治网络构建过程路径和机制的结论。本书认为，建构社区治理共同体是一个建立网络、发展网络、整合网络使之成熟并发挥作用的过程。在重构社区共治网络的社区社会组织培育、"三社联动"和党建引领社区治理等路径中，需要综合运用认同、激励约束、自主性生产、关系驱动、资产为本、利益和价值平衡、组织技术创新等多重机制，动员多方资源、积累社区社会资本、内化社区意识与规范、形成社区治理的内生动力，通过利益整合实现社区整合，建构社区治理共同体。为实现有效治理，控制与赋权、整合性与开放性、集中性与民主性需要共同实现于社区共治的网络结构中。这个"自上而下"与"自下而上"相结合的社区重构过程，致力于运用党政整合机制撬动社会自治机制，形成一种有领导、有统筹、有参与、有自主的社区共治结构，建构社区治理共同体，试图完成一种超越学术想象的治理目标。当然，这种共同体结构的可持续性和再生产能力还需要进一步在实践中予以检验。

随着长期的理论探索与实践，人们越来越认识到，"拿来主义"在解释中国现象和中国问题方面是行不通的，中国特色的社会治理呼唤中国特色的理论解释。本书试图通过实证研究，回答"如何建构社区治理共同体"的现实问题，提出扎根中国现实的解释方案，拓展社区治理方面的文献。然而，本书案例的数量非常有限，研究时间跨度较大，使研究结论难以普遍推广到解释社区共治路径和机制的总体命题上，不同地域、不同的地方性政策、复杂的社区类型及历史和社区公共财力等因素加入后的影响，很难得到清晰证明。本书尝试从一种网络有效性视角出发解释社区共治路径和机制的可能思路与线索，留待更多拓展的研究予以检视和完善。按照西方的治理理论，对本书的研究结论可能的质疑在于，"自上而下"领导的一元化和社区共治网络结构的多元化建构本身构建了一种矛盾性的制度环境。① 这种政策和行动上的平衡是否具有可持续性？在实践中是否能达到一种"帕累托最优"治理方案？这样的质疑实际上已上升到宏观层面，可归入对中国政权建设的治理韧性与持久性问题的讨论。本书旨在抛砖引玉，希望有更多的学界同仁关注这一领域，产出更多有价值的理论成果。

---

① 吴新叶：《党建引领基层社会治理的新趋势及其应对》，《国家治理》2017 年第 33 期，第 30～37 页。

附录 A　社区社会组织培育问卷

一　社区基本情况

1. 贵社区属于（可多选）（　　）。

A. 商品住宅区　　　　　　　　　B. 单位型社区

C. 经济适用房住宅区　　　　　　D. 老旧小区

2. 贵社区的公共空间的面积共计有（　　）平方米。

3. 贵社区的居民共计有（　　）户　　（　　）人。

4. 贵社区的居民组成情况是老年人（60 周岁以上）（　　）人；少年儿童（14 周岁以下）（　　）人。

5. 贵社区（　　）健身活动场所。

A. 是　　　B. 否

6. 贵社区的健身活动场所的面积和舒适度（　　）。

A. 很低　　B. 较低　　C. 一般　　D. 较高　　E. 很高

7. 贵社区的绿化程度（　　）。

A. 很低　　B. 较低　　C. 一般　　D. 较高　　E. 很高

8. 贵社区的卫生服务站（医疗站）的便利程度（　　）。

A. 很低　　B. 较低　　C. 一般　　D. 较高　　E. 很高

9. 贵社区的物业管理效率和便利程度（　　）。

A. 很低　　B. 较低　　C. 一般　　D. 较高　　E. 很高

10. 贵社区的生活智能化程度（　　）。

A. 很低　　B. 较低　　C. 一般　　D. 较高　　E. 很高

二　社区居委会及其负责人

11. 贵社区居委会组建的时间是（　　）年。

12. 贵社区居委会的全职工作人员人数为（　　）人；其中，目前在岗人数为（　　）人，35 周岁以下人数为（　　）人，持助理社工师（中级社工师）证的有（　　）人。

13. 贵社区居委会的书记、主任的年纪为（　　）周岁。

14. 贵社区居委会的书记、主任的学历为（　　）。

A. 初中及以下　　　　　　　B. 高中

C. 大学专科　　　　　　　　D. 大学本科

E. 研究生以上

15. 社区居委会的工作任务分配（百分比）：

党务工作（　　）%；行政事务性工作（　　）%；居民自治相关工作（　　）%；服务居民相关工作（　　）%。

三　社区社会组织发展现状

16. 最近五年，社区新增了多少家活跃的社区社会组织？（这里的活跃组织，是指有稳定的领导团队，有活跃的队伍，有经常性的活动，有基本运行经费的组织）

（1）五年前，社区共有（　　）家活跃的社区社会组织；

（2）现如今，社区共有（　　）家活跃的社区社会组织。

17. 最近五年，活跃参与的居民人数有怎样的变化？（这里的活跃居民，是指每季度至少参与一次议事会议或者具体服务的居民）

（1）五年前，社区共有（　　）名活跃参与的居民；

（2）现如今，社区共有（　　）名活跃参与的居民。

四　社区居委会、专业社会组织和社区社会组织合作

18. 该社区居委会首次与专业社会组织合作在（　　）年。

19. 该社区居委会与之合作超过半年的专业社会组织有（　　）家；它们分别是：＿＿＿＿＿＿；＿＿＿＿＿＿；＿＿＿＿＿＿。

20. 社区居委会与专业社会组织合作的形式主要是（　　）（可多选）。

A. 社区居委会与专业社会组织通过双向选择，运用党组织服务群众经费或社区公益金，引入专业社会组织，与之订立合作协议，按照协议内容提供服务

B. 社区居委会与专业社会组织通过双向选择，引入专业社会组织自有（含资金）的服务项目

C. 由街道等上级主管部门介绍，专业社会组织与街道或社区居委会签订合作协议，按照协议内容提供服务

D. 由街道等上级主管部门介绍，专业社会组织将自有（含资金）的服务项目落地社区

21. 社区居委会（　　）曾经为某个合作的专业社会组织提供办公场地。

A. 有　　　B. 没有

22. 社区居委会合作的专业社会组织与社区内备案的社区社会组织的关系（　　）（可多选）

A. 没有合作

B. 分工明确、各自单独服务

C. 专业社会组织与社区社会组织合作开展服务

D. 专业社会组织为社区社会组织提供专业支持

E. 专业社会组织孵化社区社会组织并给予资源分配

附录 B　社区社会组织培育访谈提纲

1. 请问当前社区有哪些活跃的社区社会组织？请列举这些组织的名称和成立时间。（这里的活跃组织，是指有稳定的领导团队，有活跃的队伍，有经常性的活动，有基本运行经费的组织）

2. 社区居委会是如何挖掘组织带头人的，此后又是如何培育这些组织的？（从理念、服务能力、管理能力、场地和资金等方面进行阐述）

3. 社区社会组织的负责人如何认识本组织和社区居委会的关系，各社区社会组织之间的关系，组织和居民个人之间的关系，组织的任务和社区事务之间的关系？

4. 近五年，居民参与公益活动和公共事务的程度有没有变化？具体有什么表现？（公益活动和公共事务，如所有小区的助老服务、儿童教育、党员志愿服务，老旧小区的清除堆物堆料、停车管理等）

5. 近五年，社区社会资本有没有变化？具体有什么表现？社区社会资本是指居民之间相互认识、相互信任和相互帮助的程度，请举例说明。

附录 C "三社联动"访谈提纲

1. 请问贵社区居委会从什么时间开始和专业社工机构开展合作？请详细介绍一下当时合作的背景。

2. 从社区的角度来看，当时愿意接纳专业社工机构介入社区开展服务，主要出于哪些考量？（有无资源依赖，对专业社工机构的态度和接纳程度等）

3. 当时北京市、FT区有关于和专业社工机构合作的相关政策文件，鼓励性措施，或考评指标要求吗？（可以分开询问）具体是怎样规定和实施的？街道相关主管领导对这一合作是否了解，是何态度？

4. 请介绍一下自此之后，该社区居委会合作过的专业社工机构及与它们合作的项目情况（追问过程中相关因素）。

5. 这些专业社工机构和社区社会组织之间有合作吗？是怎样合作、分工的？随着专业社工机构介入，社区社会组织的类型和服务能力有变化吗？

6. 贵社区居委会与专业社工机构和社区社会组织的联动，对社区居委会的工作而言，是否发挥了作用？具体有哪些？

7. 贵社区居委会与专业社工机构和社区社会组织的联动，对社区社会组织的服务和发展而言，是否发挥了作用？具体有哪些？

8. 贵社区居委会与专业社工机构和社区社会组织的联动，在社区治理方面，是否发挥了作用？（社区问题发生的概率，居民间的信任关系，居民的社区意识和认同，居民社区参与的渠道，居民自我组织的意愿）

9. 贵社区居委会与专业社工机构和社区社会组织的联动，区相关职能部门和街道相关主管部门的态度和评价是什么？是否得到资金、技术、人员、场地、设施等投入或奖励？

10. 社区党委书记/居委会主任，您个人对未来十年社区工作、社区发展有什么设想？以及能否简单谈谈如何实现这些设想？

图书在版编目（CIP）数据

建构社区治理共同体：社会网络视角下社区共治路径与机制研究 / 王杨著. -- 北京：社会科学文献出版社，2022.11

国家社科基金后期资助项目
ISBN 978 - 7 - 5228 - 0634 - 1

Ⅰ.①建… Ⅱ.①王… Ⅲ.①社区管理 - 研究 - 中国 Ⅳ.①D669.3

中国版本图书馆 CIP 数据核字（2022）第 157719 号

国家社科基金后期资助项目

建构社区治理共同体
——社会网络视角下社区共治路径与机制研究

著　　者 / 王　杨

出 版 人 / 王利民
组稿编辑 / 杨桂凤
责任编辑 / 孟宁宁
责任印制 / 王京美

出　　版 / 社会科学文献出版社·群学出版分社（010）59366453
　　　　　　地址：北京市北三环中路甲 29 号院华龙大厦　邮编：100029
　　　　　　网址：www.ssap.com.cn
发　　行 / 社会科学文献出版社（010）59367028
印　　装 / 三河市龙林印务有限公司

规　　格 / 开　本：787mm × 1092mm　1/16
　　　　　　印　张：15.25　字　数：235 千字
版　　次 / 2022 年 11 月第 1 版　2022 年 11 月第 1 次印刷
书　　号 / ISBN 978 - 7 - 5228 - 0634 - 1
定　　价 / 98.00 元

读者服务电话：4008918866